본서는 풀러 신학교에서 개혁주의 대가 Richard A. Muller 교수에게 사사하고 현재 크라이스트 리폼드 교회를 목양하는 리들바거 박사가 17세기 영국 청교도의 적그리스도에 관한 입장을 접한 것을 계기로 개혁주의와 무천년주의 관점에서 집필한 책이다. "적그리스도"를 직접 언급하는 요한1서와 요한2서 외에도 신구약성서의 관련 본문들을 다루면서 적그리스도 개념의 출현 배경과 사상적 위상을 밝히고자 하였고, 교회사에서 오용된 사례들도 소개함으로써 독자들에게 시대적 분위기와 영합하여 불미스러운 전철을 밟지 않도록 경계한다. 정갈하고 적확한 문체로 번역하여 가독성도 뛰어나므로 적그리스도가 여기저기 출몰했다고 주장하는 오늘날 이 책을 읽으면 개혁주의와 무천년주의 관점에서 이해하는 적그리스도가 어떤 것인지 모범적 해석 사례를 접할 수 있을 것이다.

문우일 | 서울신학대학교 교양교육원 신약학 교수

대중문화에 나타난 불법의 사람, 적그리스도, 요한계시록의 용, 짐승, 666 등에 관한 내용은 어디까지 사실일까? 중세 시대와 종교개혁가들은 이를 어떻게 해석했을까? 이 책은 이 내용을 구약과 신약의 본문들을 통해 누구라도 알기 쉽게 설명한 책이다. 특히 평신도들에게 설명하고 답변해야 하는 목회자들과 신학도들에게 큰 도움이 될 책이다.

이민규 | 한국성서대학교 신약학 교수

적그리스도에 대해 영화나 소설을 통해서는 많이 접했지만, 정작 성경이 말하는 내용은 그리 널리 알려져 있지 않다. 킴 리들바거 박사는 개혁주의적 무천년주의의 입장에서, 그리고 이중성취라는 관점에서 관련 본문들을 주해하면서 적그리스도를 중심으로 종말론에 대해 그리스도인들이 알아야 할 모든 것을 다루고 있다. 이 책은 대중문화와 이단 사상들로 인해 혼란스럽고 혼탁해진 한국교회에 성경에 기초한 건전한 종말론이 자리잡는 데 큰 도움을 줄 것이다.

이상일 | 총신대학교 신약학 교수

킴 리들바거 박사는 자신의 저서를 통해 "적(敵)그리스도"라는 주제에 집중함으로써 학계와 교계에 소중한 공헌을 하였다. 저자는 적그리스도와 관련된 구약적 배경을 선제적으로 관찰한 후 신약성서에서 꼭 다루어야 할 요한 서신, 요한계시록, 데살로니가후서의 관련 구절들을 성실하게 해설해준다. 틈틈이 제공되고 있는 여러 신학자들의 견해와 교회사적 성찰은 이 책의 별미와도 같다. 개혁신학 토대 위에 무천년설 입장에 서 있는 저자를 환영하지 않는 독자일지라도 적그리스도라는 주제를 면밀히 살펴보기 원한다면 이 책부터 시작하는 것이 가장 현명하리라. 한국 사회 속에서 기독교 이단/사이비가 교회를 기생충처럼 좀먹고 있는 시대에 우리가 대적해야 할 영적 실체와 세력을 제대로 알고 대비하는 데에도 이 책은 꽤 유익하다. 적그리스도에 대한 명쾌한 이해를 바탕으로 종말을 바르게 살고자 하는 목회자와 성도에겐 더할 나위 없는 바로 그 책이다.

허주 | 아세아연합신학대학교 신약학 교수

적그리스도에 관한 주제를 다루는 본서는 센세이셔널리즘과 우둔함을 넘어 우리 가운데 만연해 있는 잘못된 시각을 교정해준다. 리들바거 박사의 글은 언제나 우리 눈에 비치는 것보다 훨씬 더 많은 연구와 분석이 뒷받침된 결과물임에도 불구하고 본 주제를 우리 모두가 읽기 쉬운 산문체로 유려하게 풀어나간다. 만약 당신이 신약성경에 나타난 이 독특하면서도 불가사의한 인물에 관해 더 자세히 알기를 원한다면 더 이상 다른 곳을 헤매지 말기 바란다. 당신은 이 책에서 적그리스도에 관해 진지하면서도 흥미롭고, 정확하면서도 유용한 내용을 만나보게 될 것이다.

마이클 호튼 | 웨스트민스터 신학교(캘리포니아) 신학 및 변증학 교수

The Man of Sin

Uncovering the Truth about the Antichrist

Kim Riddlebarger

적그리스도의 비밀을 파헤치다

개혁주의 관점에서 본 불법의 사람의 정체

킴 리들바거 지음 · 노동래 옮김

The Man of Sin

Uncovering the Truth about the Antichrist

새물결플러스

목차

감사의 말

나는 본 주제에 관해 수년간 고민해왔다. 하지만 이 책을 집필하기 위한 아이디어를 구상하게 된 것은 캘리포니아주에 위치한 웨스트민스터 신학대학원의 총장인 로버트 갓프리(Robert Godfrey) 박사가 네바다주 리노에서 열린 교회개척 세미나에서 17세기에 존재했던 천년왕국설을 주제로 강의하는 것을 들었을 때였다. 갓프리 박사는 무천년-후천년설 논쟁에서 제기된 몇 가지 논점을 해결하는 데 도움이 되는 방안을 제시했을 뿐 아니라 적그리스도에 관한 영국 청교도들의 견해 또한 간단히 다루었다. 나는 갓프리 박사의 강의를 통해 크리스토퍼 힐(Christopher Hill)의 저서 『17세기 영국의 적그리스도』(*Antichrist in Seventeenth Century England*)[1]를 접하게 되었고, 그 이후 이 책의 집필에 뛰어들게 되었다.

먼저 본 주제에 관한 나의 강의와 공개 토론을 끝까지 경청한 분들과 이 연구를 완성하도록 내게 시간을 허락해주신 그리스도 개혁교회(Christ Reformed Church)의 당회에 감사의 말씀을 전한다. 화이트호스인(White Horse Inn) 라디오 방송의 멤버인 마이클 호튼(Michael Horton), 로

---

1   Christopher Hill, *Antichrist in Seventeenth-Century England* (New York: Oxford University Press, 1971).

드 로젠블랫(Rod Rosenbladt) 및 켄 존스(Ken Jones)의 열띤 토론에 항상 감사한다. 또한 원고를 위한 제안 및 수정에 도움을 준 제작자 셰인 로젠탈(Shane Rosenthal)에게도 감사한다. 나의 아내 미키(Micki)는 내가 연구를 진행하는 동안 온 집안에 "섬뜩한" 책들이 사방에 널브러져 있는 상황을 잘 견뎌주었다. 또한 원고 교정과 더불어 모든 필요한 도움을 준 우리 교회의 행정업무 책임자인 위노나 테일러(Winona Taylor)에게 감사 드린다.

그리고 내가 이 책을 출간할 수 있도록 허락해준 돈 스티븐슨(Don Stephenson), 본서의 편집자인 채드 앨런(Chad Allen)과 폴 브린커호프(Paul Brinkerhoff), 그 외에도 나에게 친절을 베풀어준 베이커 출판사 직원들께도 감사의 말을 전한다!

서론

우리는 너무나 많은 그리스도인들이 기독교 소설이나 미국의 대중문화로부터 교리를 배우는 시대에 살고 있다. 이것은 슬픈 현실이다. 왜냐하면 그리스도인들은 교리를 성경 말씀에서 배워야 하기 때문이다. 많은 그리스도인들이 성경이 아닌 기독교 소설이나 대중문화에서 배우는 교리 중 하나가 바로 적그리스도에 관한 교리다. 『적그리스도의 비밀을 파헤치다: 개혁주의 관점에서 본 불법의 사람의 정체』는 이와 같은 불행한 현실을 개선해나가려는 노력의 일환으로 집필되었다.

특별히 우리는 성경의 예언을 비롯해 현재 일어나고 있는 사건들이 말세와 어떤 관련이 있는지 관심을 갖는 기독교 진영에서 사람들로 하여금 공포에 떨게 만드는 예수 그리스도의 최대의 적에 관해 열띤 논쟁이 벌어지는 것을 자주 본다. 적그리스도는 아직 살아 있는가? 적그리스도는 어떻게 이스라엘을 속여 부활한 로마 제국의 국가들과 평화조약을 맺도록 할 것인가? 그리스도인들은 과연 이 무서운 적을 직면하게 될 것인가? 아니면 그들은 적그리스도의 분노와 마주하기 위해 "남겨진 자들"만 홀로 내버려 둔 채 7년 환란이 시작되기 이전에 휴거함으로써 이 땅에서 사라지게 될 것인가?[1] "짐승의 표"는 무엇인가? 과연 이것은 현

---

[1] 나는 이 책에서 "적그리스도"(Antichrist)라는 단어를 아주 많이 사용해서 매번 정관사를 붙이는 것이 불필요하다는 생각이 들었다. 따라서 미래에 등장할 인격적인 종말론적 인물을 제외하고는 적그리스도의 첫 알파벳을 소문자로 처리했다.

재의 일부 과학기술과 관련이 있는가? 적그리스도를 섬기고 그 명령을 수행하는 자들은 어떻게 이 표를 받을 것인가? 666이라는 불가사의한 숫자는 또 무엇인가? 과연 우리는 적그리스도가 자신을 공개적으로 드러내기 이전에 이 "암호"를 풀고 이 숫자를 이용해서 그를 찾아낼 수 있을까? 이것은 사람들이 일반적으로 제기하는 흥미롭고 중요한 질문들이다.

이러한 사변적 질문은 대부분 세대주의적 전천년주의자들에 의해 적극적으로 제기되었고, 이러한 종말에 관한 이해는 팀 라헤이(Tim LaHaye)와 제리 젠킨스(Jerry Jenkins)가 쓴 매우 유명한 소설 『레프트 비하인드』(*Left Behind*, 홍성사 역간)에 잘 나타나 있다. 하지만 안타깝게도 일반적으로 성경의 예언에 대한, 그리고 보다 더 구체적으로 적그리스도에 관한 교리에 대한 세대주의적 접근 방식은 우리를 성경의 가르침은 물론, 오랜 세월 동안 그리스도인들이 이 교리를 이해해온 방식으로부터 멀어지게 만들었다.

교부들은 일반적으로 적그리스도가 로마 제국의 멸망 이후에 등장할 배교한 유대인으로, 재건된 예루살렘 성전에서 자신이 메시아임을 주장할 것이라고 믿었다. 중세 교회에는 적그리스도에 대한 추측이 난무했다. 콘스탄티누스 시대와 신성 로마 제국의 출현 이후에는 기독교 제국을 공격하는 사람은 모두 "적그리스도"로 불렸는데, 이는 로마의 도시를 침략하여 약탈을 일삼던 반달족과 훈족을 비롯해서 지중해를 휩쓸고 기독교 제국을 정복하여 속국으로 삼고자 했던 동방의 무함마드의 군대에 이르기까지 다양했다. 하지만 기독교 제국이 군사 및 정치적 실패로

인한 어려움을 거듭 겪게 되고, 드러나는 내적 부패와 이에 대한 무관심으로 인해 끊임없는 개혁의 필요성을 자각하게 되면서 적그리스도가 실제로 내부에서 일어날 수도 있겠다는 생각을 하는 이들도 생겨났다. 그렇다면 마침내 진실이 드러날 때까지 어떻게 해서든 성도들을 속이고 기만할 교황이 적그리스도일지도 모른다.

종교개혁자들과 그들의 신학적 유산을 물려받은 이들은 이 주제에 대해 한결같은 입장을 취했다. 그들은 다름 아닌 교황이 적그리스도라는 소위 "역사주의적" 해석을 따른다. 자신을 그리스도의 대리자라고 주장하고, 개신교도들이 성경적이라고 믿지 않는 교리들을 제정했기 때문에, 교황은 바울이 데살로니가후서에서 예언한 불법의 사람으로 간주되었다(살후 2:3). 이에 대해 로마 가톨릭 신학자들은 적그리스도의 출현은 아직 일어나지 않은 미래의 일이므로 교황이 적그리스도가 될 수 없다고 주장했다. 로마 가톨릭교회는 오히려 교회의 권위와 신성한 전통을 훼손하는 개신교가 실제로 적그리스도가 나타날 길을 예비하고 있다고 주장했다.

오늘날 이 주제를 다루는 대다수 기독교 대중작가들이 나처럼 적그리스도가 아직 나타나지 않았다고 믿고 있지만, 기원후 70년에 예루살렘 성전 파괴와 함께 일어난 대재앙적인 사건 때에 적그리스도가 이미 등장했다고 주장하는 작가(다양한 유형의 과거주의적 입장을 취하는)의 수가 점차 늘어나고 있다. 과거주의자들(신약성경에 나타난 대다수의 예언은 이미 성취되었다고 믿고, 따라서 요한계시록뿐 아니라 신약성경 전체를 이러한 관점에서 읽는 자들)은 성경에 나타난 대부분의 예언 성취를 먼 미래의 사건으로 일축해버리는 세대주의자들과는 달리, 신약성경 전반에 걸쳐 나타나는 "때가 가까웠다"(예. 계 1:3)는 말을 심각하게 받아들인다는 점에서는 상당 부분 옳다. 하지만 기원후 70년에 발생한 사건이 예수 그리스도의 재림에 관한 예언을 모두 성취했다고 보는 과거주의자들의 주장은 상당히 잘못되었다. 오히려 이러한 예언들은 말세에 있을 주님의 재림에 앞서 일어날 사건들에 관해 말하거나, 적그리스도에 관한 예언을 포함하여 주님의 재림과 직접적인 연관이 있다. 다수의 과거주의자들은 네로 황제가 적그리스도(짐승)라고 믿는다. 이는 적그리스도가 미래에 나타날 대적이 아님을 의미한다. 그는 이미 지나간 역사의 유물이다. 적그리스도는 이미 역사의 현장에 등장했으며, 그리스도의 능력과 그의 나라에 의해 패배를 맛보았다는 것이다.

이 책 전반에 걸쳐 "과거주의자적" 해석을 지속적으로 언급할 것이므로 우선 과거주의에 대한 명료한 설명이 필요해 보인다. 소위 "완전한" 혹은 "극단적" 과거주의자들은 그리스도가 기원후 70년에 이미 재림하여 인류의 저주를 말끔히 제거했고, 비육체적 부활과 최후의 심판을 시행했다고 믿었다. 이러한 입장은 기원후 70년에 이스라엘을 심판하기 위해 그리스도가 재림했지만, 그럼에도 죽은 자들을 일으키고 세상을 심판하기 위해 역사의 마지막 날에 육체적으로 재림하실 것이라고 믿는 소위 "부분적" 과거주의자들이 볼 때는 너무 극단적이다. 극단적 과거주의는 신자들의 육체적 부활과 예수의 육체적 재림을 모두 부정하기 때문에 이단이다. 그러나 부분적 과거주의는 이단이 아니며, 개혁주의 혹은 복음주의적 그리스도인들은 이 입장을 견지한다.[2] 나는 본서에서 적그리스도에 관한 예언의 성취를 기원후 70년에 일어난 사건들과 직접 연결하는 이들의 입장을 과거주의로 통칭하고자 한다.

이 주제의 성격이 항상 많은 논란과 터무니없는 추측을 일으킨다는 점을 고려할 때 이 책에서 내가 달성하고자 하는 목적은 적그리스도에 관한 성경의 자료를 살펴보고, 시대를 초월하여 그리스도인들이 이 교리를 어떻게 이해했는지를 검토하는 것이다. 이러한 목적을 가장 잘 달성하기 위해 나는 본서의 내용을 다음과 같이 구성했다. 1장은 본 주제를 소개하는 차원에서 우리가 적그리스도에 얼마나 매료되어 있는지를 보여주고, 이 교리에 대한 우리의 이해가 어떠한 결과를 가져다주는지를 검토한 후, 우리가 비성경적인 추측을 피하고 이 교리를 귀중히 여기기 위해 이 교리에 어떻게 접근해야 하는지 그 방안을 모색한다. 2장은 신약성경 저자들이 말하는 메시아의 주적(主敵)에 배경을 제공해주는 구약성경에 나타난 적그리스도의 전신에 관해 다룬다. 3장은 두 시대 모델(the two-age model)과 멸망의 가증한 것에 대한 예수의 가르침, 그리고 성경의 예언이 한 가지 이상을 성취한다는 "이중 성취" 현상을 포함하여 신약성경에 나타난 이 교리를 직접 다루기에 앞서 미리 예비적으로 고찰해야 할 내용을 몇 가지 살펴본다. 이를 통해 우리는 이 인물과 그의 전신들에 관한 신약성경의 가르침을 파악할 수 있는 성경적 기초를 얻

---

2   이 문제와 관련해서는 다음을 보라. Keith A. Mathison, ed., *When Will These Things Be? A Reformed Response to Hyper-Preterism* (Phillipsburg, NJ: Presbyterian and Reformed, 2004).

을 수 있다.

신약성경에는 적그리스도에 관한 서로 다른 세 가지 유형의 가르침이 있다. 우리는 이 세 가지 가르침을 하나로 묶는 동시에 각기 특유한 강조점을 그대로 유지하는 어려운 작업을 시도하기 이전에 이 세 가지를 먼저 따로 하나씩 논의할 것이다. 4장은 적그리스도 교리에 대한 첫 번째 가르침을 다루는데, 이는 사도적 교회 안에 많은 적그리스도가 존재한다는 요한 서신과, 즉 이러한 적그리스도들의 출현은 바로 지금이 마지막 때임을 나타내는 징조라는 요한의 선언에 관한 것이다. 5장은 두 번째 가르침을 다루는데, 이는 용과 짐승과 거짓 예언자 등 불가사의한 존재에 관한 내용을 다루는 요한계시록(특히 13장과 17장)에서 발견되며, 이들 모두는 1세기의 로마 제국 및 앞으로 종말 때까지 계속해서 나타날 미래의 반(反)기독교 정부와 그 지도자들을 가리키는 것으로 보인다. 6장은 세 번째이자 마지막 가르침을 다루는데, 데살로니가후서 2:1-12에서 바울이 언급한 불법의 사람, 즉 자기 스스로 하나님의 성전에 앉아 숭배 받기를 원하는 자에 관해 논의한다. 과연 바울은 기원후 70년에 일어난 사건들을 언급하고 있는 것일까? 아니면 **성전**이라는 단어를 교회에 대한 비유로 사용하고 있는 것일까? 만일 후자라면 과연 바울은 교황제도 또는 말세의 적그리스도를 가리키는 것일까?

이렇듯 우리가 이 주제에 관한 성경의 가르침을 개별적으로 살펴보았으므로, 7장에서는 이미 앞에서 다룬 여러 쟁점과 인물을 중심으로 이 주제에 관한 교회의 가르침을 간략하게 개관할 것이다. 8장에서는 앞에서 다룬 내용을 요약한 다음, 적그리스도에 관한 세 가지 가르침과 구약성경의 배경에 비추어 우리가 도출한 불법의 사람에 관한 일련의 결론을 제시할 것이다.

나는 이 책을 무천년주의적 종말론(amillennial eschatology)을 믿는 개혁파 그리스도인의 관점에서 서술한다.[3] 나는 교회가 일찍이 사도 시대부터 일련의 적그리스도와 직면했으며, 이 일련의 적그리스도가 말세에 예수 그리스도의 재림 직전에 출현할 적그리스도와 함께 그 절정에 달할 것임을 믿는다. 이러한 미래의 적그리스도의 출현은 그가 바로 그리스도의 사역을 모방하는 **가장 탁월한** 거짓 메시아라는 사실을 반영한다. 그리스도가 죽고, 죽은 자 가운데서 다시 살아나시고, 미래에 다시 오실 것처럼, 적그리스도 역시 죽고, 부활하고, 다시 올 것인데, 이 모든 것은 그리스도가 이루신 구속을 모방하여 결국엔 그의 주인인 용을 숭배하도록 하기 위함이다.

적그리스도의 최후의 등장은 그리스도와 그의 나라를 모독하고 이단 교리를 퍼뜨리는 신부와 사탄의 권세를 받아 국가(정부)의 형태로 하나님의 백성에게 사탄의 진노를 퍼붓는 신랑 간의 불경한 결혼이 될 것이다. 이 두 세력(이단과 국가 숭배)이 그 안에서 합쳐진 이 인물―흔히 적그리스도라 불림―의 출현은 말세에 이 세상을 심판하고, 죽은 자를 일으키며, 모든 것을 새롭게 할 예수 그리스도의 재림에 대한 가장 확실한

---

3   나는 다른 곳에서 이 문제를 다루었다. Kim Riddlebarger, *A Case for Amillennialism* (Grand Rapids: Baker, 2003). 또한 다음의 책도 보라. Anthony Hoekema, *The Bible and the Future* (Grand Rapids: Eerdmans, 1979); Cornelius P. Venema, *The Promise of the Future* (Carlisle, U.K.: Banner of Truth, 2000).

최후의 전조가 될 것이다.

나는 본서 전반에 걸쳐 메레디스 클라인(Meredith Klein), G. K. 비일 (G. K. Beale), 게할더스 보스(Geerhardus Vos), B. B. 워필드(B. B. Warfield), 리처드 보컴(Richard Bauckham), F. F. 브루스(F. F. Bruce) 등 여러 신학자의 글을 많이 인용할 것이다. 이 저자들은 광범위한 복음주의 독자들을 대상으로 저술하지 않기 때문에 그들의 탁월한 통찰력과 주요 성경 본문에 대한 예리한 주해는 많은 이들에게 잘 알려지지 않았다. 나는 성경 본문에 대한 그들의 통찰력과 박식한 지식이 본 연구를 통해 더욱 폭넓은 독자층에 전달되기를 바란다.

버나드 맥긴(Bernard McGinn)과 같이 이 주제의 역사에 관해 뛰어난 글을 쓴 다수의 역사가와는 달리, 나는 기독교 신학자들도 이 주제를 성경에 나타난 하나님의 계시의 일부로 취급해야 한다는 신념을 갖고 이 책을 저술한다. 이 주제는 그저 어떤 신화가 아니라 계시된 교리다. 적그리스도에 관한 교리는 일부 작가들이 주장하듯이 단순히 자신들에게 적대적으로 대하는 이 세상을 향해 두려움으로 반응하는 그리스도인들의 생각의 산물이 아니다.[4] 본 주제에 대한 최종 결론에 이르기 전에 먼저 그리스도인들이 적그리스도 교리를 그 동안 어떻게 해석해왔는지 그 역

---

4   나는 다음의 탁월한 책을 염두에 두고 있다. Bernard McGinn, *Antichrist: Two Thousand Years of the Human Fascination with Evil* (New York: Columbia University Press, 2000). McGinn은 "서양 역사에서 볼 수 있는 적그리스도에 관한 전설이 주는 가장 중요한 메시지는 그것이 우리의 과거와 심지어 악에 대한 우리의 현재 자세에 관해서도 말해준다는 것"이라고 믿는다(xx).

사를 간략하게나마 살펴보는 것이 중요하다. 왜냐하면 그 동안 이 교리는 종종 현대 역사의 렌즈로 이 문제를 바라보는 기독교 작가들에 의해 좌우되었고, 또한 그들이 착용하고 있던 색안경은 그들이 이 교리를 해석하는 관점에 영향을 미쳤기 때문이다. 하지만 성경은 예수 그리스도가 로마 제국의 처형틀인 십자가에서 죽었다가 다시 살아나신 것처럼(부자의 무덤을 빈 상태로 남겨두고) 적그리스도 또한 역사적인 인물일 것이라는 기대와 함께 이 교리를 어떤 특정한 신학적 맥락에서 소개하고 있다. 적그리스도는 단지 그리스도인들의 상상력 속에 존재하는 허구가 아니다.[5] 그는 당연히 이름과 얼굴이 있으며, 다름 아닌 바로 예수 그리스도에 의해 유황불 붙는 못에 던져질 것이다(참조. 계 19:20; 20:10).

적그리스도 교리에 대한 다양한 관점

	적그리스도의 출현 시점	독특한 강조점
교부들 (이레나이우스, 히폴리투스)	다수의 적그리스도(antichrists, 거짓 교사)가 출현할 것이지만, 적그리스도(the Antichrist)는 미래에 출현할 것이다.	적그리스도는 배교한 유대인이며 거짓 메시아일 것이다. 그는 로마 제국 멸망 이후 예루살렘의 재건된 성전에서 출현할 것이다.

---

5   Robert Fuller는 "적그리스도의 상징은 우리의 염려와 일치하는 존재론적 실재를 형성하며, 이를 통해 주변 세계(예. 인본주의적인 교육, 록 음악, 세계 교회 관계, 세계 평화에 대한 소망)를 위험과 속임수로 가득한 곳으로 해석해야 하는 신자의 필요를 채워준다"고 주장한다. Robert Fuller, *Naming the Antichrist: The History of an American Obsession* (New York: Oxford University Press, 1995), 198-99.

세대주의 (존 월부어드, 핼 린지, 팀 라헤이)	다수의 적그리스도(거짓 교사)가 출현할 것이지만, 적그리스도는 미래에 출현할 것이다.	적그리스도는 휴거 이후 다니엘서에 나타난 70번째 주에 출현하여(참조. 단 9:24-27), 7년 환란이 시작될 때 이스라엘과 평화조약을 맺는다. 그는 이스라엘을 배반함으로써 예루살렘의 재건된 성전에서 자신의 진정한 모습을 드러낸다.
역사주의 (종교개혁자, 웨스트민스터 신앙고백)	교황을 적그리스도로 본다.	사도 바울이 데살로니가후서 2:4에서 언급한 성전은 예루살렘 성전이 아닌 교회를 의미한다. 큰 음녀 바벨론(계 17장)은 로마가톨릭교회를 가리킨다.
과거주의 (B. B. 워필드, 켄 젠트리)	다수의 적그리스도(거짓 교사)는 현세 전반에 걸쳐 존재한다. 요한계시록 13장의 짐승은 네로 황제이며, 요한계시록은 대부분 이미 성취된 1세기 사건을 묘사한다.	예수 그리스도는 유대인의 시대의 종말을 알리며 기원후 70년에 이스라엘을 심판하기 위해 재림했다. 사도 바울이 데살로니가후서 2:4에서 성전을 언급할 때 이는 기원후 70년에 파괴된 예루살렘 성전을 가리킨다.
개혁주의적 무천년주의(게할더스 보스, 안토니 후크마)	다수의 적그리스도(거짓 교사)는 현세 전반에 걸쳐 출현한다. 국가의 후원을 받는 이단과 교회를 박해하는 형태로 나타날 최후의 적그리스도는 아직 출현하지 않았다.	사도 바울이 데살로니가후서 2:4에서 언급한 성전은 예루살렘 성전이 아닌 교회를 가리킨다. 적그리스도의 출현은 대대적인 배교가 일어나는 시기와 관련이 있다(참조. 계 20:1-10).

1장

병적인 호기심

적그리스도에 대한 오해

복음주의 영화와 소설에 등장하는 적그리스도

우리 중에 순교자로 인생을 마감하고 싶은 사람은 아무도 없다. 총부리를 들이대고서 만약 살고 싶으면 예수 그리스도를 부인하고 사탄과 그의 추종자들에게 무릎을 꿇으라고 위협하는 상황에 처하기를 원하는 사람은 아무도 없다. 우리는 국가로부터 박해를 받거나 비참한 빈곤 속에서 살도록 강요당하기를 원하지 않는다. 우리 가운데 예수 그리스도를 따른다는 이유로 투옥되기를 원하는 사람은 아무도 없다. 하지만 이것이 바로 여러 유명한 기독교 문학 작품에서 적그리스도의 출현을 보여주는 방식이다. 우리는 종종 적그리스도가 출현하면 그때는 과거에 전례가 없는 환란의 시대가 될 것이며, 내가 방금 위에서 언급한 것들이 많은 이들에게 현실이 될 것이라는 말을 듣는다. 그렇게 되면 예수 그리스도를 부인하고 "짐승의 표"를 받거나, 아니면 순교자로서 죽는 수밖에 없다.

1972년에 개봉된 영화 "심야의 도둑"(*Thief in the Night*)은 휴거가 방금 일어난 상황으로부터 시작한다. 이어서 이 영화는 남겨진 자들의 운명을 그린다. 한 남자의 불신자 아내가 공포 속에서 남편을 찾는 동안 그 남자의 면도기가 세면대 안에서 윙윙 소리를 내는 장면을 누가 잊을 수 있겠는가? 자신의 생명을 지키기 위해 적그리스도의 세력(흔히 "연합/동맹"이라는 단어가 한편에 새겨진 밴을 운전하는 흉악한 사람들로 보이는)으로부터 도망쳐야만 하는 영화의 여주인공은 기꺼이 순교자가 되기를 각오하든지, 아니면 자신의 영혼을 빼앗길 수밖에 없다. 이 영화를 본 많은 사람들은 "심야의 도둑"이 얼마나 그들을 두렵게 만들었는지 잘 기억하고 있다. 그런데 그것이 바로 그 영화를 제작한 목적이다. 너무 늦기 전에 사람들에게 공포심을 불어넣어 예수를 구주로 받아들이도록 하자는 것이다. 그리스도에게 나오기까지 너무 오랜 세월이 걸리면 당신은 휴거를 놓치고 적그리스도와 마주하게 될지도 모른다. 우리는 이 영화가 주는 메시지에 불만을 품을 수는 있어도 영화 제작 동기까지 나무랄 순 없다.

"심야의 도둑"은 성경이 적그리스도에 대해 실제로 가르친 내용을 반영하기보다는 1970년대의 "예수의 사람들"(Jesus people)이라 불리는 하위문화를 잘 보여준다. 래리 노먼(Larry Norman)의 매혹적인 발라드곡인 "우리가 모두 준비되어 있길 바래"(I Wish We'd All Been Ready)는 마지막 후렴구에 나오는 "너는 남겨진 채"(You've been left behind)라는 가사를 통해 이 영화의 메시지를 잘 요약해준다. "심야의 도둑"은 다소 선정적이고 강렬한 언어를 사용하여 말세에 대한 세대주의적 해석을 제공했으며, 많은 미국 그리스도인들은 지금도 종말과 적그리스도에 관한 교리를 이런 방식으로 이해하고 있다.[1]

"심야의 도둑"에 나타난 종말에 대한 세대주의적 이해는 이미 핼 린지의 1970년작 베스트셀러인 『대행성 지구의 종말』(The Late Great Planet

---

1   "심야의 도둑"의 성공에 대한 논의와 그 영화의 감독 겸 프로듀서인 돈 톰슨(Don Thompson)의 흥미진진한 배경은 다음의 책을 보라. Randall Balmer, *Mine Eyes Have Seen the Glory: A Journey into the Evangelical Subculture in America* (New York: Oxford University Press, 1989), 48-70.

적그리스도의 비밀을 파헤치다

Earth)을 통해 수백만 명에게 전해진 바 있다. 뉴욕타임스에 따르면 『대
행성 지구의 종말』은 미국에서 1970년대에 그 어느 책보다 많이 팔
렸다.[2] 린지가 독자들에게 설명하듯이 1948년에 팔레스타인 땅에 이
스라엘이 재건된 것은 종말이 가까이 왔음을 알리는 결정적인 신호였다.
유대인들이 이제 고국으로 다시 돌아왔다는 놀라운 사실 때문에 하나님
의 예언의 초시계는 다시 움직이기 시작했고, 그 결과 휴거는 언제든지
일어날 수 있게 된 것이다. 휴거는 모든 기독교 신자들이 즉시 땅에서 들
림을 받을 때 그리스도가 보이지 않게 "도둑같이"(참조. 살전 5:4) 임하는
것이다. 휴거는 적그리스도가 권세를 잡고 온 세상 사람들을 미혹하는
7년 환란의 시작을 의미한다. 이 모든 것은 그 유명한 다니엘의 70주에
관한 예언에 기록되어 있던 것으로 보인다(참조. 단 9:24-27).[3]

　휴거가 발생하고 그리스도인들이 지구에서 사라지면 그 후 몹시 두
려워했던 적그리스도가 드디어 세계 역사의 무대 위에 오르게 된다. 린
지가 "미래의 퓌러"(Future Fuehrer, 히틀러가 절대 권력자의 역할을 정의하기 위

2　Lindsey의 책과 이와 같은 장르의 다른 많은 책이 엄청난 성공을 거둔 것에 관해서
　는 다음을 보라. Paul Boyer, *When Time Shall Be No More: Prophecy Belief in Modern
　American* Culture (Cambridge, MA: Belknap, 1999), 5-7; 참조. McGinn, *Antichrist*,
　258.

3　Timothy P. Weber가 지적한 바와 같이 제1차 세계대전의 공포가 낳은 좌절은 미국
　의 구세대의 후천년주의적 낙관주의의 상당 부분을 잠식했고, 이에 세대주의자들
　은 세계의 정세가 호전되기보다는 악화하고 있다며 주의를 환기시키기 시작했다. 이
　러한 신학적 분위기의 급반전은 1970년대 Lindsey가 유행시킨 세대주의 신학의 비
　관주의를 강화시켰다. 이에 관해서는 다음을 보라. Timothy P. Weber, *Living in the
　Shadow of the Second Coming: American Premillennialism* 1875-1982 (Grand Rapids:
　Zondervan, 1983), 103-27.

해 사용한 칭호—편집자주)로 묘사한 이 인물은 휴거 이후 왜 수없이 많은 사람이 갑자기 사라지게 될지 잘 설명해줄 수 있을 것이다.[4] 부활한 로마 제국의 지도자인 적그리스도는 처음에는 문제를 해결하는 해결사로서, 그리고 역사상 전례 없는 평화의 시대에 지구상의 모든 민족을 하나로 통합하는 사랑받는 지도자로 나타난다. 그는 극적인 암살 시도로부터 살아남아 경이로운 일과 놀라운 기적을 행하기 시작한다. 이것은 그가 사람들을 기만하는 주요 수단이 된다. 심지어 이스라엘 민족까지도 그의 교활함에 속아 넘어가게 된다. 적그리스도는 이스라엘과 주변의 적대국 사이에 7년 평화조약을 맺는 협상을 주도하는데, 이는 지금까지 아무도 이루어낼 수 없었던 것이었다.

하지만 이 사람의 선한 겉모습은 기만적이다. 그는 **정말로** 세상의 문제를 해결하는 것이 아니다. 그는 이스라엘을 배반하고 자신을 세상이 숭배하는 대상으로 세우고자 음모와 계략을 꾸민다. 그는 혁신적인 첨단 기술을 사용하여 자신의 실물과 똑같은 우상을 만들어놓고 이를 숭배하도록 강요할 것이다. 그는 자신의 신비스러운 표(666)를 자신이 노예로 만들고자 하는 사람들의 이마나 손등에 새기려고 할 것이다. 사탄에게 직접 권세를 받은 적그리스도의 의도는 3년 반의 세계평화 시대가 끝나고 전례 없는 전쟁과 박해가 일어나며 극악무도한 시대가 열리기 전에 서서히 그러나 분명하게 모든 이에게 드러나게 될 것이다. 적그리스도는 어느 시점에 이르면 예루살렘에 재건된 유대교 성전에 들어가 자신을

---

4   Hal Lindsey, *The Late Great Planet Earth* (Grand Rapids: Zondervan, 1970), 98-113.

하나님처럼 경배하도록 강요할 것이다. 이처럼 말로 다 표현할 수 없는 극도의 신성모독이 적그리스도의 진정한 모습을 가장 잘 드러내 준다.

적그리스도의 이러한 끔찍한 행위는 예수 그리스도가 이 땅에 육체적으로 재림하여 이스라엘을 대적하는 연합군을 무찌를 뿐 아니라 적그리스도와 그의 추종자들을 유황불이 붙는 못에 던져 넣을 최후의 아마겟돈 전투를 촉발할 지정학적 사건들의 도화선이 된다. 천년왕국(계 20:1-10에 나오는 천년의 시기)은 그리스도가 적그리스도와 그의 추종자들을 정복한 이후에 비로소 시작된다. 사자가 양과 함께 누울 때 하나님의 백성은 예루살렘 성에서 다윗의 보좌에 앉으실 예수 그리스도와 함께 이 땅을 통치하게 된다. 이것이 세대주의 관점을 간략하게 요약한 것이다.

『레프트 비하인드』란 연작소설과 영화가 공전의 성공을 거두고, 소설이 수백만 부씩이나 팔린 이유는 이 소설이 종말에 대한 이러한 세대주의적 이해를 믿고 받아들인 사람들을 위해 쓰였기 때문이다. 이러한 이해는 이미 현재 미국 복음주의자들 사이에서 확고히 자리 잡고 있다. 팀 라헤이와 제리 젠킨스는 『대행성 지구의 종말』과 『심야의 도둑』이 마련한 비옥한 땅에 씨를 뿌린 셈이다. 비록 라헤이와 젠킨스가 적그리스도에게 이름(니콜라에 카르파티아)을 지어주긴 했지만—그리고 영화 "레프트 비하인드"에서는 적그리스도가 얼굴을 갖고 있다(그는 키가 작은 금발의 루마니아 사람이기 때문에 독특한 동유럽 사람의 악센트를 가졌다)[5]—이 소설

---

5   Tim LaHaye and Jerry B. Jenkins, *Nicolae: The Rise of the Antichrist* (Wheaton:

을 읽은 많은 독자들은 이 모든 것이 얼마나 상상에 기초한 것인지를 잘 인식하지 못한다. 이 책들이 흥미진진한 내용으로 가득한 이유는 그 작품들이 소설이기 때문이다. 하지만 소설에 등장하는 허구의 인물인 적그리스도에 관한 이야기를 적그리스도에 관한 성경의 가르침과 쉽사리 혼동하는 일이 발생하곤 하는데, 이런 일들은 특히 사람들이 소설에는 익숙하지만 성경의 가르침에 관해서는 너무 무지하기 때문에 발생한다.

비록 최근에 생겨난 적그리스도에 관한 세대주의적 관점의 다양한 추측이 우리 시대를 지배하고 있긴 하지만, 이제 우리는 과거에 그리스도인들 사이에서 "적그리스도 지목하기"(pin the tail on the Antichrist)가 유행했던 시대를 살았던 첫 세대 그리스도인들이 아니다. 그리스도인들은 교회사 전반에 걸쳐 정치적으로 위험한 인물과 신학적으로 경쟁의 대상이 되는 자들을 모두 "적그리스도"라고 불러왔다. 중세 시대에는 적그리스도에 대한 상상과 추측이 난무했다. 17세기에 영국은 정치적으로 질풍노도의 시기였을 뿐 아니라 신중하기로 유명한 청교도들 사이에서도 적그리스도에 대한 추측이 놀라우리만큼 흔한 시기이기도 했다.[6] 미국의 복음주의자들 가운데 얼마나 많은 이들이 자신들의 개신교 선조들이 적그리스도는 이미 나타났고, 그 정체를 알고 있다고 단호하게 주장했는지—그것도 그가 바로 현직 로마 교황이라는 것을—알고 있을까?

현재 우리는 그리스도인들이 성경의 가르침과 이에 대한 교회의 생

Tyndale, 1997).

6   Christopher Hill, *Antichrist in Seventeenth-Century England*.

각에 무지한 시대에 살고 있기 때문에 많은 그리스도인들이 성경이 말하지 않은 적(니콜라에 카르파티아 같이 젊고 교활한 세계적인 지도자)을 두려워하는 반면, 성경이 거듭 경고하는 적―우리 교회 안에 거짓 교리를 퍼뜨리는 자들과 하나님의 백성을 박해하는 독재 정권들―은 그냥 무시하고 있다. 성경은 예수 그리스도가 인간의 몸으로 오신 하나님이라는 교리를 부인하는 자는 모두 적그리스도적이며, 많은 적그리스도가 이미 1세기에 존재했다고 가르친다(요일 4:3). 하지만 어떤 사람들은 이 두 번째 가르침을 불편하게 생각하는데, 그 이유는 그것이 성경의 가르침임에도 불구하고 그것에 대해 들어본 적이 없기 때문이다.

그리스도인들이 예수 그리스도의 최고의 적을 두려워하는 것은 이해할 만하다. 물론 그래야만 한다. 예수 자신도 우리가 그를 사랑하면 세상이 우리를 미워할 것이라고 말씀하셨다(마 10:22). 사탄의 권세를 받은 인물이 인간의 몸을 입고 나타나 하나님의 백성들과 전쟁을 한다는 것은 끔찍한 일이 아닐 수 없다. 박해와 순교에 대한 이미지는 요한계시록 전반에 걸쳐 나타난다. 예수는 제자들에게 이것이 그들의 운명이 될 것임을 경고하셨다(마 24:9). 성경의 문맥과 지금까지 교회에서 전개한 신학적 고찰로부터 벗어나면 이 주제들은 소설과 영화의 렌즈를 통해 쉽사리 변질될 수 있다. 오늘날 복음주의 교회에서는 소설이 마치 조직신학인 것처럼 읽히고 있는데, 이는 가장 불행한 일이 아닐 수 없다. 왜냐하면 좋은 소설과 조직신학의 장점이 모두 퇴색되기 때문이다. 만일 사람들이 영화를 통해 전달되는 영상 매체의 힘으로 실재와 전혀 다른 이야기를 쉽사리 만들어낼 수 있다면,[7] 성경의 예언에 관심이 많은 사람들은 DVD에서 본 허구의 이야기가, 심지어 성경이 그런 것을 가르치지 않음에도 불구하고, 마치 성경의 가르침인 것처럼 생각할 위험이 있다.

현재 우리는 적그리스도에 관한 성경의 가르침을 재차 검토해야 하는 어려운 상황 가운데 살고 있다. 그리고 내가 『적그리스도의 비밀을 파헤치다』라는 책 전반에 걸쳐 시도하고자 하는 것이 바로 그것이다. 나는 독자들이 성경에 비추어 이 책의 내용을 평가해줄 것을 당부한다. 어쩌면 당신은 그리스도인을 포함하여 많은 사람들이 적그리스도에 관한 성경의 가르침이라고 생각하는 것이 실제로 성경의 가르침인 경우가 극히 드물다는 사실에 놀랄 것이다.

많은 사람은 적그리스도를 떠올리면 성경적 근거가 없는 『심야의 도둑』이나 『레프트 비하인드』에서 본 것을 종종 생각한다. 하지만 이 주제에 대한 사람들의 생각을 형성하는 데 부정적인 영향을 미치는 것이 비단 기독교 소설만은 아니다. 지금까지 적그리스도는 미국의 대중문화에서도 주인공 역할을 톡톡히 해왔다.

---

7   다음을 보라. Neal Gabler, *Life: The Movie. How Entertainment Conquered Reality* (New York: Vintage Books, 1998).

의인화된 악, 적그리스도

이 주제가 시대를 불문하고 큰 관심을 끈 이유가 있다.[8] 악이 특정 인물의 구체적인 행동을 통해 드러날 때, 그것은 우리에게 극도의 공포를 가져다준다. 우리는 공산주의와 파시즘의 "악행"을 말할 수 있지만, 이오시프 스탈린이나 아돌프 히틀러와 같은 존재가 세계 역사의 무대에 등장하고 나서야 비로소 그러한 악이 단지 이론으로만 존재하는 것이 아니라는 사실을 깨닫게 되었다. 그것이 이제 실제 사람의 모습으로 나타났기 때문이다. 이러한 인물은 세계 역사의 무대 위에서 우리 가운데 대다수가 상상할 수조차 없는 수준의 악을 자행한다. 비록 주변의 마약 거래상, 강간범, 혹은 강도와 같은 이들이 우리의 재산과 신체에 해를 가할 수 있지만, 그럼에도 지역 정부는 이러한 범죄자들을 통제할 수 있다. 범죄자들은 처벌을 받고 교도소에 갈 것이다. 하지만 적그리스도가 출현할 때에는 이 모든 것이 뒤집힐 것이다. 선한 사람이 악한 사람이 될 것이다.

히틀러나 스탈린 같은 이들이 권력을 잡으면 국가의 모든 경제는

---

8 Jeffrey Burton Russell에 따르면 그리스도인들은 상당 부분 자신들이 이해하는 사탄의 행위를 지역 설화에 크게 의존했다. 이러한 설화의 영역에서 "악마의 많은 부하 중에서 가장 중요한 존재가 바로 적그리스도다. 그의 영향력은 인류 역사에 깊이 퍼져 있고, 이 세상의 종말이 오면 사람의 몸을 입고 이 땅에 출현하여 선한 사람들에 맞서 사악한 군대를 이끌고 최후의 치열한 전투를 치를 것이다." Jeffrey Burton Russell, *Lucifer: The Devil in the Middle Ages* (Ithaca, NY: Cornell University Press, 1986), 79.

전쟁을 치르기 위한 무기 생산에 전념한다. 육군은 땅에서 진격하고, 해군은 바다에서 싸운다. 전쟁은 지구 끝까지 확대된다. 일상의 삶은 혼란에 빠지고, 정상적인 경제 활동은 멈추고 만다. 막대한 양의 귀중품과 개인 재산이 파괴된다. 이러한 재앙의 희생자는 셀 수조차 없이 많아지며, 사람들은 너도나도 끔찍한 사연을 소유한 자가 된다. 가장 큰 아이러니는 우리를 보호해야 할 자들이 오히려 최고로 악한 범죄를 저지른다는 사실이다. 히틀러의 게슈타포나 스탈린의 KGB를 생각해보라. 악은 번성하게 마련이다. 이런 악한 지도자들과 그의 추종자들이 사람들에게 가하는 고통은 상상을 초월한다. 그럼에도 이것이 현실이며, 삶의 모든 영역에까지 영향을 미친다.

이런 악을 최초로 행한 사람은 히틀러와 스탈린이 아니다. 하지만 그들이 저지른 악은 우리에게 있어 가장 최근의 일이다. 우리는 알렉산드로스 대왕이 단지 그렇게 할 수 있다는 이유만으로 마케도니아에서부터 인더스강에 이르기까지 수많은 민족을 무자비하게 정복한 일도 책을 통해 알고 있다.[9] 우리는 네로 황제와 같이 게걸스런 개인의 탐욕을 채우기 위해 모든 사회적 규범을 무시한 폭군에 관해서도 알고 있다. 또한 훈족의 아틸라 왕이나 잔인하게 정복하고 사람들을 포로로 잡아간 살라딘

---

9   알렉산드로스 대왕에 대한 Paul Cartledge의 연구는 이 점을 분명히 밝힌다. 역사가 아리아노스는 거듭해서 알렉산드로스 대왕의 끝없는 욕망에 대해 이야기하는데, Cartledge는 이것이 알렉산드로스 대왕이 역사에 기억되는 존재가 되기를 원했다는 것을 보여주는 여러 렌즈 중 하나라고 지적한다. Paul Cartledge, *Alexander the Great* (Woodstock, NY: Overlook, 2004), 221-22.

이 이끌던 동방의 이슬람 군대에 관해서도 알고 있다. 이들은 모두 자신들의 무자비함으로 인해 전설적인 존재가 되었다.

중요한 점은 바로 악이 국가의 원수가 되어 자신의 목적을 이루기 위해 경제를 통제하고 군사력을 이용하게 될 때 가장 공포스럽다는 것이다. 그렇기 때문에 적그리스도 교리는 끔찍하면서도 흥미로운 주제일 수밖에 없다. 이 인물은 의인화된 악, 곧 인류 역사상 모든 선한 것을 정복하기 위해 사탄이 저지른 잔혹한 전쟁의 최고봉이라고 할 수 있다. 비록 그리스도인들이 자신의 시대에 나타난 악을 적그리스도의 현현이라고 말하고 싶은 충동을 항상 받아온 것이 사실이지만, 대다수는 **적그리스도**라는 용어가 의미하는 바가 단순한 악의 현현이 아니라 말세에 어떤 특정 인물을 통해 나타나는 사탄의 최후의 분노의 현현이라고 이해한다.

적그리스도는 알렉산드로스 대왕의 충족되지 못한 욕망으로 이 세상을 정복할 것이다. 그는 또한 네로 황제와 같이 쾌락을 갈망하며 숭배를 받고자 하는 욕망을 갖고 있을 것이다. 그는 히틀러와 같이 하나님의 백성들에 대한 증오로 가득 차 있을 것이다. 그는 스탈린과 같이 그의 백성들을 배반하고 참혹하게 죽일 것이다. 적그리스도는 이들과 같은 모습이나 또는 그 이상의 모습으로 우리에게 나타날 것이다. 역사에 등장한 폭군들은 적그리스도라는 인물 안에서 의인화될 최후의 악을 위한 일련의 총연습에 해당한다. 우리는 그 누구보다도 이 사람을 두려워한다.

그리스도인들은 성육신하신 하나님이신 예수 그리스도가 선의 최고의 현현이라고 믿는다. 혹자는 예수가 빌립에게 하신 말씀을 떠올린다. "나를 본 자는 아버지를 보았다"(요 14:9). 반면 적그리스도는 모든 악의 최고의 현현이다. 적그리스도는 사탄의 인간 대리자로서 가짜 그리스도이거나 혹은 우리 주님의 성육신과 정면으로 대치되는 인물이다. 예수가 인간의 육신을 입은 하나님이라면, 적그리스도는 인간의 얼굴을 가진 사탄일 것이다.

비록 성경의 그 어느 곳에서도 가르치고 있지는 않지만, 사탄의 성육신이라는 개념이 "로즈마리의 아기"(*Rosemary's Baby*, 1968) 등 몇몇 영화에서 다루어지고 있다.[10] 이 충격적인 영화에서 신앙을 저버린 로마 가톨릭 부부(미아 패로우와 존 캐사비츠가 배역을 맡음)는 악마와 거래를 한다. 그 결과 미아 패로우가 연기한 인물은 사탄이 성육신한 아기를 낳는다. 요한계시록에 나오는 짐승에 아주 대충 근거하여 만든 또 다른 영화가 바로 "오멘"(*The Omen*, 1976년)이다. "유복한" 부부(그레고리 펙과 리 리믹이 배역을 맡음) 사이에서 갓 태어난 아들이 죽자, 아버지는 죽은 아이를 아무도 모르게 같은 병원에서 태어난 악명 높고 악마 같은 데미안이라는 아이와 바꾼다. 데미안은 1966년 6월 6일 로마에서 사악한 사람의 아들로 태어났다. 그의 머리 가죽에는 불가사의한 짐승의 표(숫자 666)가 새겨져 있었다. 그는 불가사의한 힘을 이용하여(언제나 불길하고 사악한 웃음을 지으

---

10   적그리스도가 사탄의 성육신이라는 견해는 매우 소수의 그리스도인만이 지지하는 견해였는데, 그중 한 명이 바로 10세기의 작가 아드소(Adso)였다. 이에 관해서는 다음을 보라. McGinn, *Antichrist*, 94-97; Wilhelm Bousset, *The Antichrist Legend: A Chapter in Christian and Jewish Folklore*, trans. A. H. Keane (London: Hutchison, 1896), 138-57; Russell, *Lucifer*, 103.

며) 부모를 모두 죽음으로 몰아넣었고, 속편("데미안-오멘 II")에서는 세계 정복을 위해 길을 떠난다.[11] 오멘 시리즈를 비롯해 이와 유사한 영화는 사탄이 성육신한 존재가 적그리스도라는 사상을 널리 퍼뜨리는 데 일조했다.

"로즈메리의 아기"와 "오멘"은 매우 암울한 영화다. 이 영화들은 "사신 신학" 운동("God is dead" movement)이 정점에 달하고, 핼 린지와 다른 이들이 묵시 드라마를 제작하여 비교적 소수에 불과했던 세대주의 진영을 뛰어넘어 대중적인 인기를 얻던 시기에 제작되었다.[12] 이러한 공포 영화들은 많은 시청자의 생각 속에 사탄과 요한계시록과 적그리스도에 관한 일련의 비성경적인 이미지를 심어주었으며, 이러한 이미지는 심지어 수년이 지난 후에도 많은 그리스도인의 생각과 대중문화의 상당 부분에 지속적인 영향을 미쳤다.[13] 적그리스도에 대해 누군가에게 물어보라. 그러면 그 대답은 대부분 이 영화나 이와 비슷한 영화와 연관되어 있다. 성경의 가르침에 익숙하지 않은 사람들은 이처럼 비성경적인 자료에서 나온 이미지에 의존하기가 쉽다. 적그리스도를 사탄의 인간 대리자로 보는 것에서부터 그를 사탄이 성육신한 존재로 보는 것은 단지 생각의 비약이 아니다. 그것은 전적으로 비성경적인 생각이다.

---

11   Peter Malone, *Movie Christs and Antichrists* (New York: Crossroad, 1990), 121-23.

12   위의 책, 122.

13   우리는 "휴거"(*The Rapture*, 1991)나 "말세"(*End of Days*, 1999)와 같이 성경적 종말론에 대충 근거하여 만든 최근의 영화와 "계시"(*Revelations*, 2005)란 TV 드라마를 떠올릴 수 있다.

만일 적그리스도가 의인화된 악 혹은 성육신한 악이라면 일단 그가 전면에 등장한 후에는 하나님의 백성을 잔인하게 박해하기 시작할 것이다. 이는 상당수의 복음주의 저서와 영화("심야의 도둑"과 같은)에 등장하는 주제일 뿐 아니라, 심지어 세속적인 영화도 하나님의 주적에 대항하는 이들이 겪는 끔찍한 운명을 생동감 있게 표현하고 있다. "오멘"에서 리 리믹이 연기한 등장인물은 데미안과 사악한 그의 유모의 계략에 의해 자기 집 2층에서 뛰어내려 간신히 목숨을 부지했다가 훗날 결국 병원의 고층 창문에서 떨어져 죽음을 맞이한다. 데미안의 실제 태생을 밝혀낸 가톨릭 신부는 십자가의 조각에 찔린다. 또한 이 사건을 조사하던 기자는 이 사건의 경위를 알아내자마자 곧바로 불가사의한 사고에서 유리 조각에 목이 잘린다. 영화 마지막 장면에서 그레고리 펙은 데미안이 이전에 들어가기를 거부했던 바로 그 교회의 제단에서 그를 죽이려고 시도할 때 경찰의 실수로 목숨을 잃는다. 이러한 영화는 적그리스도라는 존재가 막강한 힘을 갖고 있으며 평범한 인간은 그를 이길 수 없다는 이미지를 전달한다. 성직자와 기독교의 상징, 그리고 기독교의 예배 장소가 그의 전진을 방해할 수 있을지는 몰라도 그의 최종 목표를 저지하거나 무너뜨릴 수는 없다. 이를 보는 관객은 적그리스도가 사탄 자신이 아니라면 적어도 사탄에게 권세를 부여받은 존재이므로 사람들은 그를 결코 대항할 수 없다는 메시지를 받는다.

적그리스도는 결단코 인간의 노력으로 억제될 수 없기에 결국 악이 승리하는 것을 막기 위해서는 하나님의 직접적인 개입이 필요하다. 악이 선을 이길 것이라는 생각은 그리스도인뿐만 아니라 대중문화도 받아들일 수 없는 결론이다.[14] 따라서 적그리스도의 출현은 세계의 종말과 최후 심판의 날을 알리는 전조가 된다. 적그리스도가 마침내 출현하면 예수 그리스도의 재림은 그리 먼 미래의 일이 아니다. 성경 본문과 기독교 전통에 어설프게 기초하여 만든 영화나 소설에 등장하는 적그리스도는 그에게 강렬하게 대항하는 예수(이 또한 성경에서 어설프게 가져온 것임)에게 결국 무릎을 꿇게 된다. 최고의 주인공과 최고의 적이 서로 맞붙는 장면에서 최고의 적이 자신이 당연히 받아야 할 죄의 대가를 치르게 되는 이야기만큼 흥미로운 이야기가 또 어디 있겠는가?

적그리스도의 출현 예고가 주는 함의

적그리스도와 같은 강력한 이미지는 대중문화의 경계를 훨씬 뛰어넘어 사회에 엄청난 영향력을 행사할 수 있다. 버나드 맥긴이 지적한 대로 "서구 문명의 역사 전체는 요한계시록의 프리즘을 통해서 읽을 수 있다."[15] 사도 요한은 우리에게 최후의 심판으로 끝이 날 직선적인 역사관을 제시해주었을 뿐만 아니라 그리스도인들로 하여금 최후의 심판을

14　하지만 Bernard McGinn이 지적한 대로 악을 어떤 특정 문화에 맞게 묘사하는 데 적절한 언어가 존재하지 않는 상황에서 "브람 스토커의 드라큘라"(*Bram Stoker's Dracula*)와 같은 부류의 영화는 적그리스도를 하늘로 올라가는 흡혈귀로 묘사한다. McGinn, *Antichrist*, xiii.

15　Bernard McGinn을 인용한 다음을 보라. "The Way the World Ends," *Newsweek*, November 1, 1999, 69.

고대하게 하고, 역사의 종말이 오는 데는 예수 그리스도와 악의 세력이 수행해야 할 역할이 있음을 알려주었다. 따라서 적그리스도에 대한 사변은 불가피하며, 우리는 이를 절대 회피할 수 없다.

만약 맥긴이 주장한 바와 같이 요한계시록이 서구 문명사에 지대한 영향을 미쳤다면(나는 그의 주장이 옳다고 생각한다), 로버트 풀러(Robert Fuller)의 미국에 대한 평가 역시 분명히 정확할 것이다. 그의 저서 『적그리스도 지목하기: 미국의 집착 역사』(*Naming the Antichrist: The History of an American Obsession*)에서 풀러는 다음과 같이 말한다. "적그리스도의 역사는 절대 선과 절대 악 사이의 갈등이라는 신화적인 정황에서 그들 자신―그리고 그들의 적―을 역사적으로 이해하려는 미국인들의 집착을 잘 보여준다."[16] 풀러는 적그리스도에 대한 사변을 성경의 비유와 함께 사도 요한이 우리에게 전수한 묵시문학적 신앙의 렌즈를 통해 삶의 모든 것을 신화화하는 미국인들의 독특한 능력의 일환으로 본다. 비록 나는 적그리스도 교리를 순전히 심리학적 측면에서 설명하는 풀러의 주장을 받아들이지 않지만, 미국은 특히 냉전이 시작된 이래로 풀러가 설명한 것처럼 적그리스도에 대한 사변에 전력을 쏟았다고 생각한다. 흥행에 크게 성공한 "로즈메리의 아기"나 "오멘" 같은 영화와 『레프트 비하인드』 같은 소설이 공전의 대성공을 거둔 것은 이러한 사실을 입증한다.

여기에는 몇 가지 원인이 있다. 이 중 대부분은 지난 세대의 세계사 흐름과 관련이 있다. 이렇게 현재 크게 성행하고 있는 적그리스도에 대

---

16   Fuller, *Naming the Antichrist*, 4.

한 사변에 불을 지핀 가장 중요한 역사적 사건은 유대인들이 아브라함에게 언약하신 땅으로 돌아왔다는 사실인데, 이 사실은 성경에 기록된 옛 예언이 현재 일어나고 있는 사건을 정확히 설명(그리고 예언)해준다는 사상에 상당한 힘을 실어주고 있다. 이 사실은 그 자체만으로도 엄청난 정치적 음모론을 양산할 뿐 아니라 전쟁에 대한 소식 루머가 저녁 뉴스 시간에 등장하고 또 조간신문 1면을 장식하게 만든다. 이스라엘 지도자와 아랍 지도자는 누구나 최후의 아마겟돈 전쟁과 인류 역사의 종말로 이어질 만한 사건을 언제든지 일으킬 수 있다.

전 세계적인 공산주의의 발현과 군국주의적 무신론자들에 의한 세계 제패의 위협으로 말미암아 핵전쟁이 실제로 일어날 가능성도 배제할 수 없게 되었다. 공산주의가 무너진 지금 핵의 위협은 대량 살상 무기를 안전하게 보관하지 못한 구소련의 여러 위성국가의 수혜자라고 할 수 있는 이슬람 테러리스트의 몫이 되었다. 과연 소련의 붕괴와, 이슬람 파시즘의 등장과, 새로운 활력을 얻은 거센 중화인민공화국이 어떻게 예언의 장면에 들어맞을까? 예언 전문가들은 현재 전개되고 있는 사건들을 수천 년 전 말세에 어떤 일이 벌어질지를 예언한 성경으로 해석하거나, 또는 적어도 성경에서 그에 대한 중요한 단서라도 얻을 수 있다고 주장한다.

제2차 세계대전 이후 설립된 유엔은 전 세계적인 국가의 연합이 미국의 경제력과 군사력을 초월할 수 있는 시나리오를 보여준다. 이것이 바로 자유를 사랑하는 미국인들이 대단히 우려하는 것처럼 미국이 "빅브라더(조지 오웰의 소설 『1984년』에 나오는 가공의 인물로, 전체주의 국가 오세아니아를 통치하는 정체모를 수수께끼의 독재자―역자주)"가 될 가능성이 있음에도 불구하고 어째서 성경의 예언 어느 곳에도 미국이 등장하지 않는지를 설명해주는 이유다. 아무튼 그 블랙호크 헬리콥터는 어디서든 와야 하지 않는가! 미국이 당장 군사적으로 패배할 것은 아니기 때문에, 미국이 지금 제압당할 유일한 길은 유엔과 같은 세계연합뿐이다.

그리고 상당수 미국 복음주의자의 눈에 비친, 요한이 요한계시록에서 예언한 부활한 로마 제국(참조. 계 13, 17, 18장)으로 여겨진 유럽연합의 등장도 있다.[17] 세대주의자의 관점에서 보면 이스라엘의 회복과 함께 새롭게 구성된 유럽연합의 등장은 단지 우연일 수 없다. 그들은 성경이 실제로 이 모든 사건을 예언하고 있기 때문에 적그리스도의 등장은 그리 먼 미래의 이야기가 아니라고 추론한다. 실제로 데이브 헌트(Dave Hunt)에 따르면 "바로 지금 적그리스도는 지구상에 분명히 살아 있다. 그는 자신의 때를 기다리며, 자신이 등장할 차례를 엿보고 있을 뿐이다."[18] 핼린지도 이에 동의하며 다음과 같이 덧붙인다. "유럽의 어딘가에서 아돌프 히틀러와 이오시프 스탈린을 훨씬 뛰어넘을 미래의 독재자가 자신의 때를 기다리고 있다. 지금 그는 자신의 왕좌를 차지할 준비를 하고 있다."[19]

예언에 대한 세대주의자들의 사변과 우리 문화 전반에 널리 알려진

---

17   Dave Hunt, *Global Peace and the Rise of Antichrist* (Eugene, OR: Harvest House, 1990), 55-64, 87-98.

18   위의 책, 5.

19   Hal Lindsey, *Planet Earth—2000 AD* (Palos Verde, CA: Western Front, 1994), 232-33.

이미지로 인해 뜨거워진 분위기 속에서 적그리스도가 세계 지도자로 등장한다는 주장은 이제 많은 이들에게 공포의 대상이 되었다. 미하일 고르바초프(이마에 있는 모반은 그냥 무시해버리기엔 너무나도 선명하다), 헨리 키신저(유대인이자 전 국무장관), 자신을 과거 바벨론 제국의 영광을 회복할 새로운 살라딘으로 묘사한 사담 후세인은 모두 적그리스도로 추정되던 인물이다.[20] 또한 자신의 첫 번째, 두 번째, 세 번째 이름이 모두 여섯 글자로 되어 있으며, 총상을 입었음에도 목숨을 건진 로널드 윌슨 레이건(Ronald Wilson Reagan)도 마찬가지였다.[21]

제2차 세계대전 이후 세계 무대에서 일어난 사건을 모두 고려하면, 복음주의 진영의 목사들과 예언 전문가들이 정치 전문가의 역할까지 자처하면서 다양한 형태의 성경 예언 관련 사역이 우후죽순처럼 생겨난 상황은 전혀 놀랄 만한 일이 아니다. 잭 밴 임피(Jack Van Impe)[22]나 핼 린지[23] 같이 세대주의를 따르는 예언 전문가들은 인쇄물과 TV 방송을 통해 현재 일어나고 있는 사건을 성경의 예언과 연관시키는 사역에 큰 관심을 보였다. 이들은 최근에 일어난 정치적 사건을 자신이 이해하는 성

---

20 Fuller, *Naming the Antichrist*, 3-4.

21 위의 책, 28.

22 Van Impe는 잭 밴 임피 국제사역원(Jack Van Impe Ministries International, www. JVIM.org)의 책임 저자이자 연사다. 이 사역원은 주중 TV 프로그램을 제작하고, 소식지를 출판하며, 사역원 웹사이트를 운영하고 있다. Van Impe는 성경의 예언에 관한 많은 책을 저술했다. 대표작으로는 "The Great Escape", "The Jack Van Impe Prophecy Bible"과 "Another Hitler Rising"이라는 DVD/video 작품이 있다.

23 Hal Linsey Oracle이라는 Linsey의 웹사이트는 Linsey 자신의 세대주의적 렌즈를 통해 최근에 일어나는 사건을 집중적으로 분석하여 소개하고 있다.

경의 관점에 비추어 평가할 뿐 아니라 기후 변화와 자연재해 및 질병 등이 얼마나 예언의 말씀과 잘 들어맞는지를 설명하고자 노력한다. 하나님의 시간표에 의하면 그다음에 일어날 일이 휴거이고, 이어서 적그리스도가 등장할 것이라는 그들의 전제를 고려하면 그들의 이러한 행동은 극히 자연스러운 것이다. 결국 세계에서 일어나고 있는 사건—예수가 명확하게 언급한 말세의 징조(마 24:4-25)—을 이해하는 것이 우리에게 임박한 미래의 일을 이해하는 열쇠가 되는 것이다.

세계 도처에서 일어나는 사건의 형태로 나타나는 말세의 징조에 집착하는 것 역시 의도치 않은 심각한 결과를 초래할 수 있다. 만약 성경이 예수의 재림을 위한 예비 단계로서 특정한 사건이 반드시 일어나야 한다고 예언한다면, 이 모든 것을 세대주의의 관점에서 보는 그리스도인은 앞으로 모든 정치적인 사건이 그들의 도식에 따라 전개될 수 있도록 무슨 일이든지 하고야 말 것이라는 비난으로부터(그 비난이 타당하든 안 하든지 간에) 자유롭지 못할 것이다.[24] 폴 보이어(Paul Boyer)는 말세에 대한 세대주의의 이해가 핵전쟁, 공산주의, "중공"(Red China)의 확산 정책에서부터 중동 사태에 이르기까지 미국 정치인들의 견해에 다양한 방식으로 큰 영향을 미쳐온 데 대한 글을 집필했다.[25] 티모시 웨버(Timothy Weber)는 자신의 저서 『아마겟돈으로 가는 길: 복음주의자들은 어떻게

---

24   예컨대 다음을 보라. Barbara R. Rossing, *The Rapture Exposed* (Boulder, CO: Westview, 2004), 47-80.

25   다음을 보라. Boyer, *When Time Shall Be No More*, 특히 115-253.

이스라엘의 가장 친한 친구가 되었는가?』(On the Road to Armageddon: How Evangelicals Became Israel's Best Friend)에서 세대주의 신학의 주요 결과물 중 하나가 바로 기독교 시온주의의 등장이라고 주장했다. 그의 주장에 따르면 이 기독교 시온주의는 미국의 중동 외교정책이 친(親)이스라엘적인 입장을 채택하도록 하는 목적을 갖고 있는데, 이는 이슬람 국가들 및 팔레스타인을 지지하는 이들과 그들 사이에 이미 존재했던 커다란 갈등을 증폭시키는 결과를 초래할 뿐이다.[26]

기독교 시온주의의 견해는 마이클 D. 에반스(Michael D. Evans)가 쓴 그의 베스트셀러『미국의 예언들: 고대의 성경은 우리 국가의 미래를 보여준다』(The American Prophecies: Ancient Scriptures Reveal Our Nation's Future)에 분명하게 나타나 있다. 그는 2001년 9월 11일에 일어난 끔찍한 사건이 미국과 아브라함의 두 아들(이삭과 이스마엘)의 후손 간의 불경한 "혼인"(에반스는 이렇게 부른다)으로 인해 "하나님의 보호하심이 미국으로부터 떠난 결과"라고 주장한다.[27] 에반스에 따르면 미국은 반드시 하나님의 택한 백성을 대적하는 아랍연맹(이스마엘)에 대항하여 이스라엘(이삭) 편에 서거나, 아니면 역사의 뒤안길로 사라질 운명에 처해 있다는 것이다. 에반스의 말에 의하면 만일 미국이 이스라엘 편에 서지 않을 경우 미국은 말세의 영적 바벨론이 될 것이고, 세계를 제패하려는 적그리스도

---

26   Timothy P. Weber, *On the Road to Armageddon: How Evangelicals Became Israel's Best Friend* (Grand Rapids: Baker, 2004).

27   Michael D. Evans, *The American Prophecies: Ancient Scriptures Reveal Our Nation's Future* (New York: Warner Faith, 2004), 14-20.

의 주요 대리자 가운데 하나가 될 것이다.[28]

세대주의자들이 현재 일어나는 사건을 이러한 방식으로 이해하도록 부추기는 성경 본문은 바로 다니엘의 70주에 관한 예언이다(단 9:24-27).[29] 다니엘 9:27에서 예언자 다니엘은 "장차 많은 사람들과 더불어 한 이레 동안의 언약을 굳게 맺고, 그가 그 이레의 절반에 제사와 예물을 금지할"한 사람에 대해 언급한다. 세대주의자에 따르면 언약을 굳게 맺는 사람이라는 표현은 바로 앞 구절(26절)과 "성읍과 성소를 무너뜨릴" 통치자를 가리킨다. 장차 나타날 이 통치자에 대한 암시는 티투스의 출현 및 기원후 70년에 로마군에 의해 무너질 예루살렘과 그 성전을 미리 내다본 다니엘의 예언으로 이해된다. 이것은 27절이 적그리스도에 관한 예언이며, 그는 티투스처럼 어떤 의미로든 부활한 로마 제국 및 재건된 예루살렘 성전과 반드시 연관되어 있음을 의미한다. 적그리스도는 예언의 70번째 주가 시작될 때 나타나 많은 이들(이스라엘)과 한 이레(7년) 동안 평화조약("언약을 굳게 맺고")을 체결할 것이다. 70주의 마지막 "주"는 소위 "7년 환란"으로 불리는 시기에 관한 예언이며, 이는 휴거 때 또는 바로 그즈음에 시작된다. 이 본문에 대한 세대주의적 해석의 중요성, 즉 적그리스도에 대한 세대주의적 해석뿐만 아니라 말세에 대한 세대주의의 연대기적 중요성은 결코 과소평가될 수 없다.

---

28   위의 책, 34-36.
29   이 부분에 대해서는 다음의 연구들이 유용하다. Sir Robert Anderson, *The Coming Prince* (repr., Grand Rapids: Kregel, 1957); Alva J. McClain, *Daniel's Prophecy of the 70 Weeks* (Grand Rapids: Zondervan, 1969).

적그리스도의 비밀을 파헤치다

저명한 세대주의 신학자인 알바 J. 맥클레인(Alva J. McClain)은 70주에 관한 예언을 "모든 신약성경의 예언을 연대기적으로 이해하는 데 필요한 열쇠"라고 말한다.[30] 다시 말하면 다니엘의 예언은 그 무엇보다도 적그리스도에 관한 신약성경의 가르침을 해석하는 수단이다.[31] 따라서 이 한 본문에서 두 가지 사상이 발전한다(나는 이것이 세대주의자들이 심각하게 오해하는 본문이라고 생각한다).[32] 즉 적그리스도는 이스라엘과 평화조약을 맺을 것이며, 앞으로 7년 동안에 걸친 환란의 기간이 있을 것이다. 이 두 사상(적그리스도와 환란)은 서로 연결되어 있다.[33] 다니엘 9:24-27에 대한 이런 해석을 고려하면 세대주의자들이 오늘날 일어나

---

30 McClain, *Daniel's Prophecy of the 70 Weeks*, 10.

31 구약이 신약을 해석한다는 발상은 신약이 구약을 해석한다는 기독교 해석학과 상충될 뿐 아니라 다니엘 9:27의 주어도 적그리스도가 아닌, 그리스도다. 이에 관해서는 다음을 보라. Meredith G. Kline, "The Covenant of the Seventieth Week," in *The Law and the Prophets: Old Testament Studies Prepared in Honor of Oswald Thompson Allis*, ed. John H. Skilton (Phillipsburg, NJ: Presbyterian and Reformed, 1974), 454-69.

32 이와 관한 나의 논의는 다음을 보라. Riddlebarger, *A Case for Amillennialism*, 149-56.

33 John Walvoord는 적그리스도를 주제로 한 세대주의자들의 심포지엄에서 이 본문에 대한 대표적인 세대주의자들의 견해를 소개한다. "자신이 가진 권위를 가지고 불법의 사람은 예수의 재림 이전 마지막 7년을 묘사하는 다니엘 9:27의 언약을 성취할 것이다. 이는 예언된 이스라엘의 예언자적 프로그램 중 최후의 7년으로서 예수의 십자가 사건 이전에 완성된 483년이다. 현세는 그 사이에 있다. 이 언약이 체결되면 이 최후의 7년이 시작될 것이다. 다니엘 9:27에 의하면 첫 3년 반은 이스라엘이 침공을 받고, 에스겔 38장과 39장에 기록된 6개 국가의 비열한 공격에도 불구하고 비교적 평화로울 것이다. 하지만 7년이란 기간 도중에 언약은 파기되고, 10개 국가의 지도자는 전 세계의 통치권을 행사하며 이를 천명할 것이다. 이는 말세에 있을 세계 정부의 시작이며, 적그리스도는 이 정부의 수장이 될 것이다." John F. Walvoord, "Escape from Planet Earth," in *Foreshocks of Antichrist*, ed. William T. James (Eugene, OR: Harvest House, 1997), 376-77.

는 사건을 성경의 예언과 서로 연관 짓는 것은 어찌 보면 지극히 당연한 일인지도 모른다. 이스라엘과 주변의 아랍국가들 간에 영구적인 평화를 가져다줄 사건은 언제나 말세가 임박했음을 알리는 징조일 수 있다. 세대주의의 관점에서 책을 쓰는 많은 작가들이 유럽 및 중동의 정치 전문가로 자처하고 있는 이유도 바로 여기에 있다. 그들의 신학적 전제를 고려하면 그들은 그럴 수밖에 없다.

"짐승의 표"에 관한 사변

적그리스도가 그토록 공포와 사변의 대상이 되어온 이유 중 하나는 바로 그의 출현이 그를 섬기는 자들의 손등이나 이마에 새겨질 불가사의한 표와 관련이 있기 때문이라는 데는 의심의 여지가 없다. 이 표는 그것을 받은 자가 모두 그 짐승의 종임을 밝혀주며, 이로써 그들도 그들의 주인과 같이 영원하고도 끔찍한 운명에 처하게 된다. 요한계시록 13:16-17에서 요한은 이 땅으로 올라오는 이 짐승에 관해 다음과 같이 말한다. "그가 모든 자, 곧 작은 자나 큰 자나 부자나 가난한 자나 자유인이나 종들에게 그 오른손에나 이마에 표를 받게 하고, 누구든지 이 표를 가진 자 외에는 매매를 못하게 하니, 이 표는 곧 짐승의 이름이나 그 이름의 수라." 이어서 사도 요한은 이 숫자에 관해 말한다. "그것은 사람의 수니, 그의 수는 육백육십육이니라"(18절).

　이 짐승(추정컨대 적그리스도)과 이 표 사이의 관계는 오랫동안 엄청난 추측을 낳았다. 요한은 이것을 사람의 숫자라고 말하고, 짐승은 주로 로마 제국과 동일시되기 때문에, 불가사의한 숫자 666은 보통 네로 황제와 같은 과거에 존재했던 몇몇 악한 인물과 연관 지어진다.[34] 하지만 물론 그 표가 전적으로 미래에 일어날 사건과 연관이 있다고 믿는 세대주의자들은 이에 동의하지 않는다.

여러 측면에서 세대주의 해석의 대가로 알려진 존 월부어드(John Walvoord)는 요한계시록 13장에 나타난 짐승에 관한 요한의 논의가 사탄이 "마음껏 활개 칠", 여전히 미래의 대환란(다니엘의 70주 예언의 마지막 "이레")과 연관이 있다고 믿는다.[35] 월부어드에 따르면 "성경은 사탄이 그리스도의 우주적 통치를 모방하려는 계획을 갖고 세계 정부를 만들 것임을 예언하고 있다." 이 세계 제국의 통치자는 "그의 위대한 힘과 세계적 권위를 상징하는 표를 그를 숭배하는 자들에게 줄 것이다."[36] 이 표가 무엇이든지 간에 이 표는 7년 환란 동안에 등장할 적그리스도와 직접적인 연관이 있다. 이 표의 정체가 아직 나타나지 않았기 때문에, 이 표가 무엇이며, 아직 밝혀지지 않은 미래의 어떤 기술과 연관될지에 대한 추측의 문은 여전히 활짝 열려 있다. 실제로 이러한 추측은 대중적인 세대주의 작가들로 하여금 정치적 사건에 대한 그들의 관심을 새로운 기술의 등장에 대한 그들의 우

---

34   666을 네로로 보는 것에 대한 포괄적인 논의는 다음을 보라. Richard Bauckham, *The Climax of Prophecy* (Edinburgh: T & T Clark, 1993), 384-445; G. K. Beale, *The Book of Revelation: A Commentary on the Greek Text* (Grand Rapids: Eerdmans, 1999, 『NIGTC 요한계시록』, 새물결플러스 역간), 718-28.

35   John F. Walvoord, *The Revelation of Jesus Christ* (Chicago: Moody, 1966), 204-12.

36   John F. Walvoord, *Major Bible Prophecies* (Grand Rapids: Zondervan, 1991), 344.

려와 연계시키도록 만들었다. 이 모든 것은 가장 포악한 한 개인(적그리스
도)과 휴거 이후에 남겨진 이들을 통제하기 위한 그의 모든 수단(그의 표)
사이의 거대한 음모론을 만드는 데 이바지했다.

비록 월부어드는 이러한 짐승의 표가 무엇을 의미하는지에 관해 추
측하는 것을 지혜롭게 거부했음에도 불구하고, 그의 제자들은 그리 신중
하게 대처하지 못했다. 『대행성 지구의 종말』이라는 시리즈 소설 중 하
나에서 핼 린지는 이미 1973년에 이 짐승의 표가 정부가 부과하는 번호
체계(사회보장 번호나 운전면허증과 같은)와 관련이 있는 일종의 첨단기술
이 적용된 신분증과 연관되어 있을 것임을 그리스도인들에게 경고한 바
있다. 당시 린지는 이것이 자외선으로 인식이 가능한 손등의 문신일 것
으로 추정했다.[37]

기술이 짐승을 섬기는 데 사용될 때 나타날 수 있는 위험에 대해 이
러한 경고를 한 사람은 단지 린지뿐이 아니다. 월부어드나 린지와 마
찬가지로 데이브 헌트도 현대 기술과 짐승의 불가사의한 표 사이에 어
떤 분명한 연관성이 있다고 믿었기 때문에 위에서 언급한 것이 말세와
도 관련이 있다고 보았다. 헌트는 다음과 같이 말한다. "그리스도가 주
신 미래에 관한 환상에서 요한은 정치적으로나 군사적으로뿐만 아니라
경제적으로도 이 지구를 다스릴 세계 통치자를 보았다.…비록 과거 세
대가 이 위협을 심각하게 받아들이긴 했지만, 지구상의 모든 상업과 금

37　　Hal Lindsey, *There's A New World Coming: A Prophetic Odyssey* (Santa Ana: Vision
　　　House, 1973), 93-95.

적그리스도의 비밀을 파헤치다

융 시스템을 중앙에서 통제할 수 있는 방법은 없었다. 지금은 그러한 일이 일어나고 있다."[38] 갈보리 채플의 설립자인 척 스미스(Chuck Smith)는 한때 신자들에게 이 불가사의한 숫자가 아마도 현금이 없는 사회와 관련이 있을 것임을 경고했다. 이것이 곧 일어날 것이라는 증거로 스미스는 독자들에게 다음과 같이 말했다. "나는 666이 새겨진 물건을 모으기 시작했다. 나는 666이라는 상표가 붙은 일본산 셔츠에 부착된 작은 태그를 갖고 있다. 나는 또한 666이라는 큰 숫자가 적혀 있는 독일제 대형 비료 부대도 갖고 있다."[39] 이러한 발언은 모든 사람이 자신이 소유하고 있는 신용카드, 청구서, 가정용품 등에 짐승의 불가사의한 표가 있는지 여부를 세심하게 살피게 만들었다.

비록 핼 린지는 자외선이 관련될 것이라고 예측했고, 척 스미스는 전자제품의 고유번호에서 앞으로 짐승이 행할 폭정의 근원을 발견했지만, 이제는 각 가정마다 개인 컴퓨터를 갖게 된 시대에 적그리스도가 활용할 수 있는 더욱더 확실한 수단이 생겼다. 그것이 바로 인터넷이다. 데이빗 웨버(David Webber)는 다음과 같이 말한다. "인터넷의 영혼은 짐승의 이미지라고 불리는 강한 존재일 것이다. 적그리스도의 살아 있는 도구로서 이 거대하고 끔찍한 죽음의 도구는 모든 경배를 적그리스도에게, 그리고 궁극적으로는 마귀에게로 향하게 할 것이다.…어둠의 왕자가 완

---

38   Hunt, *Global Peace and the Rise of Antichrist*, 43.

39   Chuck Smith, *What the World Is Coming To* (Costa Mesa, CA: Maranatha, 1977), 141-42.

전히 지배하는 세상을 한번 생각해보라. 마침내 금융과 기업, 상업과 무역, 정치와 제도를 가장 높은 곳에서 통제하는 이 세상의 신을 말이다. 이것은 이전에 그 누구도 알지 못했고, 또 앞으로도 알 수 없는 세상일 것이다."[40]

해커들이 우리가 사용하는 컴퓨터에 접속하여 우리의 개인 정보를 모두 훔칠 수 있다는 매우 실제적인 두려움에 근거한, 적그리스도와 일종의 최첨단 기술 간의 불경스러운 "결혼"에 대한 두려움은 이미 세대주의자들의 말세에 대한 사변에서 필수적인 요소가 되었다. 따라서 『짐승의 표를 향한 질주』(Racing Toward the Mark of the Beast)라는 책에서 예언 전문가인 피터와 폴 라론드(Peter and Paul LaLonde) 형제는 추론을 넘어 공식화된 교리로까지 비약하는 주장을 펼친다. 그들은 적그리스도와 기술의 "결혼"은 성경의 분명한 가르침이라고 담대하게 주장한다. "성경은 짐승의 표 및 이와 관련된 기술은 적그리스도에 의해 갖추어질 것인데, 이는 그것 자체가 목적이 아니라, 심지어 지금도 창조되고 있는 새로운 세계질서를 유지하기 위한 수단이다."[41] 세대주의자들에게 있어 이것은 지나친 추측이 아니라 반드시 미래에 일어날 일을 신중하게 준비하는 작업이다.

---

40   David Webber, "Cyberspace: The Beast's Worldwide Spiderweb," in *Foreshocks of Antichrist*, ed. William T. James (Eugene, OR: Harvest House, 1997), 161.

41   Peter LaLonde and Paul LaLonde, *Racing toward the Mark of the Beast* (Eugene, OR: Harvest House, 1994), 148.

성경의 적절한 긴장을 유지하기

미국의 대중문화를 비롯해 세대주의 성향의 영화와 문학 작품에서 일반적으로 나타나는 적그리스도의 이미지를 고려하면 우리는 적그리스도에 대한 사변이 미국인의 삶의 일부라는 것에 그리 놀랄 필요가 없다. 물론 극도로 험악한 최후의 심판에 대한 이미지와 가장 흉악한 악의 화신에 대한 이미지는 매우 강력하며, 이는 절대 과소평가되어서는 안 된다. 이와 같은 이미지가 미치는 영향은 성경의 예언과 말세에 대한 사변에 관심을 둔 이들에게만 국한되지 않고 그 범주를 훨씬 뛰어넘는다. 맥긴, 풀러, 보이어, 웨버 등이 우리에게 상기시켜 주듯이, 적그리스도에 대한 이러한 다양한 이미지는 대중문화의 상상력을 사로잡을 수 있는 힘을 갖고 있을 뿐만 아니라, 심지어 미국의 대외 정책에까지 강한 영향력을 행사한다.

　적그리스도는 영화나 소설에 잘 어울리는 악당일 뿐만 아니라 그의 필연적인 출현을 준비하거나 제지하는 문제도 많은 미국인들이 전 세계에서 일어나는 사건, 특히 중동에서 벌어지는 사건을 어떻게 이해하는지에 실제로 영향을 미친다. 이는 절대 사소한 일이 아니다. 티모시 웨버는 한때 정치적으로 방관자였던 세대주의자들이 1948년에 이스라엘 정부가 수립된 이후에는 "외야석에서 관람하는 것을 그만두고 이 게임이 하나님의 대본에 따라 마무리되도록 하기 위해 경기장 안으로 들어올 필요가 있다고 믿었다. 세계의 종말이 가까워지면서 세대주의자들은 그들의 게임 작전

안에서도 중요한 변수가 되었다"라고 말했다.[42] 세대주의자의 관점에서 볼 때 교회의 휴거와 적그리스도의 출현은 이스라엘의 미래와 불가피하게 연결되어 있다. 바로 이런 이유에서 세대주의자들은 이제 정치에 적극적으로 참여하며, 한 정당이 권력을 잡고 다른 정당은 권력을 잃게 할 수 있는 복음주의 유권자층에게 매우 중요한 존재가 되었다.

적그리스도에 대한 이야기 자체가 많은 이들에게 흥미로운 주제일 뿐 아니라, 현재 일어나고 있는 거의 모든 사건을 성경의 예언과 연결하는 세대주의 작가들의 놀라운 재능은 그들이 출간하는 책을 흥미로운 이야기로 만든다. 예언에 관한 책과 소설이 팔리는 데는 나름대로 그럴 만한 이유가 있는 것이다. 사람들은 불분명한 시대에 대해 두려움을 갖는다. 그들은 불확실성을 떨쳐버리고자 미래의 일에 대해 알기를 원한다. 흔히 유럽 연합을 고대 로마 제국이 부활한 것으로 보기도 하는데, 이러한 책에 담긴 음모론은 복잡하고 불확실한 사건들을 파악하고 그것을 이해하는 데 집중한다.[43] 비록 나는 적그리스도 교리에 대한 세대주의자들의 해석에 동의하지는 않지만, 그들은 이 교리를 성경적으로 올바르게 이해하기 위한 진지한 노력을 아끼지 않는다. 하지만 이런 자세가 성경의 가르침을 신실하게 반영하기보다는 영화관 티켓과 DVD를 판매하기 위해 대중적인 적그리스도를 개발한 이들에게는 전혀 발견되지 않는다.

---

42   Weber, *On the Road to Armageddon*, 15.

43   예컨대 다음을 보라. Hunt, *Global Peace and the Rise of Antichrist*, 55-64, 87-98; Lindsey, *Planet Earth-2000 AD*, 219-52; Grant R. Jeffrey, *Armageddon: Appointment with Destiny* (New York: Bantam Books, 1990), 140-50.

그러나 다음과 같은 어려운 질문은 반드시 제기되어야 한다. 성경의 저자들은 극악무도한 세계 지도자에게 절대적인 통제권을 쥐여줄 어떤 미지의 미래 기술에 대해 정말로 우리에게 경고했는가? 아니면 그들은 사도 교회가 직면한 상황에 대해 이야기한 것인가? 신약성경 저자들은(구약 시대의 예언자들과 더불어) 우리가 방금 묘사한 것과 같은 구체적인 지정학적 상황과 음모론에 대해 예언한 것인가? 우리는 이어지는 여러 장에서 이와 같은 질문에 답할 것이다.

성경의 저자들은 실제로 적그리스도에 관해 예언하고 있지만 그럼에도 성경이 보여주는 이미지는 영화 "오멘"이나 소설 『레프트 비하인드』와는 상당히 다르다. 말세에 대한 추측과 선정주의가 건전한 성경 주해보다 앞서왔다는 사실은 분명 이러한 결과를 낳을 만한 원인을 제공한다. 사람들은 자신이 읽는 성경에는 무슨 내용이 들어 있는지 모르면서도 최근에 읽은 기독교 소설 줄거리는 아주 상세하게 기억한다. 그리스도인들은 할리우드가 만들어낸 공포의 이미지에는 꽤 익숙한 반면, 이 중요한 적그리스도 교리에 관한 교회의 가르침에는 일반적으로 무지하다. 이는 매우 불행한 현실이며, 성경의 가르침에 대한 진지한 반추는 없이 적그리스도에 대한 추측만 난무하는 풍토를 만들어낸다.

이렇게 문제의 소지가 많은 적그리스도에 관한 추측성 개념은 정반대의 반응도 불러일으켰다. 나는 계속해서 도를 넘는 세대주의자들의 억측이 부분적으로 다양한 형태의 과거주의의 부활을 초래했다고 생각한다. 세대주의자들은 신약성경이 기록될 당시에 적그리스도를 현재의 현상으로 언급하는 성경 자료는 무시하고, 그를 순전히 말세의 적으로 간주한다.

개리 드마르(Gary DeMar)가 지적한 대로 세대주의의 약점은 명백하다. "한 가지 원인이 가장 크게 두드러진다. 즉 세대주의자들은 **이미 성취된** 예언을 마치 **아직 성취되지 않은** 예언인 것처럼 해석한다."[44] 드마르의 이러한 평가는 상당히 정확하지만, 안타깝게도 그는 자신이 비판하는 세대주의자들과 마찬가지로 흑백논리로 해석하는 오류를 범한다.

세대주의자들은 신약성경에서 강조하는 "이미 성취된" 예언을 심각하게 받아들이지 않는 오류를 범하는 반면, 과거주의자들은 정반대로 모든 성경의 예언을 과거의 일로 치부해버림으로써 신약성경에서 기원후 70년 사건 이후에 일어날 미래 종말론의 여지를 전혀 남겨두지 않았다. 비록 오늘날 신약학자들 사이에서 어떤 이슈에서든 하나의 합의점을 찾는 것이 쉽지 않지만, 그래도 지난 한 세대 동안 유일하게 의견의 일치를 본 부분이 있다면, 그것은 바로 신약성경을 올바르게 이해하기 위해서는 반드시 (이미) 성취된 것과 (아직) 성취되지 않은 것 사이의 관계를 제대로 이해해야 한다는 것이다.[45]

세대주의자와 과거주의자는 공히 신약성경 전체에 만연해 있는 이러한 종말론적 긴장을 인정하지 않음으로써 각자의 오류에 빠진다. 과거주의자와 세대주의자는 모두 "이미"와 "아직" 사이의 긴장을 받아들이

---

44   Gary DeMar, *Last Days Madness* (Atlanta: American Vision, 1999), 36.

45   예컨대 다음을 보라. W. G. Kummel, *Promise and Fulfillment* (London: SCM, 1957); George Eldon Ladd, *A Theology of the New Testament*, rev. ed. (Grand Rapids: Eerdmans, 1994); Herman Ridderbos, *The Coming of the Kingdom* (Philadelphia: Presbyterian and Reformed, 1962); Ben Witherington, *Jesus, Paul and the End of the World* (Downers Grove, IL: InterVarsity, 1992).

지 않는다. 양쪽 진영은 마치 팽팽히 당겨진 고무줄을 잘라버리듯이 이 긴장을 잘라버린다. 팽팽히 당겨진 고무줄을 잘라버리면 그것이 반대 방향으로 튕기듯이 세대주의자들은 모든 것을 미래로 밀어버리고, 과거주의자들은 정반대로 모든 것을 과거로 밀어버린다. 따라서 세대주의자들에게 적그리스도는 장차 올 존재이지만, 과거주의자들에게는 이미 왔다 가버린 존재다.

성경의 종말론 연구가 이처럼 복잡하고 논란의 대상이 되는 한 가지 이유가 있다면 그것은 때로는 무엇이 과거의 것이고, 또 무엇이 미래의 것인지를 알기 어렵다는 사실 때문이다. 이는 적그리스도 교리에도 적용된다. 세대주의자들은 적그리스도를 미래의 인물로 규정하고, 과거주의자들은 그를 과거의 인물로 규정하는데, 이는 그렇게 쉽게 단정할 수 있는 것이 아니다. 신약성경 저자들에 따르면 적그리스도는 과거와 현재와 미래의 적이다. 그리스도를 가장 잘 모방한 자로서 적그리스도 역시도 죽었다가 부활하여 다시 올 것이다. 사도들은 그를 마주했다. 순교자들도 그를 마주했다. 우리 또한 그를 반드시 마주해야 한다. 그리고 말세가 오기 직전 사탄의 악이 최후의 발악을 할 때 적그리스도는 파멸로 가기 전에 마지막으로 극적인 등장을 할 것이다.

따라서 적그리스도가 이미 왔고, 오늘날 우리와 함께 있고, 앞으로 다시 올 것이므로, "이미"와 "아직" 사이의 긴장을 이해하는 것이 바로 적그리스도 교리를 제대로 이해하는 것이며, 이러한 긴장을 이해하는 것이 바로 우리가 적그리스도와 싸우는 방법을 터득하는 것이다.

2장

적그리스도의 전신

적그리스도 교리의 구약적 배경

그리스도 이전의 적그리스도?

버나드 맥긴은 다음과 같이 지적한다. "1세기 중반의 일부 유대인들이 나사렛 예수를 메시아 또는 그리스도로 인지하기 시작했던 시점보다 앞서서 적그리스도에 대해 말하는 것은 시대착오적일 수도 있지만…말세에 나타날 대적에 관한 초기 유대교의 관점은 적그리스도 신화를 이해하는 데 필수적인 배경을 제공해준다."[1] 구약성경에 메시아에 관한 예언이 다수 들어 있는 것처럼, 말세에 나타난 하나님의 구원자를 개인적으로 대적할 반(反)메시아에 대한 전조도 많다. 다수의 메시아 예언이 장차 도래할 메시아가 수행할 제사장, 예언자, 왕의 직분에 초점을 맞추고 있는 것처럼, 구약성경은 자신을 경배하도록 강요하고, 지극히 높으신 이를 모독하며, 하나님의 백성을 굴복시키기 위해 국가의 힘을 사용하여 하나님의 구원 계획에 대항하는 다양한 인물에 관해서도 이야기한다.

　비평학자들에 따르면 적그리스도 교리의 역사를 가장 이른 시기의 자료까지 추적해나가는 것은 매우 어려운 작업이다.[2] 이는 부분적으

1　McGinn, *Antichrist*, 9. 나는 이 교리를 전설로 간주하는 McGinn의 견해에 동의하지 않는다. 왜냐하면 적그리스도 교리는 성경 계시의 일부분이기 때문이다. 그럼에도 McGinn의 견해는 중요하다.

2　이에 관한 가장 영향력 있는 연구는 Wilhelm Bousset, *The Antichrist Legend: A Chapter in Christian and Jewish Folklore*, trans. A. H. Keane (London: Hutchison, 1896)이다. Geerhardus Vos는 적그리스도에 관한 전설이 메시아 전승보다 더 오래

로 유대 묵시문학의 복잡성과 메시아 대망 사상의 성격 때문이다.[3] 선과 악 사이의 지속적인 투쟁이 최후의 심판에서 마무리될 것이라는 기대에 근거한 유대 묵시문학은 고대 근동 및 페르시아의 전쟁 신화와 유사한 방식으로 발전한다. 이 신화에서는 천지창조가 시작될 때 강한 힘을 가진 신과 흔히 용으로 묘사되는 혼돈의 괴물 사이에 커다란 전투가 벌어진다. 이 신화들은 인류가 죄로 인해 타락하고 나서 하나님의 백성과 사탄이 서로 싸우는 모습을 보여준다. 하나님과 악의 세력이 벌이는 이 전쟁에서 야웨와 그의 백성은 언제나 이긴다. 이러한 묵시문학 장르는 의인이 어떻게 용(사탄)을 섬기는 악의 세력에 대항하여 싸워야 하는지를 효과적으로 전달할 수 있는 틀을 제공해준다.

이러한 묵시문학에서 용의 추종자들은 때로는 하나님의 백성을 박해하는 외국의 통치자로 묘사되기도 하고, 또 때로는 하나님의 백성을 혼란에 빠뜨리는 거짓 예언자나 거짓 교사의 모습으로 나타나기도 한다.[4] 이처럼 외부(불경한 국가)의 탄압과 내부의 잘못(이단)이라는 두 가

되었다는 Bousset의 주장에 의문을 제기하며, 다음과 같이 빈정대듯이 말한다. "여기서 적그리스도는 흔히 기독교 묵시록이 그 환상 중 하나에서 그렇게 묘사하듯이 어린 그리스도-아기를 잡아먹었다." Geerhardus Vos, *The Pauline Eschatology* (Grand Rapids: Baker, 1982,[『바울의 종말론』, 좋은씨앗 역간]), 96-99.

3   다양한 유대 묵시 문헌에 나타난 메시아 대망에 대해서는 다음을 보라. James C. VanderKam, "Messianism and Apocalypticism," in *The Continuum History of Apocalypticism*, ed. Bernard McGinn, John J. Collins, and Stephen J. Stein (New York: Continuum, 2003), 112-38.

4   D. F. Watson, "Antichrist," in *Dictionary of the Later New Testament and Its Developments*, ed. Ralph P. Martin and Peter H. Davids (Downers Grove, IL: InterVarsity, 1997), 50-53.

지 주제는 신약성경에서 교회 내부에서 일어나는 일련의 적그리스도(이단)와, 성도들과 전쟁을 벌여 그들이 경제적 손실을 입고 칼에 맞아 쓰러지도록 박해를 가하는 짐승(로마 제국)의 모습으로 다시 등장할 것이다.

마카비 전쟁(기원전 167-163년) 당시에 기록된 유대 묵시문학 중 하나인 「열두 족장의 유언」은 야곱의 열두 아들의 마지막 유언으로 알려져 있다. 이 유언서에서 귀신의 왕자인 벨리알(사탄)은 단 지파에서 나온다. 그는 이스라엘을 속여 거짓 숭배에 빠지도록 유혹하지만, 레위 지파에서 나온 메시아적 인물은 하나님의 백성을 구원하게 된다.[5] 말세에 하나님의 백성은 지구 전역에서 약속의 땅으로 돌아오게 된다. 그들은 거짓 예언자들, 그리고 메시아에게 멸망당할 포악한 외국의 통치자들과 맞닥뜨리게 되는데, 메시아는 이들을 모두 멸절시킨다(단 11:36; 겔 28:2).[6] 의인들은 죽은 자 가운데서 다시 살아나 예루살렘에서 풍요롭고 새로운 삶을 영위하게 된다.

이 시점에서 "벨리알의 아들들"이란 용어도 언급하는 것이 좋겠다.

---

5   다음을 보라. H. C. Kee, "Testaments of the Twelve Patriarchs," in *Dictionary of New Testament Background*, ed. *Craig A. Evans and Stanley E. Porter* (Downers Grove, IL: InterVarsity, 2000), 1200-1205; F. F. Bruce, "Excursus on Antichrist," in *1 & 2 Thessalonians*, Word Biblical Commentary, vol. 45 (Waco: Word, 1982), 179. 소위 "히스기야의 유언"(3:13-4:22)을 포함하고 있는 『이사야 승천기』(*Ascension of Isaiah*)와 같은 초기 기독교 저작에서 저자는 벨리알 혹은 벨리아르를 거짓 메시아이자 말세에 신자들을 박해할 폭군인 "악마들의 왕자"로 묘사한다. 이 안티 메시아(anti-Messiah)는 사탄이 성육화한 존재로서 기적을 행하며 자신을 숭배할 것을 요구한다. 저자들은 이것이 네로 황제의 출현으로 성취되었다고 믿는다(참조. Bruce, "Excursus on Antichrist," 182; Bauckham, *Climax of Prophecy*, 87-89).

6   Watson, "Antichrist," 50-53.

왜냐하면 이 용어 역시도 적그리스도에 관한 신약성경의 가르침의 배후에서 등장하기 때문이다. 이 용어의 배경은 사사기 19:22이나 20:13과 같은 본문에서 찾아볼 수 있는데, 거기서 하나님의 백성을 대적하는 이들(불량배)에 대한 언급이 나온다. 또한 이 용어는 사도 바울이 그리스도와 벨리알을 대조하는 고린도후서 6:15에서도 사용된다. 쿰란 문서(사해문서)에서 벨리알은 "악의 왕자"로 불린다.[7] 따라서 사도 바울은 여기서 예수를 일종의 적그리스도(벨리알)라는 인물과 대조하고 있다고 볼 수 있다. 왜냐하면 고린도후서 본문에서 바울은 평소처럼 사탄을 직접 언급하지 않기 때문이다. 벨리알은 분명히 사탄의 대리자인 것으로 보인다.[8]

우리는 신약성경의 많은 책들이 구약성경뿐만 아니라 정경 및 비(非)정경 묵시문헌에 상당히 익숙한 유대인들에게 쓴 것임을 잊어서는 안 된다. 그들은 고대 유대교의 메시아 사상에 관해서도 익히 잘 알고 있었을 것이다. 비록 우리에게는 적그리스도에 관한 신약성경의 가르침이 모두 새로운 내용(어떤 면에서 보면)처럼 생각될 수 있지만, 이 주제와 관련하여 사용된 이미지 가운데 상당수는 구약성경에 등장하는 주요 인물과 사건을 배경으로 형성된 것이다. 만약 예수 그리스도가 인간의 몸을 입고 하나님으로 나타나신 것이 바울이 말하는 때가 "찬" 것(갈 4:4을 보라)에 해당한다면 우리는 신약성경의 저자들이 메시아가 이미 왔기 때

---

7   McGinn, *Antichrist*, 30.
8   Ralph P. Martin, *2 Corinthians*, Word Biblical Commentary, vol. 40 (Waco: Word, 1986), 199-201. 이 견해에 대해 Vos는 반대의 입장을 취한다. Vos, *Pauline Eschatology*, 100-101.

적그리스도의 비밀을 파헤치다

문에 그 이후에 나타날 거짓 그리스도들, 또는 심지어 "적그리스도들"에 대해 언급하는 것에 그리 놀랄 필요가 없다.

바울이 불법의 사람에 대해 이야기할 때 그는 지극히 높으신 이를 대항하여 자신을 높이는 말을 늘어놓으며 신성모독을 하는 인물("작은 뿔")에 관해 언급하는 다니엘의 예언을 배경에 두고 이야기한다(단 7:7-12). 이와 마찬가지로 요한계시록에서 요한이 거짓 삼위일체(용, 짐승, 거짓 예언자)를 언급할 때 그의 말은 오직 출애굽과 바로와의 충돌, 바벨론 유수와 느부갓네살 왕, 기원전 167-163년 사이에 일어난 마카비 전쟁과 안티오코스 에피파네스 왕의 예루살렘 성전 파괴와 같은 구약성경에 나오는 사건과 이스라엘 역사에 나타난 인물을 배경에 둘 때에만 온전하게 이해할 수 있다.

우리는 요한 서신서에 등장하는 적그리스도(4장)와 짐승(5장)과 불법의 사람(6장)에 관한 신약의 가르침을 개관하기에 앞서 신약성경에 나타난 적그리스도에 대한 가르침의 배경이 되는 구약성경의 역사에 나타난 묵시적인 이미지, 그리고 중요한 인물 및 주요 사건을 먼저 살펴볼 필요가 있다.

두 씨와 두 도성

구속사의 관점에서 적그리스도 교리의 기원을 추적하는 것은 그리 어렵지 않다. 사실 적그리스도의 기원은 인류가 죄로 인해 타락한 이야기로 거슬러 올라갈 수 있다(창 3:1-24). 인류가 처한 역경(죄와 사망)으로부터 구속을 받을 것이라는 첫 번째 약속은 창세기 3:15에서 나온다. 아담과 하와가 금지된 선악과를 먹고 반역한 결과로 하나님의 저주 아래 놓이게 되자, 하나님은 곧바로 뱀에게 언약의 저주를 선포하신다. "내가 너로 여자와 원수가 되게 하고, 네 후손도 여자의 후손과 원수가 되게 하리니, 여자의 후손은 네 머리를 상하게 할 것이요, 너는 그의 발꿈치를 상하게 할 것이니라." 이 저주는 하나님과 사탄 사이에 있는 커다란 적대감을 드러낸다. 이 적대감은 사탄의 타락과 함께 시작해서 최후의 심판이 임할 때까지 완전히 해결되지 않을 것이다(계 20:10).

하나님의 저주가 구속의 드라마의 시작과 함께 선포되었다는 것은 서로 경쟁을 벌이는 두 씨 간의 갈등이 이 구속 이야기의 중요한 부차적 줄거리 중 하나임을 의미한다.[9] 한 씨는 여자에게서 나올 약속의 씨이며, 이는 우리 주님이 십자가에서 돌아가실 때 사탄의 머리를 상하게 할, 바로 그 장차 오실 메시아다(참조. 골 2:15). 또 다른 하나는 뱀의 씨(혹은 후손)로서, 그의 사탄의 계보는 말세에 나타날 적그리스도와 함께 정점에 달한다.

이 두 씨 사이에서 나타나는 갈등은 극심하기 그지없다. 메레디스

---

9   Vos에 의하면 "행위의 차원에서 비교해보면 이방인 폭군 중에 적그리스도와 똑같이 스스로를 신이라고 주장하며 성전에 자신의 형상을 세우는 행위를 한 자는 없을지 모르지만, 모형과 반형 간의 유사성의 측면에서는 상당히 가깝다." 따라서 우리는 이와 같이 교만하게 하나님의 백성과 메시아의 씨앗(후손)을 대적하는 통치자들을 보면서 미래에 올 적그리스도의 모습이 어떠할지를 엿볼 수 있다. Vos, *Pauline Eschatology*, 105-6.

적그리스도의 비밀을 파헤치다

클라인(Meredith Klein)이 지적하듯이 "뱀의 씨와 여자의 씨 간의 적대감은 궁극적으로 이 세상을 장악하기 위해 싸우는 경쟁자 간의 적대감이었다(참조. 마 4:8ff.; 벧전 1:4; 벧후 3:13; 계 11:15; 12:10)."[10] 이 두 씨 간의 소규모 접전은 구약성경 전반에 걸쳐 나타난다. 여자의 씨(메시아)는 구약성경 전반에 걸쳐 족장들과 유다 지파의 계보를 통해 추적 가능하며, 뱀의 씨는 다수의 다양한 문맥에서 나타난다.

이 두 씨 간의 전쟁을 가장 잘 보여주는 사건은 바로 구속사에서 가장 중요한 자리를 차지하는 우리 주님을 그 자리에서 몰아내고자 여자에게서 나올 약속의 씨를 사전에 죽여버리려던 암살 미수 사건이다. 이 암살 미수 사건은 가인의 이야기에서 볼 수 있다. 이 이야기에서 가인은 아버지의 사랑이나, 여자의 사랑, 또는 누가 가족의 재산을 더 많이 차지하는지 등을 놓고 형제 간에 벌이는 싸움을 초월하는 맥락에서 자기 동생인 아벨(추정 상의 씨)을 죽인다. 아벨을 죽인 사건은 하나님이 예배 가운데 가인의 위선을 드러내셨기 때문에 일어났다. 하나님이 거부하신 가인의 예물은 가인이 뱀과 한 패라는 사실(이것은 동생을 향한 가인의 살인적인 분노의 기저에 깔려 있던 사실임)을 명백히 보여준다. 가인이 쌓기 시작한 성(창 4:17), 즉 구속사 전반에 걸쳐 하나님의 백성에 대한 지속적인 대적을 상징하는 인간의 도성(the City of Man) 안에 그의 정신이 만연해 있던

---

10   Meredith Kline, *Kingdom Prologue* (South Hamilton, MA: Gordon-Conwell Theological Seminary, 1993), 132.

것은 결코 우연이 아니다.[11] 적그리스도에 관한 신약성경의 가르침을 통해 우리는 하나님 나라에 대한 인간 도성의 저항이 바벨론 제국과 짐승의 불경스러운 동맹에서 그 정점에 달하는 모습을 발견한다(계 17-18장).

하나님의 백성을 유혹하는 것을 통해 여자에게서 나올 씨를 제거하려는 또 다른 시도가 있다. 고라의 반역 사건(민 16:1-50)에서 제사장 족속인 레위 사람들과 이스라엘 지도자 중에서 차출된 250명은 모세를 제거하고 리더십을 고라로 대체하기 위해 언약의 중재자인 모세의 권위에 직접 도전한다. 하나님은 그의 종 모세의 정당성을 입증하기 위해 땅을 갈라지게 하여 고라를 비롯해 공모자 및 그들의 가족과 재산을 삼켜버리게 하셨다. 신약성경은 거짓 교사들에게 그들이 처할 운명을 상기시키기 위한 목적으로 고라의 반역 사건을 회상한다(참조. 유 1:11).

구속사를 그 궤도에서 이탈시키려는 시도는 거짓 예언자 발람(민 22-25)의 행위를 통해서도 볼 수 있다. 그는 자국 영토에 머물던 이스라엘 민족을 두려워한 모압 왕 발락의 부름을 받았다. 비록 발람은 이스라엘을 대적하는 말을 하는 것이 금지되어 있음에도 불구하고 모압 여인들을 설득시켜 이스라엘 백성이 모압의 신인 바알브올을 숭배하도록 함으로써 그들을 미혹했다. 그 결과 하나님은 바알 숭배에 참여한 모든 이들을 심판하셨다. 베드로(벧후 2:15)와 유다(유 1:11)는 발람을 사도적 교

---

11   위의 책, 112-13. 아우구스티누스도 가인과 아벨을 그의 유명한 『하나님의 도성』 (15-18권)에서 두 도시의 "모형"으로 파악했다. Augustine, "City of God," in *St. Augustin's City of God and Christian Doctrine*, vol. 2 of *Nicene and Post-Nicene Fathers*, ed. Philip Schaff (Grand Rapids: Eerdmans, 1979), 284-396.

회가 직면한 거짓 예언자들에 대한 구약성경의 한 예로 보았다. 베드로는 교회에 침투한 거짓 예언자들은 "바른길을 떠나 미혹되어 브올의 아들 발람의 길을 따르는도다. 그는 불의의 삯을 사랑[했다]"고 말한다(벤후 2:15). 이는 많은 적그리스도가 이미 도래했다고 말하는 요한의 주장과 매우 흡사하다(요일 2:18).

뱀의 씨가 여자의 씨를 대적하는 것이 가장 잘 드러나는 양상은 군사력과 경제적 빈곤을 통해 하나님의 백성을 억압한 많은 왕과 제국의 행동을 통해서다. 약속된 구속자와 그의 백성에게 뱀이 자신의 진노를 표출한 대표적인 사례는 니므롯(창 10:8-12; 11:1-9), 바로(출 1:11, 22; 5:2), 느부갓네살(왕하 24:13-14; 단 4:28-30) 등과 같은 포악한 군주를 통해서 볼 수 있다.

가인이 쌓은 성과 밀접한 연관이 있는 사건은 창세기 6:1-17에 언급된 "하나님의 아들들"(소위 네피림이라 불리는)의 등장이다. 그들은 자신을 대적하는 자들의 목숨을 빼앗는 것을 자랑삼아 이야기하던 잔혹한 라멕의 계보에 속해 있다(창 4:18-24).[12] 이 정체불명의 "하나님의 아들들"은 창조 명령과 일부일처제를 거부하고 왜곡시킨 자들로 묘사된다. "하나님의 아들들"은 자신들이 원하는 모든 여인과 결혼했을 뿐 아니라(창 6:2) 자신들을 신, 즉 "하나님의 아들들"로 간주했다. 이들은 정의를 수호하고 경건한 사회를 만들기 위해 자신들의 힘을 사용하기보다는 권

---

12   이에 대한 논의는 다음을 보라. Kline, *Kingdom Prologue*, 114-17.

력을 획득하여 온 땅을 자신들의 철권통치 아래에 두었다.[13]

이와 동일한 모습이 다니엘 8장에 등장하는 작은 뿔에게서와, 바울이 "그는 대적하는 자라. 신이라고 불리는 모든 것과 숭배함을 받는 것에 대항하여 그 위에 자기를 높이고, 하나님의 성전에 앉아 자기를 하나님이라고 내세우느니라"(살후 2:4)고 말한 불법의 사람에게서 나타나는 것은 결코 우연이 아니다. 안타깝게도 인간의 도성은 인간의 성전이 되어버렸고, 이와 같이 하나님의 뜻에서 벗어나기 위해 스스로 독립을 선언한 행위는 창조주에 대항하여 이 땅이 일으킨 반란의 이념적 근거가 되었으며, 이는 창세기 6-9장에 기록된 대홍수를 가져왔다.[14]

따라서 창세기 10:8-10에서 니므롯을 가리켜 뛰어난 전사-사냥꾼의 자질을 소유한 자로 묘사하는 것을 보면 우리는 이 본문이 그가 가인이 쌓은 성의 이미지를 따라 자기 자신의 제국을 건설하고, 가인의 후손과 라멕과 네피림("용사", 창 6:4)은 그가 선택한 롤 모델임을 암시한다는 사실을 알 수 있다. 시날 평야의 성읍에 탑을 건축하고 그 꼭대기가 하늘에 닿게 만듦으로써 인간들이 자신들의 이름을 떨칠 수 있도록 했다는 것은 니므롯을 비롯해서 홍수로 인해 몰살당한 교만한 자들 사이에 사탄과의 연관성이 있음을 보여준다. 니므롯이 바벨론과 앗수르를 정복한 다음 창세기 11:1-9절에 기록된 건축 사업(바벨탑)을 시작한 것을 보면, 우리는 니므롯의 행위를 "하나님 앞에서"(또는 야웨의 "면전에서") 행한 것

---

13   위의 책, 114-15.
14   위의 책, 117.

으로 묘사한 것을 통해 알 수 있듯이, 그의 교만한 신적인 왕권 주장에서 그의 선조들과의 음흉한 연관성을 볼 수 있다. 여기서 야웨의 계획에 직접적으로 대항하는 적그리스도의 영이 자신을 분명하게 드러내기 시작한다.[15] 여자의 씨는 아담과 셋과 노아로 이어지는 계보(창 5:3-32)를 통해 추적할 수 있는 반면, 뱀의 씨(적그리스도의 신학적 계보)는 가인, 라멕, 네피림, 니므롯의 자율적인 행동에서 찾아볼 수 있다.

바로: 원(原)적그리스도

또 하나의 원(原)적그리스도가 모세와 바로의 대립 속에서 구속사의 드라마 안으로 들어온다. 요셉의 시대(창 37-50장)에 이스라엘 백성은 바로의 손님으로 애굽의 고센 지방에서 안전하게 거주하고 있었다. 하지만 출애굽기가 시작되면서 상황은 급격히 바뀐다.

> 요셉을 알지 못하는 새 왕이 일어나 애굽을 다스리더니, 그가 백성에게 이르되 "이 백성 이스라엘 자손이 우리보다 많고 강하도다. 자, 우리가 그들에게 대하여 지혜롭게 하자. 두렵건대 그들이 더 많게 되면, 전쟁이 일어날 때에 우리 대적과 합하여 우리와 싸우고 이 땅에서 나갈까 하노라" 하고, 감독들을 그들 위에 세우고, 그들에게 무거운 짐을 지

---

15   위의 책, 169.

워 괴롭게 하여 그들에게 바로를 위하여 국고성 비돔과 라암셋을 건축하게 하니라. 그러나 학대를 받을수록 더욱 번성하여 퍼져나가니, 애굽 사람이 이스라엘 자손으로 말미암아 근심하더라(출 1:8-12).

새 왕(바로)은 이스라엘 민족을 잔인하게 억압하기 시작했지만, 그의 후계자 중 한 명은 유월절 밤에 일어난 장자의 죽음과 병거를 몰던 그의 정예부대가 홍해에 수장되는 사건을 통해 하나님의 능력을 목격했다.[16] 따라서 바로는 적그리스도의 모형이 되고, 출애굽 모티프는 향후 성경의 역사 전반에 걸쳐 주요한 주제로 등장한다.[17] 하나님의 백성인 이스라엘이 폭군(바로)의 손에서 기적과 같이 구출된 것처럼 그리스도인들도 이제 약속의 땅(천성)을 향해 가는 길에서 이 사악한 현 세대의 광야를 통과하는 해방(죄와 그 결과로부터)의 여정 가운데 있다.

사탄의 힘은 흔히 인간 대리자, 특히 거짓 신을 숭배하고 하나님의 백성에게 이를 똑같이 강요하는 국가와 그 지도자를 통해 드러난다. 탄

---

16   그 당시 어느 바로 왕이 권좌에 있었고, 모세와 마주했던 때가 언제인지에 대한 정확한 정보를 얻기에는 상당한 어려움이 있는데, 이에 대한 논의는 다음을 보라. R. K. Harrison, *Introduction to the Old Testament* (Grand Rapids: Eerdmans, 1979), 168-77. John Bright는 그 파라오가 람세스 2세였고, 기원전 13세기에 그의 통치 후반기에 모세와 마주했을 것이라는 주장이 "가장 개연성이 있다"는 견해가 가장 보편적인 견해라고 말한다. John Bright, *A History of Israel* (Philadelphia: Westminster, 1981, 『이스라엘 역사』, CH북스 역간), 120-24.

17   Meredith G. Kline, *The Structure of Biblical Authority* (Grand Rapids: Eerdmans, 1981), 181-95; Geerhardus Vos, *Biblical Theology* (Grand Rapids: Eerdmans, 1977[『성경신학』, 기독교문서선교회 역간]), 110-14.

압의 시대(출 1:11)와 출애굽 시기(출 12:31-42)의 애굽과 바로는 포악하고 적그리스도적인 통치자와 국가의 두드러진 사례로 꼽힌다. 훗날 예언자 요엘은 애굽에 체류했던 생활을 떠올리며 그곳을 "유다 자손에게 포악을 행하여 무죄한 피를 그 땅에서 흘린" 장소로 기억한다(욜 3:19). 요한계시록 11:8에서 우리는 큰 성("비유적으로 영적인 소돔 혹은 애굽"이라 불린다)에서 하나님을 증언하던 두 사람이 잔혹하게 죽임을 당하는 것을 본다. 애굽과 바로와 마찬가지로 이 성은 신실한 증인을 살해함으로써 마침내 하나님의 심판 아래 놓이게 된다.[18] 예언자 이사야가 하나님이 애굽과 바로를 물리치신 사건을 묘사하는 데 용을 상징하는 바다의 괴물 라합(리워야단)을 토막 내버린 하나님의 위대한 능력이라는 이미지를 사용한 것은 단지 우연이 아니다(사 51:9-11).[19] 하나님의 백성을 탄압하고, 약속의 땅 가나안으로 나아가는 여정을 방해한 바로는 분명히 뱀이 내린 명령을 수행하고 있는 것이다.

바로는 단지 이스라엘 민족을 값싼 노동력으로 보고 탄압했을 뿐 아니라 모세가 하나님의 명령을 받고 애굽으로 돌아와 "이스라엘의 하나님 여호와께서 이렇게 말씀하시기를, '내 백성을 보내라. 그러면 그들이 광야에서 내 앞에 절기를 지킬 것이니라' 하셨나이다"라고 말하며 바로와 맞섰을 때 일의 분량을 줄이지 않고 오히려 벽돌을 굽기 위한 짚까

---

18   소돔과 애굽(계 11:8)으로 불리는 사람의 도시("거대한 도시")에서 하나님의 백성이 박해를 받는 것에 대한 논의는 다음을 보라. Beale, *Book of Revelation*, 590-92과 Bauckham, *Climax of Prophecy*, 169.

19   Bauckham, *Climax of Prophecy*, 187.

지 스스로 구해오도록 명령했다(출 5:1-10). 이로 인해 모세와 바로 사이에 잇단 대립과 충돌이 시작되고, 결국에는 그 유명한 열 가지 재앙이 발생한다.

처음에는 바로의 궁정에 있던 마술사들이 보여준 기적이 모세와 아론이 행한 기적에 버금가는 것처럼 보였다. 그들이 하나님의 사자와 맞서며 기적을 통해 보여준 능력은 분명히 요한계시록 13:11-17에 언급된 땅에서 올라온 짐승을 연상시킨다. 이 짐승은 크고 초자연적인 기사를 행하면서 이 땅의 사람들이 짐승과 그의 우상을 숭배하도록 만든다. 하지만 바로의 마술사들은 자신들이 "하나님의 권능"(출 8:19)에 맞설 만한 상대가 되지 못함을 곧 깨닫는다. 그들이 바로에게 세 번째 재앙(온 땅에 이가 퍼지는 재앙)까지 똑같이 따라할 수 없음을 알리자 바로의 마음은 오히려 더욱더 강퍅해진다. 바로의 표리부동함과 이중성이 애굽을 더욱더 큰 위기에 빠뜨리는 가운데 온 애굽 땅은 거듭되는 재앙으로 인해 결국 잿더미 위에 앉게 된다. 우리는 하나님이 심판의 결과로 애굽에 내린 열 가지 재앙이 요한계시록 8:6-11:19의 온 세상에 내릴 일곱 나팔 재앙의 축소판이라는 사실을 간과해서는 안 된다.

마침내 이스라엘 민족을 광야로 보내어 하나님께 예배를 드리도록 허락한 이후에 바로가 다시 마음을 바꾸자(출 10:24-28) 마지막 한 가지 커다란 재앙이 애굽 전역에 임한다. 하지만 이스라엘 민족이 거주하는 고센 땅은 이 재앙을 면한다. 사람과 짐승을 막론하고 모든 처음 태어난 수컷은 각자의 집 문설주에 바른 어린 희생양의 피가 없으면 주의 사자에게 죽임을 당한다. 심지어 바로의 장자도 이 첫 유월절 밤에 죽임을 당한다. 애굽 전체가 공포에 빠졌고, 밤이 지나 아침이 되면서 나라 전체가 순식간에 비탄에 잠겼다.

바로는 끝까지 버티다가 마침내 모세와 이스라엘 민족이 애굽을 떠나는 것을 허락할 뿐만 아니라 가서 그들의 하나님을 예배할 것을 명령한다(출 12:31-32). 하지만 이스라엘 민족이 짐을 싸서 약속의 땅으로 떠나는 여정을 시작할 무렵, 바로는 이 거대한 출애굽 행렬이 애굽의 경제뿐 아니라 자신의 명성에 미칠 손실을 깨닫게 된다. 하나님이 다시 한번 그의 마음을 강퍅하게 하자 바로는 자기에게 속한 병거들이 이스라엘 민족을 추격하여 그들이 홍해를 건너 시내 광야로 도망가기 전에 죽일 것을 명령한다(출 14:5-9). 모든 이스라엘 백성이 홍해를 마른 땅으로 건너가는 동안, 그 동일한 홍해 바닷물은 바로의 병거들이 이스라엘 백성을 추격하자 그들을 삼켜버리고 만다.

향후 구속사 전반에 걸쳐 애굽의 왕 바로는 하나님의 백성을 탄압하는 포악한 압제자의 상징이 되고, 그의 패배는 자기 백성에게 구속을 가져다준 하나님의 위대한 능력의 상징이 된다. 모세의 노래―이스라엘 민족이 홍해를 무사히 건너고, 바로의 군대가 몰살하는 것을 목격한 후 승리의 기쁨에 도취하여 부른 노래(출 15:1-18)―는 하나님이 그리스도와 그의 복음을 거부한 자들을 향해 마지막 일곱 재앙을 쏟아부으실 때 하늘에서 성도들이 다시 부르게 될 노래다(계 15:1-8). 바로가 적그리스도의 모형이라면, 그의 패배 역시 적그리스도가 궁극적으로 맞이할 최후의 운명을 아주 생생하게 보여주는 그림이라고 할 수 있다(살후 2:8과 계 19:20을 보라).

느부갓네살: 짐승의 표상

적그리스도를 예시하는 또 다른 폭군은 바벨론 왕 느부갓네살이다. 이 경우 그의 정체는 좀 더 분명하다. 열왕기하 24:13-14에 기록된 대로 느부갓네살은 불순종한 이스라엘 민족을 향한 하나님의 심판의 도구였다. 이 본문은 느부갓네살이 예루살렘 성을 포위하고 이스라엘 왕 여호야긴의 항복을 강요한 후, "여호와의 성전의 모든 보물과 왕궁 보물을 집어내고, 또 이스라엘의 왕 솔로몬이 만든 것, 곧 여호와의 성전의 금 그릇을 다 파괴하였으니 여호와의 말씀과 같이 되었더라. 그가 또 예루살렘의 모든 백성과 모든 지도자와 모든 용사 만 명과 모든 장인과 대장장이를 사로잡아가매, 비천한 자 외에는 그 땅에 남은 자가 없었[다]"라고 말한다.

정복자이자 약탈자인 느부갓네살에게 있어 특히 놀라운 것은 그가 바로 니므롯과 시날 평야에 하늘을 향해 높이 건축한 바벨탑을 연상시키는 바벨론 제국의 왕이라는 사실이다. 느부갓네살이 "이 큰 바벨론은 내가 능력과 권세로 건설하여 나의 도성으로 삼고, 이것으로 내 위엄의 영광을 나타낸 것이 아니냐"(단 4:30)라고 말할 때 우리는 신성모독적인 발언을 하던 니므롯과 네피림족의 모습을 떠올린다. 사실 느부갓네살의 꿈(단 4:10-18)에는 과거에 있었던 바벨탑처럼 하늘로 치솟아 오르는 한 나무에 관한 이야기가 들어 있다. 느부갓네살의 거만한 마음과 하나님을 향한 철저한 반항심은 하나님의 백성을 박해하는 근본적인 원인일 뿐아니라 그를 진정으로 적그리스도의 전조이자 약속의 씨의 주적으로 만

드는 요소였다.[20]

사실 교부 이레나이우스는 다니엘 3장에 기록된 다니엘의 예언에서 단순히 우연으로 보기 힘든 세부 내용을 다수 발견했다. 그중에 하나가 바로 느부갓네살이 자신을 위해 금 신상을 만들었다는 점이다. 그 신상의 높이는 육십 규빗(약 27m)이었고, 넓이는 여섯 규빗(약 2.7m)이었다(단 3:1-7). 이 자체로만 보면 이 규격은 그다지 큰 의미가 없다. 하지만 왕은 그 성 사람들에게 다음과 같은 지시를 내린다. "너희는 나팔과 피리와 수금과 삼현금과 양금과 생황과 및 모든 악기 소리를 들을 때에 엎드리어 느부갓네살 왕이 세운 금 신상에 절하라. 누구든지 엎드려 절하지 아니하는 자는 즉시 맹렬히 타는 풀무불에 던져 넣으리라"(단 3:5-6). 이레나이우스는 이것을 짐승과 그의 숫자인 666의 명백한 전조로 보았다(계 13:11-18을 보라). 여기서 특히 의미 있는 것은 느부갓네살이 바벨론 제국 백성에게 했던 것처럼 땅에서 올라온 짐승이 바다에서 올라온 짐승의 신상을 세우고, 그 땅에 사는 주민들에게 그 신상 앞에 절할 것을 요구한다는 사실이다(14-15절).[21] 우리가 여기에 느부갓네살의 신상 앞에

---

20   Kline, *Kingdom Prologue*, 170. Sweet에 의하면 "이러한 이야기들은 종종 요한계시록에서 암묵적으로 나타난다. 특히 느부갓네살 왕의 우상에 절하기를 거부했던 유대인들은 불타는 용광로에 던져졌다." J. P. M. Sweet, *Revelation* (London: SCM, 1979), 17-18.

21   Irenaeus, *Against Heresies*, in *The Ante-Nicene Fathers*, vol. 1, ed. Alexander Roberts and James Donaldson (Grand Rapids: Eerdmans, 1979), 558. 짐승의 숫자(666)에 대해 이레나이우스는 다소 창의적인 해석을 내놓는다. 그는 노아가 인간의 죄가 충만하여 대홍수를 초래하기 전에 6백년을 살았다고 추론했고, 이를 느부갓네살의 금신상의 면적과 연결시켰다(높이 60 규빗과 넓이 6 규빗). 이는 최후의 적그리스도의 숫

절하지 않는 것에 대한 벌이 맹렬히 타는 풀무 불에 던져지는 것이라는 사실까지 더하면, 우리는 여기서 우상에 엎드려 절하지 않는 모든 자를 죽여버리는 요한계시록의 짐승과의 연관성을 볼 수 있다(계 13:15).

자신의 우상에 절하지 않는 자를 이렇게 잔인하게 다루는 그의 행위는 왜 느부갓네살의 왕국이 "다니엘서의 우상-짐승으로 상징되는지를 설명해준다(2장과 7장)." 그러나 클라인이 지적하는 것처럼 다니엘은 또한 이후에 "셀레우코스 왕조에서 하나님의 거룩한 도성과 백성의 주적이 되는 작은 뿔이 등장할 것이라고 예언한다(단 8:9-13; 11:21-35). 그는 메시아 시대에 나타날 적그리스도 세력의 원형이자, 네 번째 짐승의 작은 뿔(단 7:8; 11:36-45)이며, 하나님의 도성을 향해 진노의 날을 연상시키면서 최후의 도전장을 내민 용의 모습을 한 사탄의 대리자였다"고 예언한다.[22] 따라서 느부갓네살은 가인의 계보에 속할 뿐 아니라 예수 그리스도의 주적을 예시한다.

자를 상징하는 것으로서 배교와 핍박이 정점에 이르고, 인류 역사가 끝에 도달할 때 (6000년)와 연결된다는 것이다.

22   Kline, *Kingdom Prologue*, 170.

다니엘이 예언한 적그리스도

만일 니므롯과 바로 왕 그리고 느부갓네살이 오래전 이스라엘 역사에서 하나님의 백성을 탄압한 대표적인 박해자라면 시리아의 안티오코스 4세 에피파네스 (기원전 175-164년)의 등장은 다니엘의 예언대로 하나님의 백성을 억압하고 성소를 더럽힌 폭군/독재자의 이미지를 굳혔다.[23] 대다수 비평 학자들은 다니엘서가 "예언으로 위장한 역사"이며, 다니엘서가 안티오코스 4세의 등장 및 마카비 전쟁과 동시대인 기원전 167-164년 사이에 무명의 서기관이 쓴 작품이라는 맥긴의 평가에 동의한다.[24] 하지만 다니엘서가 기원전 6세기에 서술되었고, 거기서 다니엘이 본 불경한 "뿔"의 환상은 "위장된 역사"가 아니라 실제로 안티오코스에 관한 예언이라고 보는 전통적인 견해에 힘을 실어주는 논증도 얼마든지 가능하다.[25]

안티오코스의 출현을 다루고 있는 대표적인 예언은 다니엘 8:8-13에서 발견된다.

숫염소가 스스로 심히 강대하여 가더니 강성할 때에 그 큰 뿔이 꺾이고

---

23   안티오코스 4세에 대한 논의는 다음을 보라. Gregory C. Jenks, *The Origins and Development of the Antichrist Myth* (New York: Walter De Gruyter, 1991), 153-68.

24   McGinn, *Antichrist*, 13-16. 다음도 보라. John E. Goldingay, *Daniel*, Word Biblical Commentary, vol. 30 (Waco: Word, 1989), 326-29.

25   Harrison, *Introduction to the Old Testament*, 1110-27.

그 대신에 현저한 뿔 넷이 하늘 사방을 향하여 났더라. 그 중 한 뿔에서 또 작은 뿔 하나가 나서 남쪽과 동쪽과 또 영화로운 땅을 향하여 심히 커지더니, 그것이 하늘 군대에 미칠 만큼 커져서 그 군대와 별들 중의 몇을 땅에 떨어뜨리고 그것들을 짓밟고 또 스스로 높아져서 군대의 주재를 대적하며, 그에게 매일 드리는 제사를 없애 버렸고 그의 성소를 헐었으며, 그의 악으로 말미암아 백성이 매일 드리는 제사가 넘긴바 되었고, 그것이 또 진리를 땅에 던지며 자의로 행하여 형통하였더라. 내가 들은즉 한 거룩한 이가 말하더니 다른 거룩한 이가 그 말하는 이에게 묻되 "환상에 나타난바 매일 드리는 제사와 망하게 하는 죄악에 대한 일과 성소와 백성이 내준바 되며 짓밟힐 일이 어느 때까지 이를꼬" 하매.

기원전 167년에 예루살렘 성전 제단을 제우스신에게 봉헌한 다음 그곳에서 돼지를 잡아 성전을 더럽힌 자가 바로 안티오코스 4세 에피파네스다.[26] 실제로 안티오코스의 별칭(에피파네스 또는 "현현")은 자신이 이 땅에 현현한 제우스신이라는 그의 주장을 보여준다.[27] 바로 이와 같은 그의 신성모독적인 행위와 예루살렘 성전을 더럽힌 행위는 다니엘서(9:27; 11:31; 12:11)와 마카베오1서(1:54-64), 그리고 복음서(마 24:15; 막 13:14; 눅 21:20)에 언급된 소위 "멸망의 가증한 것"의 기초가 되었다. "가증한 것"

---

26   Watson, "Antichrist," 50.
27   Bruce, "Excursus on Antichrist," 180.

에 대한 마카베오1서의 언급을 보면 이것이 "번제 제단 위에 가증스러운 우상을 세운" 안티오코스에 대한 직접적 언급이라는 것을 확실히 알 수 있다(마카베오1서 1:54). 이러한 가증스런 행위로 인해 안티오코스 4세는 적그리스도의 명백한 전조가 되었다. 사복음서도 그를 그런 인물로 본다.

비록 다니엘 8:9의 "또 다른 뿔"이 안티오코스를 가리키는 것이 분명하지만. 이 예언은 앞서 언급된 다니엘 7:7-12의 불경스러운 작은 뿔에 관한 예언 다음에 나온다. 다니엘은 이 작은 뿔에 관해 다음과 같이 서술한다.

> 내가 밤 환상 가운데에 그다음에 본 넷째 짐승은 무섭고 놀라우며, 또 매우 강하며, 또 쇠로 된 큰 이가 있어서 먹고 부서뜨리고 그 나머지를 발로 밟았으며, 이 짐승은 전의 모든 짐승과 다르고 또 열 뿔이 있더라. 내가 그 뿔을 유심이 보는 중에 다른 작은 뿔이 그 사이에서 나더니, 첫 번째 뿔 중의 셋이 그 앞에서 뿌리까지 뽑혔으며, 이 작은 뿔에는 사람의 눈 같은 눈들이 있고, 또 입이 있어 큰 말을 하였더라.
>
> 내가 보니 왕좌가 놓이고 옛적부터 항상 계신 이가 좌정하셨는데, 그의 옷은 희기가 눈 같고 그의 머리털은 깨끗한 양의 털 같고 그의 보좌는 불꽃이요 그의 바퀴는 타오르는 불이며 불이 강처럼 흘러 그의 앞에서 나오며, 그를 섬기는 자는 천천이요 그 앞에서 모셔 선 자는 만만이며, 심판을 베푸는 데 책들이 펴 놓였더라.

그때에 내가 작은 뿔이 말하는 큰 목소리로 말미암아 주목하여 보는 사이에 짐승이 죽임을 당하고 그의 시체가 상한 바 되어 타오르는 불에 던져졌으며, 그 남은 짐승들은 그의 권세를 빼앗겼으나 그 생명은 보존되어 정한 시기가 이르기를 기다리게 되었더라.

이 예언은 안티오코스가 자행한 악을 넘어 훨씬 더 사악한 누군가 또는 무언가를 가리키는데, 이는 옛적부터 항상 계신 이(예수 그리스도)가 불경스러운 뿔을 멸하실 것이기 때문이다(11절). 이 구절은 분명히 로마 제국과 어쩌면 거기서 나온 열 왕국에 대한 예언일 것이다. 그 작은 뿔은 미래에 등장할 적그리스도를 직접 언급한 첫 예언일 개연성이 높다.[28] 안티오코스와 말세에 나타나 불경스러운 일을 자행할 인물에 관한 이와 유사한 예언이 다니엘 11:21-35에서 다시 등장하는데, 이는 적법한 통치자가 아닌 어떤 비열한 사람(안티오코스 4세)에 대한 예언이고, 다니엘 11:36-45은 자신을 스스로 높이고 하나님을 모독하는 왕(적그리스도)에 대한 예언이다.

우리는 후대에 유대인들과 그리스도인들이 이 예언을 이와 같이 해석하고 있는 것을 확인할 수 있다. 기원후 40년 로마의 칼리굴라 황제가

---

28   E. J. Young, *Daniel* (Carlisle, U.K.: Banner of Truth, 1978), 147-50. Young은 역사의 전체 과정이 이미 여기서 제시되었다고 믿는다. 10개의 뿔은 로마 제국의 붕괴 이후의 시대를 가리키며, 그 이후에 등장할 10개 국가를 가리킨다는 것이다(여기서 10은 완전한 수를 의미한다). 10개 왕국이 일어나고 물러나면 작은 뿔을 상징하는 또 다른 왕국, 즉 적그리스도가 등장할 것이다.

예루살렘 성전에 자신의 신상을 세울 것을 공표했을 때 많은 유대인들은 이것이야말로 다니엘이 말한 가증한 행위라고 믿었다.[29] 예수와 복음서 저자들은 성스러운 것이 더럽혀지는, 이와 동일한 이미지를 기원후 70년에 예루살렘 성전 파괴와 관련되어 일어난 사건들과 연관 짓는다. 바울이 하나님의 성전에 앉아 자신을 하나님이라고 주장하면서 자신을 숭배할 것을 강요하는 어떤 불법의 사람을 언급할 때에도 이 예언을 염두에 두었을 개연성이 높다(살후 2:4).[30] 누가가 이 사건을 예루살렘 성이 로마 군대에 의해 포위당한 사건을 언급할 때에도 이와 연결시키고 있기에(눅 21:20), 다니엘의 예언은 티투스 장군의 군대가 성전을 파괴했을 때 성취된 것이 분명하다. 하지만 이 예언이 말세에 다시 성취될 가능성까지 배제하는 것은 물론 아니며, 이 주제에 관해서는 3장에서 자세히 다룰 것이다.[31]

---

29   Bruce, "Excursus on Antichrist," 180. Caird는 다음과 같이 빈정댄다. "비록 우리가 칼리굴라가 적그리스도라고 말할 수 없는 없지만, 그가 그 그림에 딱 맞아떨어지는 것은 부인할 수 없다." G. B. Caird, *The Revelation of St. John* (Peabody, MA: Hendrickson, 1999), 166.

30   Vos, *Pauline Eschatology*, 123.

31   T. J. Geddert, "Apocalyptic," in *Dictionary of Jesus and the Gospels*, ed. Joel B. Green, Scot McKnight, and I. Howard Marshall (Downers Grove, IL: InterVarsity, 1992), 23.

적그리스도와 다니엘의 일흔 번째 주

우리가 이미 살펴본 대로 다니엘 9:24-27에 대한 세대주의적 해석은 그 해석 체계 전체에서 매우 중요한 위치를 차지한다. 세대주의자들은 다니엘 9:24-27에서 미래에 있을 7년 환란에 관한 자신들의 교리를 발전시켰으며, 이 7년 환란은 휴거 시 혹은 그즈음에 적그리스도가 이스라엘과 평화조약을 맺음과 동시에 시작된다고 본다. 세대주의자들은 자신들이 인식하는 미래의 이스라엘 역사의 방향과 이방 국가들의 장래를 바로 이 본문을 통해 규정한다. 또한 그들은 교회의 시대로 불리는 "큰 간극"은 바로 이 예언이 언급하는 69번째 주와 70번째 주 사이의 기간을 가리킨다고 가르친다. 성경은 다음과 같이 기록하고 있다.

> 네 백성과 네 거룩한 성을 위하여 일흔 이레를 기한으로 정하였나니, 허물이 그치며, 죄가 끝나며, 죄악이 용서되며, 영원한 의가 드러나며, 환상과 예언이 응하며, 또 지극히 거룩한 이가 기름부음을 받으리라.
>
> 그러므로 너는 깨달아 알지니라. 예루살렘을 중건하라는 영이 날 때부터 기름부음을 받은 자, 곧 왕이 일어나기까지 일곱 이레와 예순두 이레가 지날 것이요, 그 곤란한 동안에 성이 중건되어 광장과 거리가 세워질 것이며, 예순두 이레 후에 기름부음을 받은 자가 끊어져 없어질 것이며, 장차 한 왕의 백성이 와서 그 성읍과 성소를 무너뜨리려니와 그의 마지막은 홍수에 휩쓸림 같을 것이며, 또 끝까지 전쟁이 있으리니 황폐할 것이 작정되었느니라. 그가 장차 많은 사람들과 더불어 한 이

레 동안의 언약을 굳게 맺고, 그가 그 이레의 절반에 제사와 예물을 금지할 것이며, 또 포악하여 가증한 것이 날개를 의지하여 설 것이며, 또 이미 정한 종말까지 진노가 황폐하게 하는 자에게 쏟아지리라 하였느니라 하니라(단 9:24-27).

우리가 27절에 나오는 언약을 고찰할 때 "그 언약이 무엇에 관한 것인지는 의심의 여지가 없다."[32] 이것은 은혜의 언약으로서 창세기 3:15에서 하나님이 아담에게 처음으로 약속하셨고, 창세기 15:1-21에서 아브라함에게 다시 한번 확인하신 것이다. 세대주의자들은 다니엘 9:27의 "그가 장차 많은 사람들과 더불어 한 이레 동안의 언약을 굳게 맺고"라는 구절에서 "그"라는 주어가 26절의 장차 이 땅에 와서 도시와 성전을 무너뜨릴 통치자(티투스와 로마군대)를 가리키는 것이라고 주장한다. 그러나 그들은 자기 백성을 위해 끊어져 없어질 언약 창시자(그리스도)와 로마 제국의 왕자(즉 적그리스도)를 혼동하는 오류를 범한다.[33]

1장에서 살펴본 바와 같이 이것을 자신들의 해석학적 틀에 끼워 맞추기 위해 세대주의자들은 메시아가 예순 두 이레(62주째 주) 후에 끊어져 없어질 것이며, 많은 사람과 더불어 언약을 굳게 맺을 자(적그리스도)가 자신의 가증스러운 계획을 실행에 옮기기 위해 역사의 무대에 오

---

32   Kline, "Covenant of the Seventieth Week," 463.

33   McClain, *Daniel's Prophecy of the 70 Weeks*, 10; John Walvoord, *Daniel: The Key to Prophetic Revelation* (Chicago: Moody, 1971), 231-37.

를 때에는 예순아홉 이레(69번째 주)와 일흔 이레(70번째 주) 사이에 정해지지 않은 시간적 간격이 있다고 주장한다. 즉 69번째 주와 70번째 주 사이에 적어도 2천 년의 시간을 집어넣는다는 것은 세대주의자 자신들이 공언한 문자적 해석 방법을 스스로 위반하는 심각한 자가당착적 모순이다. 과연 성경 어디에서 이런 간격에 대해 언급하고 있는가? 그럼에도 세대주의자들은 이 간격을 반드시 집어넣어야만 한다. 세대주의자들이 그리스도를 적그리스도와 혼동하는 가장 큰 이유는 바로 메시아가 많은 사람과 맺은 언약을 확증하는 27절의 언약 문맥을 명확히 인식하지 못하기 때문이다. 이보다 더 심각한 신학적 오류는 찾아보기 어렵다. 적그리스도에 대한 세대주의의 해석과 정통 개신교의 해석 간의 많은 차이점은 사실 이 본문에 등장하는 그리스도를 적그리스도로 오인하는 데서 비롯된다.

27절에 언급된 메시아를 적그리스도로 오인하는 세대주의자들의 잘못은 이미 24절에서 범한 심각한 해석상의 오류에서 비롯된다. 24절은 이렇게 말한다. "네 백성과 네 거룩한 성을 위하여 일흔 이레를 기한으로 정하였나니, 허물이 그치며, 죄가 끝나며, 죄악이 용서되며, 영원한 의가 드러나며, 환상과 예언이 응하며, 또 지극히 거룩한 이가 기름부음을 받으리라." 이러한 것들은 490년 안에 반드시 완성되어야 하는데, 그래야 예언이 성취되고 오랜 시간이 흐른 후(즉 메시아 시대에) 복이 하나님의 백성에게 임하게 된다.

많은 그리스도인은 다니엘이 여기서 그리스도의 능동적 순종과 수동적 순종, 또는 영(E. J. Young)이 분류하듯이 메시아 사역의 "긍정적인 측면과 부정적인 측면"을 예언하고 있음을 금방 깨닫게 될 것이다.[34] 그리스도의 죽음, 그의 이른바 수동적 순종은 하나님의 백성을 사로잡고 있던 죄의 권세를 깨뜨린다는 의미에서 "죄를 종결시켰고"(롬 6:1-2, 14), 죄의 정죄로부터 벗어나게 하셨으며(롬 5:12-19; 6:23), 우리를 악으로부터 속량하셨다(롬 3:21-26). 이러한 행위를 통해 예수 그리스도는 모든 저주의 결과를 제거해주실 것이다.[35]

그리스도의 능동적인 순종은 여기서 우리 주님의 예언자, 제사장, 왕이라는 삼중직에 대한 언급에서 볼 수 있다. 즉 "영원한 의가 드러나며"는 마지막 제사장으로서 그리스도가 행할 그의 온전한 순종을 가리키고(롬 5:19), "환상과 예언이 응하며"는 베드로가 예수를 가리켜 모세가 일찍이 말한 그 위대한 예언자라고 선언했듯이 그의 예언자 직을 통해 행할 일을 가리키며(신 18:15-16; 행 3:22), 마지막으로 "가장 거룩한 이가 기름부음을 받으리라"는 메시아의 기름 부음에 대한 언급일 가능성이 높다(사 61:1; 마 3:16-17). E. J. 영은 이러한 것들이 "모두 메시아적이다. 따라서 일흔 이레는 안티오코스의 때나 현세의 종말인 우리 주님의 재림이 아닌, 그의 초림과 일치한다"고 주장한다.[36]

이 본문을 자신들의 신학적 렌즈를 통해 다니엘이 교회나 그리스도가 아닌 이스라엘을 언급하는 것으로 보는 세대주의자들은 다니엘

---

34   Young, *Daniel*, 197-201.
35   위의 책, 199.
36   위의 책, 201.

9:27을 해석하면서 매우 큰 오류를 범한다. 세대주의자들은 개혁교회 그리스도인들과 달리 전체를 아우르는 구속사의 관점에서 언약을 보지 않고, 26절과 27절 사이에 어떤 시간적 간격을 집어넣음으로써—자신들의 해석학적 전제가 이를 요구하기 때문에—너무나도 명백한 의미를 놓치고 만다. 메레디스 클라인이 지적한 대로 "현 문맥은 다니엘 9장 전체의 핵심 주제라고 할 수 있는 하나님의 언약이 절정을 이루는 이곳에서 갑자기 전혀 다른 언약이 등장한다고 보는 추론과는 정반대되는 내용을 다룬다."[37] 이 본문은 적그리스도와는 아무런 상관이 없고, 장차 오실 그리스도에 관한 것이다.

사실 다니엘서 전반에 나타나 있는 언어는 많은 이들과 더불어 언약을 맺을 자가 다름 아닌 예수 자신임을 전적으로 뒷받침해준다. 25절에서만 장차 오실 이와 관련된 메시아적·구속적 사역 목록을 열거하는 것이 아니라 26절도 기름 부음 받을 자가 끊어져 없어질 것에 관해 이야기한다. 여기서 다니엘은 "카라트"(karat)라는 동사를 사용하는데, 이 동사는 종종 언약 비준과 관련하여 행해지는 절단 의식을 묘사할 때 사용된다. 바로 이 동사가 26절의 "끊어지다"를 27절의 언약을 "굳게 맺다"와 연결시킨다. 천사는 분명 다니엘에게 기름 부음 받은 자가 끊어질 것이라는 26절의 불편한 표현이 그의 사명의 궁극적인 실패를 의미하지 않음을 확인시켜주고, 이로써 27절은 바로 그 끊어진 자가 예언된 70번

---

37   Kline, "Covenant of the Seventieth Week," 463.

째 주 중간에 언약을 채결할 것임을 다니엘에게 알려준다.[38] 다니엘은 이 말이 수세기 이후의 신약성경 저자들에게 어떤 의미를 지닐지는 전혀 알지 못했다. "우리가 아직 죄인 되었을 때에 그리스도께서 우리를 위해 죽으심으로"(롬 5:8).

다니엘 9:27에서 천사 가브리엘이 다니엘에게 기름부음 받을 자가 많은 이들과 언약을 "비준"할 것임을 알린 대목은 상당히 중요한 의미를 지닌다. 언약을 맺는 것을 가리킬 때 주로 사용되는 "카라트"(karat)란 동사가 26절에서 사용된다. 하지만 27절에서는 "히그비르"(higbir)란 동사가 대신 사용되는데, 이 동사는 "강하게 하다, 승리하게 하다"라는 의미를 지니고 있다.[39] 여기서 이 단어가 사용되었다는 사실은 27절이 적그리스도와 26절의 "카라트"가 암시하는 언약과는 완전히 다른 언약을 가리킨다고 보는 세대주의의 해석에 또 다른 심각한 타격을 입혔다. 27절에서 "히그비르"가 사용된 것은 이 언약이 "강해지거나" 또는 "승리하는" 것을 말하며, 이는 언약이 무에서 새로 시작하는 것이 것이 아니라 기존에 있던 언약이 비준되거나 추인되는 것을 의미한다. 다시 말하면 70번째 주 중간에 기름 부음 받은 자에 의해 비준되는 이 언약은 기존에 이미 있었던 언약이라는 것이다! 이는 하나님이 진작에 아브라함과 맺은 언약으로서, 이제 많은 이들을 대신하여 메시아가 굳게 맺을 은혜의 언약을 가리킨다(참조. 사 53:12의 고난받는 종을 통해 구속받은 많은 이

38　위와 책, 463.
39　위의 책, 465.

들). 이것은 24절에서 약속한 모든 복, 곧 궁극적으로 예수 그리스도의 피와 그의 완전한 의가 보장해주는 복을 의미한다. 이는 세대주의자들이 주장하듯이 69번째 주와 70번째의 주 사이에는 어떤 시간적 간격도 없음을 의미한다. 이는 또한 적그리스도가 이 본문에 언급되어 있지 않음을 의미한다.

다니엘 9:27에 대한 이러한 해석은 서로 밀접하게 연관된 두 가지 질문을 제기한다. 첫 번째 질문은 다음과 같다. 만일 그리스도가 70번째 주 중간에 끊어져 없어진다면 최후의 7년 기간 중 후반부(3년 반)에는 무슨 일이 일어날 것인가? 여기서 다시 우리는 신약성경 저자들이 구약성경을 어떻게 해석하는지를 살펴볼 수 있다. 이 경우 우리는 요한계시록(계 12:14)에서 다니엘서에서 "한 때와 두 때와 반 때"라고 말한 3년 반을 요한이 재해석하는 과정에서 그 답을 찾을 수 있다. 이에 관해 메레디스 클라인은 다음과 같이 지적한다.

마지막 주는 한 때, 두 때, 반 때 동안 광야에 거하는 교회의 시대다(계 12:14). 칠십 주는 마지막 희년이 오기 전 열 번의 희년 기간이므로, 칠십 번째 주는 이 땅이 받을 구속과 하나님의 자녀들이 누릴 영광스러운 자유를 알리는 천사의 나팔소리와 함께 끝을 맺는다. 그러면 그리스도와 함께 도래한 "주께 합당한 해"가 온전히 임하게 된다. 그리고 이어서 하나님과 어린양의 성전인 새 예루살렘이 하늘로부터 내려오고(계 21:10, 22), 어린양이 비준하고 주님이 기억하신 언약, 곧 그 언약궤가

나타날 것이다(계 11:19).[40]

따라서 그리스도는 하나님이 체결하신 언약을 추인했다. 즉 그는 우리의 하나님이며, 우리는 그의 백성인 것이다. 비록 그리스도가 죄 용서와 영원한 의를 포함하여 희년이 가져다주는 복을 베풀어주셨음에도 불구하고, 그가 성취한 것은 아직 완성되지 않았다. 따라서 70번째 주의 마지막 3년 반은 교회가 이 땅에 존재하는 전체 기간을 상징하며, 이는 분명히 다니엘서의 환란에 대한 언급이다.[41]

두 번째 질문은 다니엘 9:27의 마지막 두 문장과 관련이 있다. "그가 그 이레의 절반에 제사와 예물을 금지할 것이며, 또 포악하여 가증한 것이 날개를 의지하여 설 것이며, 또 이미 정한 종말까지 진노가 황폐하게 하는 자에게 쏟아지리라 하였느니라 하니라." 유대교의 제사는 그리스도의 십자가 죽음 이후에도 기원후 70년 예루살렘 성전이 멸망할 때까지 얼마간 계속되었는데 어떻게 이 예언이 성취될 수 있을까? 이와 관련하여 몇 가지를 언급할 수 있다. 하나는 히브리서의 저자가 그리스도의 죽음이 종교적인 의미에서 제사에 종지부를 찍었다고 분명히 생각했다는 것이다. 히브리서 9:25-26은 그리스도가 자신을 드리는 희생제사를 통해 죄를 말살하기 위해 말세에 나타나셨다고 말한다(또한 히 7:11; 8:13; 10:8-9을 보라). 비록 희생제사가 성전에서 계속 드려진 것이 사실이

---

40   위의 책, 469.

41   Beale, *Book of Revelation*, 669.

지만, 일단 그리스도가 갈보리 언덕에서 하나님의 언약을 추인한 후에는 성전에서 계속 드려지던 제사는 하나님 앞에서 가증한 것이 되었다. 그리스도가 끊어져 없어졌을 때(십자가에 못 박힘), 성전의 휘장이 위에서 아래로 찢어졌다. 그 순간부터 성전은 황폐해졌고, 하나님이 기뻐하시는 제사는 중단되었다. 기원후 70년에 로마군이 예루살렘과 그 성전을 파괴한 사건은 이렇게 해석될 수 있는 것이다.

그러므로 다니엘 9:24-27은 어떤 의미로도 미래의 7년 환란이나 적그리스도의 출현이 이스라엘과의 평화조약과 연관이 있을 것이라는 세대주의적 신앙을 지지해주지 않는, 영광스러운 메시아에 관한 예언이다. 이 본문이 490년이 지난 이후의 마지막 희년을 나타낸다는 사실은 "이미-아직"의 구별(현재의 복과 미래의 완성)을 가리킬 뿐 아니라, 대환란의 한 때와 두 때와 반 때가 끝나면 약속의 언약은 완성되고 영원한 희년이 찾아올 것이라는 사실도 가리킨다.

곡과 마곡(겔 38-39장)

오늘날 예언이 세계에서 벌어지고 있는 사건을 통해 성취된다는 생각은 상당히 흥미로운 일이지만, 그럼에도 이러한 흥미로운 생각은 잘못된 해석을 낳을 수 있다. 에스겔 38-39장의 곡과 마곡에 대한 유명한 예언은 이러한 왜곡된 해석을 초래한 본문 중 하나다. 비록 이 구절이 적그리스도에 관해 직접 다루고 있지는 않지만, 적그리스도의 동맹군과 말세에 그들이 겪을 운명에 관해 이야기하고 있는 것만은 사실이다.[42] 이 불가사의한 곡과 마곡은 에스겔의 예언에 기록된 것과 같이 말세에 멸망하게 될 사악한 제국과 관련이 있기 때문에(요한계시록도 마찬가지다. 계 20:8), 곡과 마곡은 종종 적그리스도의 등장과 함께 출현할 정치 세력과 연관된다.[43]

마르틴 루터는 한때 비엔나 성문 앞에 진을 친 투르크족을 곧 하나님의 심판 아래 놓일 곡의 세력으로 언급했다.[44] 현대의 세대주의자들은 이 본문에 등장하는 여러 이름(곡, 마곡, 로스, 메섹, 두발, 고멜 등; 겔 38:2-6)을 소련과 연맹을 맺은 현대의 여러 유럽 국가(이제는 구소련의 여러 국가)와 동일시한다. 핼 린지에 따르면 곡과 마곡은 러시아와 관련이 있는 반면(로스는 아마도 "러시아"와 동일시되고), 메섹과 고멜은 각각 "모스크바"와 "독일"과 동일시되고, 이 모든 국가는 에티오피아(구스) 및 리비아(붓)와 동맹을 맺고 이제 약속의 땅으로 돌아간 오늘날의 이스라엘 국가를 대환란이 끝날 무렵에 침략할 것이라고 주장했다.[45] 이것은 아주 오래된 세대주의적 사변의 대표적인 요소라고 할 수 있는, 이른바 "러시아의 이

---

42   Bousset에 의하면 "곡과 마곡의 등장은…모든 전승에 나타나는 적그리스도와 긴밀하게 연결되어 있다." Bousset, *Antichrist Legend*, 195.

43   McGinn, *Antichrist*, 91, 96, 99, 140, 157, 178, 182.

44   Leslie C. Allen, *Ezekiel 20-48*, Word Biblical Commentary, vol. 29 (Dallas: Word, 1990), 210-11.

45   Lindsey, *Late Great Planet Earth*, 59-71. 겔 38-39장에 대한 이러한 해석이 세대주의적 예언자 그룹에 미친 영향에 대한 논의는 다음을 보라. Boyer, *When Time Shall Be No More*, 152-80.

스라엘 침공"이다.[46]

역사가이자 고고학자인 에드윈 야마우치(Edwin Yamauchi)는 에스겔
이 위의 이름들을 사용할 때 현대 러시아 국가와 모스크바를 언급한 것
이라는 주장을 세밀하게 반박했다.[47] 또한 에스겔의 예언 가운데서 이 단
락은 "원형 묵시적"(proto-apocalyptic)이기 때문에, 이 단락은 이스라엘을
침략할 구체적인 현대 국가의 연합을 지칭하는 것이 아니라 말세에 등
장하여 하나님의 백성을 탄압하다가 그리스도의 재림 때 멸망당할 불경
건한 세력을 상징하는 것으로 보아야 한다(계 20:8).[48] 이는 이 예언의 일
부 핵심 요소를 살펴보면 쉽게 알 수 있다. 에스겔의 예언의 첫 여섯 절
은 다음과 같다.

> 여호와의 말씀이 내게 임하여 이르시되 "인자야, 너는 마곡 땅에 있는
> 로스와 메섹과 두발 왕, 곧 곡에게로 얼굴을 향하고 그에게 예언하여
> 이르기를 '주 여호와께서 이같이 말씀하시기를 로스와 메섹과 두발 왕

---

46 예컨대 다음을 보라. J. Dwight Pentecost, *Things to Come* (Grand Rapids: Zondervan, 1978), 326-31; Walvoord, *Major Bible Prophecies*, 328-37.

47 Edwin M. Yamauchi, *Foes from the Northern Frontier: Invading Hordes from the Russian Steppes* (Grand Rapids: Baker, 1982), 19-27. 로스는 러시아를 지칭하지 않는다. 로스는 "왕자"의 칭호다. 메섹과 두발은 헷족속 및 용맹한 전사들과 연결되어 있다. Yamauchi는 곡을 어느 특정 고대 제국이나 인물과 연결시키는 것의 어려움을 지적하면서 곡이 어떤 인물이나 사물과 연관되는지에 대해 어떠한 합의도 이루어지지 않았다고 말한다. 대다수 주석가들은 곡이 기원전 7세기 리디아의 왕 기게스(Gyges)와 연관이 있다고 주장한다. Beale, *Book of Revelation*, 1025과도 비교해보라.

48 Allen, *Ezekiel 20-48*, 210-11; Beale, *Book of Revelation*, 1022-26.

곡아, 내가 너를 대적하여 너를 돌이켜 갈고리로 네 아가리를 꿰고 너와 말과 기마병 곧 네 온 군대를 끌어내되, 완전한 갑옷을 입고 큰 방패와 작은 방패를 가지며 을 잡은 큰 무리와 그들과 함께 한 방패와 투구를 갖춘 바사와 구스와 붓과 고멜과 그 모든 떼와 북쪽 끝의 도갈마 족속과 그 모든 떼, 곧 많은 백성의 무리를 너와 함께 끌어내리라'"(겔 38:1-6).

곡은 기나긴 포로기를 마치고 약속의 땅으로 무사히 돌아온 하나님의 백성이 누리는 평화를 방해하는 어떤 국가 집단의 우두머리로 알려져 있다. 하지만 이 예언의 핵심—일곱 신탁으로 된[49]—은 하나님의 백성이 이 국가들의 침략에 의해 심판을 받는다는 데 있지 않다. 오히려 이 국가들을 이 심판의 장소로 불러 모아 심판하시는 분은 바로 하나님이시다.

인자야, 너는 또 예언하여 곡에게 이르기를 "주 여호와께서 이같이 말씀하시기를, 내 백성 이스라엘이 평안히 거주하는 날에 네가 어찌 그것을 알지 못하겠느냐? 네가 네 고국 땅 북쪽 끝에서 많은 백성, 곧 다 말을 탄 큰 무리와 능한 군대와 함께 오되, 구름이 땅을 덮음 같이 내 백성 이스라엘을 치러 오리라. 곡아, 끝날에 내가 너를 이끌어다가 내 땅을 치게 하리니, 이는 내가 너로 말미암아 이방 사람의 눈앞에서 내 거룩함을 나타내어 그들이 다 나를 알게 하려 함이라"(겔 38:14-16).

---

49   Allen, *Ezekiel 20-48*, 202.

곡과 그 무리들의 운명 역시 19-23절에 분명하게 기록되어 있다.

> 내가 질투와 맹렬한 노여움으로 말하였거니와, 그날에 큰 지진이 이스라엘 땅에 일어나서 바다의 고기들과 공중의 새들과 들의 짐승들과 땅에 기는 모든 벌레와 지면에 있는 모든 사람이 내 앞에서 떨 것이며, 모든 산이 무너지며 절벽이 떨어지며 모든 성벽이 땅에 무너지리라. 주 여호와의 말씀이니라. 내가 내 모든 산 중에서 그를 칠 칼을 부르리니, 각 사람이 칼로 그 형제를 칠 것이며, 내가 또 전염병과 피로 그를 심판하며, 쏟아지는 폭우와 큰 우박 덩이와 불과 유황으로 그와 그 모든 무리와 그와 함께 있는 많은 백성에게 비를 내리듯 하리라. 이같이 내가 여러 나라의 눈에 내 위대함과 내 거룩함을 나타내어 나를 알게 하리니, 내가 여호와인 줄을 그들이 알리라.

우리가 이미 살펴본 바와 같이 세대주의자들은 이 예언을 나름대로 자신들의 문자적 해석 방법으로 이해하고, 에스겔이 1948년에 국가로 재건된 이후 그 땅에 재정착한 이스라엘을 침략하는 말세의 사건을 언급한 것으로 믿는다. 이 사건은 교회의 휴거 이후, 아마도 7년 환란의 후반부로 가는 시점에 발생할 것이다.[50] 하지만 이 예언에 대한 세대주의자들의 주장이 지지를 받을 수 없는 이유는 여러 가지다. 먼저 요한계시록은 분명히 이 예언이 우리 주님의 재림과 연관되어 성취되는(그리고 재해석

---

50   Charles Feinberg, *The Prophecy of Ezekiel* (Chicago: Moody, 1978), 218.

적그리스도의 비밀을 파헤치다

되는) 것으로 이해한다(계 20:7-10). 만일 세대주의자들이 가르치듯이 곡과 마곡이 환란 기간에 일어날 이스라엘의 침략에 가담하여 궁극적으로 하나님에 의해 멸망당한다면, 어떻게 그들이 천년왕국 이후 최후의 심판 때에 다시 등장할 수 있을까? 이는 세대주의자들이 스스로 공언한 문자적 해석과 대치된다. 왜냐하면 이스라엘의 산에 떨어질 곡(겔 38-39장)은 천년왕국 이후에 부활할 것이기 때문이다(계 20:8).

만일 우리가 신약성경이 구약성경을 해석한다는 기본 원칙을 준수한다면 에스겔은 미래를 미리 내다보고 마지막 때를 본 것임이 틀림없다. 그 동안 두 가지 사건이 일어난다. 첫째, 하나님의 백성은 포로 생활에서 돌아와 이제 안전하게 거주하고 있다. 둘째, 긴 세월이 흐른 후에 에스겔은 하나님의 백성이 거주하는 땅을 침략하여 하나님의 대적들이 마침내 영원한 파멸에 이르게 될 일종의 신적으로 조율된 침략 작전을 본다. 이것은 분명히 그리스도의 백성들이 안전하게 거하며 그들의 최후의 적으로부터 구원을 받게 될 메시아 시대에 관한 환상이다.[51] 비록 "곡"이라는 이름이 에스겔서와 역사적으로 어떤 연관성이 있긴 있지만, 그 이름은 말세의 적을 가리키는 비유적 표현—즉 "또 다른 히틀러"—으로 사용되었을 가능성이 높다[52]

사도 요한이 이 같은 장면을 천국의 환상의 관점에서 보았다고 가정할 때 곡과 마곡은 성도들과 전쟁을 벌이기 위해 이 땅의 사방에서

---

51   Allen, *Ezekiel 20-48*, 210.

52   Beale, *Book of Revelation*, 1025.

온 모든 국가의 상징이 된다. 에스겔은 여기에 관여한 성도들을 이스라엘 민족과 예루살렘 성으로 언급하는 반면, 사도 요한은 "성도들의 진과 사랑하시는 성"이라고 말한다(계 20:9). 요한은 요한계시록 16:14-16과 19:17-21에서 이 예언이 이미 성취되었음을 알렸지만, 우리는 이제야 곡과 마곡이 성도들을 미혹한 짐승이자 거짓 예언자와 같은 운명에 처할 것임을 알게 된다. "불이 하늘에서 떨어져 그들을 집어 삼키리라."[53] 따라서 비록 에스겔 38-39장에 등장하는 곡과 마곡에 대한 예언은 적그리스도 자신에 관해 다루지는 않지만, 적어도 이 예언은 성도들과 전쟁을 벌이려고 헛된 노력을 하는, 그와 동맹을 맺은 이들의 운명을 묘사한다(계 16:12-16을 보라).

---

53   위의 책, 1022-23; Vos, *Pauline Eschatology*, 110-11.

3장

신약 시대의 적그리스도 교리

예비적 고찰

두 씨 간의 투쟁 재검토하기: 복음서에 나타난 예수와 사탄

만일 메시아가 사도 바울이 "때가 차매"(갈 4:4)라고 말했듯이 구속사에서 가장 중요한 시대에 속한 인물이라면 반(反)메시아 역시 마찬가지다.[1] 어느 작가가 말했듯이, 만일 신약성경 안에 들어 있는 내용이 우리가 메시아의 주적에 관해 알고 있는 것의 전부라면 적그리스도는 "[그리스도의] 승리와 그의 나라가 더욱 밝히 빛날 수 있게 하는 어두운 배경을 제공한다."[2] 이는 우리가 적그리스도에 관한 신약성경의 가르침을 검토하고(4-6장), 이 주제에 대한 기독교의 반추 역사를 살펴보면 더욱 분명해질 것이다. 적그리스도는 사도 시대에 결코 무시할 수 없는 적이었다. 그는 그 이후에도 수 세기에 걸쳐 자신의 모습을 계속해서 드러냈으며, 오직 복음 선포를 통한 하나님의 능력으로만 제어될 수 있었다. 적그리스도는 말세에 그의 마지막이자 가장 포악한 모습으로 다시 나타날 것이다.

적그리스도 교리에 대한 개별적 가르침을 살펴보기에 앞서 본장에

---

1   Leon-Defour에 따르면 "구약성경에서 하나님께 대적하는 자는 적그리스도가 되는데, 그는 종말론적 전투에서 자신을 드러내기 전에 자신의 지지자들을 통해 이미 활동하고 있다. 하지만 종말론적 전투에서 그는 결국 패배할 것이다. Xavier Leon-Dufour, *Dictionary of Biblical Theology*, 2nd ed. (New York: Seabury, 1983), 23.

2   Erwin Kauder, "Antichrist," in *The New International Dictionary of New Testament Theology*, ed. Colin Brown (Grand Rapids: Zondervan, 1982), 1:125.

서는 적그리스도에 관한 일반적인 사고 일부를 소개하고자 한다. 비평학자들은 예수를 메시아와 동일시한 교회가 소위 "적그리스도 신화"를 창시하는 비옥한 토양을 제공했다고 믿는다. 이 메시아/반메시아 구조는 그리스도인들이 선과 악이라는 두 세력 간의 계속되는 투쟁을 설명하는 데 필요한 렌즈 역할을 한다.[3] 따라서 이 투쟁의 본질이 메시아와 적그리스도라는 두 인물의 창조를 요구한다.[4] 비평학자들은 또한 요한계시록의 이미지들이 유래한 유대교 묵시문학이 바로 이 적그리스도 신화의 출처라고 믿는다.[5]

비록 신약성경 저자들이 이 출처를 모르지는 않았지만, 그럼에도 이 출처는 어떤 "적그리스도 신화"를 만들기 위해 자료를 가져오는 우물과 같은 것이 아니다. 오히려 이 유대교 자료는 유사한 이미지를 사용하여 메시아 시대의 서막과 관련된 특정 사건들을 설명하고 규명하는 수단일 가능성이 높다. 사실 구약성경의 구속사 드라마(타락 이야기, 뱀과 장차 오실 구속자 사이의 투쟁에 대한 예언[창 3:15]으로부터 마카비 전쟁과 더럽혀진 예루살렘 성전에 이르기까지)는 이미 우리에게 예수의 탄생이 옛 예언을 성취

---

3   C. G. 융 연구소의 Victor Maag에 따르면 "적그리스도 개념을 만든 이들에게 그것은 모든 종류의 윤리적 타락, 거짓, 유혹 및 폭력을 상징한다. 이 모든 것은 악하다. 왜냐하면 우주의 질서와 그 안에서 운행하는 모든 선한 것을 방해하기 때문이다. 악은 우주적인 행위다. 악은 혼돈에 속해 있다." Victor Maag, "The Antichrist as a Symbol of Evil," in *Evil*, ed. James Hillman (Evanston, IL: Northwestern University Press, 1967), 79.

4   McGinn, *Antichrist*, 33.

5   Bousset, *Antichrist Legend*, 3-18.

하고, 그리스도와 뱀의 갈등을 최고조에 달하게 하는 계기가 될 것이라고 경고했다. 따라서 적그리스도는 신화가 아니다. 그의 운명은 이미 자신이 온 힘을 다해 대항할 메시아의 운명과 함께 구약성경에 예언되어 있다(단 11:36-37을 보라). 인류 역사의 중심 무대에 등장할 메시아의 도래는 사탄의 대응을 유발한다.

이러한 구약성경의 기대와 신약성경의 성취 간의 연관성은 자신을 궁극적으로 멸망시킬 약속의 씨를 선제적으로 암살하려는 사탄의 시도에서 찾아볼 수 있다. 이러한 계략은 이미 가인이 아벨을 죽였을 때 드러났다. 우리는 마태복음 2:13-18에서 적그리스도의 모형인 헤롯이 저지른 소위 "영아살해" 사건을 접한다.[6] 영아살해(출생 시에, 출 1:22; 2:1-10)를 통해 이스라엘 민족의 인구를 통제하려고 했던 적그리스도와 같은 바로의 손에서 모세가 구원받은 것처럼, 예수 또한 베들레헴에 살던 모든 히브리 남자 아기의 목숨을 앗아감으로써 이스라엘의 왕을 죽이려고 했던 헤롯왕의 손에서 구출을 받는다.[7]

예수가 사탄에게 시험받은 사건도 두 씨 간의 투쟁과 연관이 있다(마 4:1-10을 보라).[8] 이 본문은 중요한 구속사적인 의미로 가득 차 있다. 마태복음은 시험 기사 이전에 순종의 아들 예수가 아담(창 2:17)과 이스라엘에 요구되었던 순종을 대신 완수하는 모습을 우리에게 보여준다.

---

6   Kauder, "Antichrist," 125.

7   Kline, *Structure of Biblical Authority*, 188-89.

8   Kauder, "Antichrist," 125; Kline, *Kingdom Prologue*, 132.

예수는 출애굽의 기본 경로를 따라 애굽에서 돌아온 후(마 2:13-23) 광야
에서 40일간 시험을 받기 전에 세례를 받고 하나님의 아들로 선포된다
(마 3:13-17). 이것은 분명히 이스라엘의 기본 역사를 반영한다(바로와의
대결, 홍해를 통한 구원, 40년 광야 생활 이전에 시내산 언약 체결). 우리는 사탄
이 던진 질문에 대한 예수의 답변도 광야에서의 이스라엘의 방랑을 묘
사하는 신명기 6-8장에 가져온 것이라는 사실을 간과해서는 안 된다.[9]
예수는 스스로 모든 의를 이룰 진정한 순종의 아들임을 입증했을 뿐 아
니라 하나님의 백성이 사탄 및 그의 앞잡이들과 맞설 수 있는 길을 제시
해주셨다. 예수는 사탄을 멸하기 위해 하나님의 능력을 차출하거나 천
군을 소집하지 않는다. 오히려 예수는 하나님의 말씀으로 사탄을 대적
한다. 그리고 성도들은 바로 이 무기를 적그리스도와의 싸움에서 사용해
야 한다.

해석학적 틀로서의 두 세상 모델

신약성경에 나타난 적그리스도에 대한 세 가지 가르침을 검토하기 전
에 신약성경에 담긴 종말론의 기본적인 구조와 이것이 적그리스도 교리
에 미친 영향을 간략하게 요약하는 것이 좋을 것 같다. 신약성경 저자들

---

9   Donald A. Hagner, *Matthew 14-28*, Word Biblical Commentary, vol. 33b (Dallas:
        Word, 1995), 62.

은 한결같이 인류 역사에 대한 하나님의 주권적 통치를 "이 세상"과 "장차 올 세상"으로 알려진, 질적으로는 서로 다르지만, 그럼에도 순차적으로 일어나는 두 종말론적 시대의 결과라고 말한다.[10] 신약성경 전반에 걸쳐 "이 세상"은 현 인류 역사를 가리키는 데 사용되는 반면, "장차 올 세상"은 구약성경 전반에 걸쳐 약속된 종말론적 구속의 시대를 가리키는 데 사용된다. 이 종말론적 시대는 예수 그리스도가 오심으로 실현되었고, 우리 주님이 사망과 음부의 권세를 이기고 부활하시고 승천하심으로써 모든 이들에게 분명하게 나타났다. 예수의 부활절 승리 이후 사탄과 그의 동맹(사도 요한이 말한 적그리스도들, 바울이 언급한 불법의 사람, 요한계시록에 등장하는 용, 짐승, 거짓 예언자)의 운명은 확정되었다. 예수는 사망과 음부의 권세를 이기셨는데, 이는 이제 그 저주가 마침내 취소되었음을 보여주는 한편(고전 15:55), 새 창조세계에서는 사탄과 그를 섬기는 자들이 설 자리가 없음을 확증해준다(고후 5:17; 계 21:5; 22-27).

예수의 초림부터 재림까지의 기간―복음서에 묘사된 대로 그리스도의 나라 수립부터 모든 것이 성취되는 때까지의 시간―은 요한계시록 20장에서 "천년"이라고 말하는 구속사의 기간과 같다. 이는 흔히 말하는 "천년"이 현실(present reality)이며 미래의 소망이 아님을 의미한다. 이는 또한 신약성경 저자들이 이 땅에서 누리는 천년의 황금기(주님의 재림 이전이든 그 이후이든)를 예고한 것이 아니라 예수의 재림 때 이루어질 만물

---

10   이에 대한 구체적인 논의는 다음을 보라. Riddlebarger, *A Case for Amillennialism*, 81-99.

의 완성―부활, 최후의 심판, 새 하늘과 새 땅 창조―을 고대한 것임을 의미한다. 요한계시록 20:1-10에서 말하는 "천년"은 "이 세상"의 시민이 "장차 올 세상"을 기다리는 기간과 같다. 물론 하나님 나라(마 12:28; 눅 10:1-20; 17:20-21; 롬 14:17)와 성령의 사역(엡 1:13-14)이 실재임을 고려하면 "장차 올 세상" 역시 예수 그리스도 안에 있는 신자들에게는 이미 도래한 실재다.

그리스도인들이 현재 임한 그리스도의 나라가 우리 주 예수 그리스도의 위대하고 영광스러운 날에 최종적으로 완성되기를 고대하는 가운데, "이미"와 "아직" 간의 긴장은 신약성경에 나타난 종말론적 소망을 거의 모두 대변해준다. 이 긴장은 신약성경 저자들이 이미 활동 중인 "적그리스도의 영"과, 사도 시대에 활동하지만 종말 때까지 하나님의 제재를 받는 불법의 권세(살후 2:7-8; 계 20:1-10)를 언급한다는 사실에서도 나타난다.

예수와 바울은 "이 세상"과 "장차 올 세상"을 두 개의 순차적이면서도 질적으로 서로 다른 종말론적 시대로 본다. 공관복음의 세 본문에서 우리 주님은 명백하게 "이 세상"을 "장차 올 세상"과 대조한다. 마태복음 12:32에서 예수는 성령을 모독하는 것을 "이 세상에서나 장차 올 세상에서" 절대 용서받을 수 없는 죄로 규정하신다. 누가복음 18:29-30에서 예수는 젊은 부자 관원이 표현한 불신앙에 대한 응답으로서 하나님 나라에 관해 말씀하신다. "이르시되 '내가 진실로 너희에게 이르노니 하나님의 나라를 위하여 집이나 아내나 형제나 부모나 자녀를 버린 자는 현세에 여러 배를 받고, 내세에 영생을 받지 못할 자가 없느니라.'" 그리고 마지막으로 누가복음 20:34-36에서 예수는 다음과 같이 선포하신다. "이 세상의 자녀들은 장가도 가고 시집도 가되, 저 세상과 및 죽은 자 가운데서 부활함을 얻기에 합당히 여김을 받은 자들은 장가가고 시집가는 일이 없으며 그들은 다시 죽을 수도 없나니, 이는 천사와 동등이요 부활의 자녀로서 하나님의 자녀임이라."

이러한 본문을 보면 우리 주님이 이 두 세상을 순차적이지만 질적으로 다른 것으로 이해하고 있음을 알 수 있다. 예수는 "이 세상"은 결혼과 일시적인 것으로 특징지어지며, "장차 올 세상"은 부활의 생명과 불멸로 특징지어진다고 말씀하신다. 따라서 그리스도의 재림 때 일어날 일반적인 부활 이후에 자연의 삶이 이 땅에서 계속 이어지는 것은 불가능하다(요 6:39-40, 44. 54). 이 두 세상의 경계선이 바로 그리스도의 재림인데(마 13:39), 이는 자연적인 몸을 가지고 있는 사람들이 의인들의 부활 이후에 펼쳐질 그리스도의 천년왕국 기간에도 계속 이 땅에서 살 것이라고 주장하는 전천년주의자들에게 심각한 문제를 초래한다. 만일 "장차 올 세상"이 결혼이나 성생활이 없는 부활의 시대라면, 사람들이 어떻게 이 우주적인 사건을 피해서 예수의 재림 **이후에** 이 땅을 다시 사람들로 채울 수 있을까? 이것은 불가능하며, 전천년설을 지지하기 어렵게 만든다.

사도 바울은 에베소서 1:21에서 "모든 통치와 권세와 능력과 주권과 이 세상뿐 아니라 오는 세상에 일컫는 모든 이름 위에 뛰어나게 하시는" 예수 그리스도의 승귀에 관해 이야기하면서 이와 같은 종말론적 역사 이해를 설명한다. 예수와 마찬가지로 바울도 이 두 세상을 연속적이면서도 다른 세상으로 본다. 물론 바울이 그리스도의 통치가 그의 부활과 승귀와 함께 이미 시작된 현실이라는 아주 중요한 사실을 우리에게 상기시켜주지만 말이다.[11]

이러한 종말론적인 두 세상 구조가 천년설이라는 일반적인 문제와 적그리스도에 관한 특정 교리에 미친 영향은 이 용어들이 신약성경에서 어떻게 사용되는지를 살펴보면 아주 분명해진다. 신약성경에서 "이 세상"이라는 용어는 언제나 일시적인 것, 곧 사라지고 없어질 것을 가리킨다. 성경 저자들이 "이 세상"에 관해 말한 것을 한번 생각해보라. 종말이 오기 전에 먼저 징조들이 나타날 것이며(마 24:3), 그리스도는 이 세상 끝날 때까지 우리와 함께 계실 것이다(마 28:20). 이 세상에서는 물질적인 보상이 있고(눅 18:30), 이 세상 사람들은 장가도 가고 시집도 간다(눅 20:34). 마가복음에 의하면 이 세상은 집과 전토와 가족의 시대다(막 10:30).

복음서는 성령을 모독하는 말을 하면 장차 올 세상에서 죄 사함을 받지 못할 것이며(마 12:32), 장차 올 세상은 가라지가 불에 던져지는 심판의 때(마 13:40)라는 우리 주님의 말씀을 기록하고 있다. 또한 장차 올 세상은 영생의 시대이며(막 10:30; 눅 18:30), 이미 살펴본 바와 같이 거기에는 더 이상 장가가는 일도 시집가는 일도 없을 것이다. 바울에 의하면 장차 올 세상은 모든 생명이 "참된 생명"인 세상이다(딤전 6:19).

---

11   Vos는 이것을 바울의 사상의 근간을 이루는 구조로 이해한다. Vos, *Pauline Eschatology*, 1-41. 다음의 책도 이와 같은 입장을 취한다. George Eldon Ladd, *Theology of the New Testament*, 66-67.

적그리스도의 비밀을 파헤치다

바울은 이것을 윤리적인 관점에서 이야기한다. 우리는 이 세상의 풍조를 따르지 말아야 한다(롬 12:2). 왜냐하면 현세는 악하기 때문이다(갈 1:4). 이 세상의 지혜는 철학자들의 불경스러운 사변에 불과하며(고전 1:20), 진리를 알지 못하는 통치자들에 의해 규정된다(고전 2:6-8). 실제로 바울은 사탄이 "이 세상의 신"(고후 4:4)이며, 이는 이 세상의 풍조가 악하기 때문이라고 역설한다(엡 2:1-2). 바울은 이 세상의 부한 자들을 향해 그들이 가지고 있는 부에 소망을 두지 말라고 권면한다(딤전 6:17). 왜냐하면 우리는 장차 올 세상을 고대하면서 현세를 경건하게 살도록 부르심을 받았기 때문이다(딛 2:12).

성경 저자들은 "이 세상"은 언제나 본질적으로 일시적이며, 우리 주님이 다시 오실 때 받게 될 심판을 기다리는 타락한 세상과 그 죄로 물든 사람들을 대변한다고 말한다. 우리가 성경 저자들이 의도한 대로 "이 세상"을 이해하면 이 사실은 더욱 명확해진다. 장차 올 종말론적인 세상과 극명하게 대조를 이루는 세상 말이다.

자신의 선조들보다 훨씬 더 사악한 적그리스도는 이 악한 현세의 영을 가장 극명하게 나타내는 존재다.[12] 적그리스도는 모든 이들을 능가하는 신성모독자다(계 13:6). 그는 자신이 하나님이라고 말하며(살후 2:4), 사탄의 능력을 나타내고(살후 2:9; 계 13:2), 말세에 최후의 배교 행위를 저지를 것이다(살후 2:3). 사탄의 권세를 힘입은 적그리스도는 성도들에

---

12   Kline은 "네 번째 짐승의 작은 뿔(단 7:8; 11:36ff.)과 용을 닮은 사탄의 대리자로서 하나님의 도성에 최후의 공격을 감행하여 하나님의 심판의 날을 촉발할" 메시아 시대의 적그리스도의 출현에 대해 서술한다. Kline, *Kingdom Prologue*, 170.

게 전쟁을 선포하고(계 13:7), 이 땅에 사는 모든 사람으로부터 경배를 받을 것이다(계 13:8). 그의 불가사의한 숫자 666은 상징적인 의미에서 이악한 세상에서 무언가를 식별하는 표다(계 13:18을 보라). 왜냐하면 숫자 6은 사람의 수이며, 이것이 세 번 반복된 것은 적그리스도가 이 세상과 장차 올 세상에서 절대로 그리스도의 온전함에 도달할 수 없음을 의미한다. 따라서 적그리스도는 자신이 갈망하는 하나님의 영광에 결코 도달할 수 없는 운명을 가지고 있는 것이다.[13] 이 주제에 관해서는 앞으로 여러 장에 걸쳐 좀 더 구체적으로 다루어질 것이다.

이것은 "장차 올 세상"이 영생과 불멸의 세상임을 의미한다. 이는 부활과 완성이라는 모든 복이 실현되는 것을 의미한다. 이는 사람들이 완성을 기다리는 세상이 아니다. 바울이 하나님 나라의 완성을 이야기하는 다른 여러 본문을 살펴보면 전천년설에 대한 반론이 훨씬 더 강해진다. 바울에 의하면 악을 행하는 자들은 결코 하나님 나라를 상속받지 못할 것이다(고전 6:9-10). 혈과 육은 하나님 나라를 상속받지 못하고(고전 15:50), 악을 행하는 자들(갈 5:21)과 부도덕한 자들(엡 5:5)은 하나님 나라에 들어갈 수 없다. 따라서 "장차 올 세상"은 부활과 심판 및 만물의 회복이 이루어진 **이후**의 시간을 가리킨다. "장차 올 세상"에 참여하는 자들은 더 이상 일시적이 아닌 영원함으로 특징지어진다. 이 점은 특별히 그리스도의 재림 이후 만물이 완성되기 이전의 어느 중간 지점에 일종의 천년왕국의 시대가 이 땅에 펼쳐질 것을 주장하는 전천년설

---

13   Beale, *Book of Revelation*, 717-28.

적그리스도의 비밀을 파헤치다

의 모든 형태에 문제를 초래한다. 이 두 세상 구조는 또한 "이 세상"은 유대 시대로 보고, "장차 올 세상"은 기원후 70년 이스라엘에 임한 하나님의 심판 이후의 시대로 보는 과거주의자들에게도 상당한 문제를 초래한다.[14] 이 두 세상의 관계에 대한 이러한 오해가 그들이 적그리스도가 이미 왔고, 이미 패배했다는 견해를 강하게 주장하게 만드는 주원인이다.

예언자적 관점과 멸망의 가증한 것

신약성경에서 적그리스도에 관한 일부 주요 예언이 어떻게 묘사되고 있는지를 이해하는 것이 이 예언들을 올바르게 해석하는 데 있어 매우 중요하다. 적그리스도와 그의 선조에 관한 예언은 모두(특히 다니엘서에서) 어떤 특정 예언은 한 번 이상 성취된다는 것을 의미하는 **이중 성취**를 수반한다는 것이 나의 주장이다. 이러한 예언은 일반적으로 예언자의 삶에서 즉시 또는 곧바로 성취되고, 좀 더 멀리 떨어져 있는 메시아 시대(우리 주님의 초림 또는 재림 때)에 다시 한번 성취되는 것과 연관이 있다. 이러한 현상은 "예언자적 관점"이라고도 불린다. 예언자는 아주 가까운 미래에 일어날 것으로 보이는 한 사건을 예언하지만, 구속사가 진행되는

---

14   J. Stuart Russell, *The Parousia: A Critical Inquiry into the New Testament Doctrine of Our Lord's Second Coming* (repr., Grand Rapids: Baker, 1983), 23.

과정에서 본래의 예언이 다중적으로 성취되는 것을 보게 된다. 이는 적그리스도와 같이 말세에 하나님의 백성을 대적하는 인물의 출현을 예언하는 성경 자료의 경우에도 마찬가지다.

예수가 예루살렘 성전의 멸망을 초래할 신성모독의 행위—소위 "멸망의 가증한 것"[15]—에 대해 예언했을 때 그가 의미한 바가 무엇인지를 논의하기 이전에, 우리는 다수의 구약성경의 예언이 예수가 감람산 강화를 통해 하신 예언의 일부 측면과 함께 한 번 이상 성취되었음을 이해할 필요가 있다.

헤르만 리더보스에 따르면 다수의 성경 예언은 "수 세기 이후에 성취될 것으로 보이기도 하면서 [동시에] 예수의 예언에서는 동시대 같은 장소에서 실현되는 것으로 이해되기도 하는 사건들"을 언급한다. 리더보스에 의하면 이러한 예언은 "미래에 일어날 사건에 대한 기록과는 다르다.…따라서 예언의 기능은 미래에 일어날 일을 구체적으로 보여주는 것이 아니라, 그 일이 앞으로 반드시 일어날 것이라는 확실성을 강조하는 것이다. 이것이 바로 왜 우리의 시선의 끝자락에서 그 관점이 보이지 않는지를 잘 설명해준다. 예언자는 미래에 일어날 모든 종류의 사건을 보며, 그 모든 사건 안에서 하나님의 오심을 본다. 그러나 그는 그 사건

---

15   "멸망의 가증한 것"이란 어구는 예수가 70인역(단 12:11)에서 차용한 것으로, 성전을 더럽히고 황폐하게 만든 신성모독적이며 우상숭배적인 행위를 나타내는 전문용어다. 이는 기원전 167년에 안티오코스 4세가 저지른 행위를 지칭하며, 이후 기원후 70년의 사건들의 전조가 된다. 이에 대한 논의는 다음을 보라. Hagner, *Matthew 14-28*, 699-701.

적그리스도의 비밀을 파헤치다

이 일어날 날짜를 확정하지 못하며, 하나님의 오심의 모든 단계를 구분하지 못한다. 그에게는 그것이 하나의 커다란 현실이다."[16]

이것은 매우 중요하다. 예언자는 어떤 사건이 **언제** 일어날지가 아니라 그 사건이 **반드시** 일어날 것이라는 사실에 관심이 있다. 적그리스도에 관한 성경 자료를 살펴보면서 이 사실을 염두에 두면 어떻게 다니엘이 단일 예언 안에서 한 가지 이상의 사건을 예견할 수 있는지 이해하게 될 것이다. 예를 들면 하나님을 크게 모독하는 자에 대한 다니엘 11장의 예언은 안티오코스 4세(단 11:21-35)와 말세에 나타날 적그리스도(단 11:36-45)를 모두 지칭한다.

다수의 주석가는 즉각적인 성취와 미래의 성취를 서로 하나로 포개서 보는 예언(예언자적 관점 혹은 이중 성취)은 구약성경의 여러 예언서에서 발견된다고 주장한다. 이는 감람산 강화(마 24장; 막 13장; 눅 21장)에서도 발견되는데, 거기서 우리 주님은 미래에 일어날 일에 관해 가장 포괄적으로 가르치신다. 이 강화를 계속 읽어보면 예수가 여기서 즉시 일어날 사건과 미래에 일어날 사건을 모두 언급하고 있음을 알 수 있다. 이 사건들 가운데 어떤 것들은 기원후 70년에 일어날 사건을 통해 성취된 반면, 다른 것들은 여전히 말세에 성취될 것으로 남아 있다.[17] 또한 예루살렘과 성전의 파괴와 연관된 사건들은 말세에 전 우주적으로 최후에 일어날

---

16   Ridderbos, *Coming of the Kingdom*(『하나님 나라의 도래』, 생명의말씀사 역간), 523-25.

17   위의 책, 523.

대대적인 사건의 모형(예표)이라고 할 수 있다.

기원후 70년 티투스 장군이 이끄는 군대에 의해 성전이 황폐하게 된 사건―마태복음 24:15에서 우리 주님이 한 예언―은 다니엘의 예언을 성취한다(단 9:27; 11:31; 12:11). 하지만 사실 티투스 장군의 군대가 행한 일은 이 다니엘의 예언을 두 번째로 성취한 것이다. 예루살렘 성전을 처음으로 황폐하게 만든 장본인은 기원전 167년의 안티오코스 4세다. 안티오코스는 야웨의 제단 자리에 제우스를 위한 제단을 세웠고, 약 200년 뒤에 티투스의 군대는 성전에 불을 지른 다음 거기 있던 거룩한 기구와 물품을 약탈함으로써 그곳을 두 번째로 황폐하게 만들었다. 이 것이 다니엘이 예언하고, 예수가 다시 언급한 사건이다. 보스(Vos)가 말 했듯이 예수는 안티오코스가 예루살렘 성전을 황폐하게 한 것 같이 "이 문제를 같은 방식으로 그의 머릿속에 구체화했다." 다만 "그는 과거에 한 번 일어났던 끔찍한 사건을 그가 말하고 있는 시점을 넘어 미래에 일 어날 사건으로 내다보고 있는 것이다."[18] 하지만 예수의 "멸망의 가증한 것"에 대한 언급은 말세에 그리스도의 교회에 우주적으로 일어날 일을 미리 예언적으로 내다보는 기능을 할 수도 있다. 만일 그렇다면 다니엘 의 예언은 기원전 167년에 안티오코스 4세가 성전을 더럽힌 사건에 의 해 성취되었을 뿐 아니라 기원후 70년 티투스 장군과 그의 로마군대에 의해 다시 한번 성취되었고, 향후 말세에 우주적인 차원에서 적그리스도

---

18   Vos, *Pauline Eschatology*, 95.

에 의해 또다시 성취될 것이다.[19]

예언자적 관점은 감람산 강화 전반에 걸쳐 분명하게 나타난다. 예를 들면 예수는 마태복음 24:14에서 복음이 온 세상에 전파되어야 한다고 말씀하시기 이전에 24:4-13에서 거짓 그리스도, 전쟁과 전쟁에 관한 소문, 기근과 지진 등에 관해 이야기하면서 그의 제자들에게 경고한다. 예수는 4-13절에서 제자들의 생전에 일어날 일에 관해 이야기하다가 14절에서 갑자기 말세에 관한 이야기로 건너뛰는데, 이는 그리스도교회의 선교 사명(마 28:16-20)을 강조하면서 복음이 온 세상에 전파될 것에 대해 언급한 것을 통해 알 수 있다.

예수가 예루살렘이 로마군대에 의해 곧 멸망할 것을 이야기할 때 이와 같은 내용이 발견된다. 예수가 종려 주일에 예루살렘에 입성할 때 그는 제자들에게 다음과 같이 경고한다. "날이 이를지라. 네 원수들이 토둔을 쌓고 너를 둘러 사면으로 가두고 또 너와 및 그 가운데 있는 제 자식들을 땅에 메어치며 돌 하나도 돌 위에 남기지 아니하리니, 이는 네가 보살핌을 받는 날을 알지 못함을 인함이니라 하시니라"(눅 19:43-44). 예수는 누가복음 21:20에서 예루살렘에서 일어날 일에 관해 더 구체적으로 언급한다. "너희가 예루살렘이 군대들에게 에워싸이는 것을 보거든 그 멸망이 가까운 줄을 알라." 이것은 분명히 제자들이 살아 있는 동안에 일어날 사건, 즉 요세푸스가 그의 글에서 생생하게 서술한 유대 전쟁

---

19   Geddert에 따르면 "'멸망의 가증한 것'에 관한 예언은 기원후 70년에 예루살렘 성전이 더럽혀지고 파괴되었을 때 성취되었다. 하지만 이 사건이 미래에 있을 또 다른 성취를 의미할 가능성을 배제하지는 않는다." Geddert, "Apocalyptic," 23.

을 예언한 것이다. 예수는 "그들이 칼날에 죽임을 당하며 모든 이방에 사로잡혀 가겠고 예루살렘은 이방인의 때가 차기까지 이방인들에게 밟히리라"고 말한다(눅 21:24). 예수가 여기서 기원후 70년에 일어날 임박한 사건과 유대인들이 흩어질 것에 대해 예언하고 있다는 데는 논란의 여지가 없다.

예수가 마태복음에서 예루살렘 성전이 황폐케될 것을 제자들에게 경고할 때에도 그는 임박한 예언의 성취에 대해 언급한다.

> 그러므로 너희가 선지자 다니엘이 말한바 "멸망의 가증한 것"이 거룩한 곳에 선 것을 보거든(읽는 자는 깨달을 진저), 그때에 유대에 있는 자들은 산으로 도망할지어다. 지붕 위에 있는 자는 집 안에 있는 물건을 가지러 내려가지 말며, 밭에 있는 자는 겉옷을 가지러 뒤로 돌이키지 말지어다. 그날에는 아이 밴 자들과 젖 먹이는 자들에게 화가 있으리로다. 너희가 도망하는 일이 겨울에나 안식일에 되지 않도록 기도하라. 이는 그때에 큰 환난이 있겠음이라. 창세로부터 지금까지 이런 환난이 없었고 후에도 없으리라. 그날들을 감하지 아니하면 모든 육체가 구원을 얻지 못할 것이나, 그러나 택하신 자들을 위하여 그날들을 감하시리라(마 24:15-22).

재차 강조하지만, 성전 훼손("멸망의 가증한 것")과 예루살렘이 겪어야 할 고통에 대해 언급한 것은 기원후 70년에 일어난 사건들을 예언한 것이다.[20] 전투경험이 뛰어난 로마군대에 의해 예루살렘이 함락됨과 동시에 성전이 황폐해지고 훼손된 것은 예루살렘에 닥친 최악의 대재앙이며, 예수는 이러한 일이 앞으로 다시는 일어나지 않을 것이라고 말한다. 이스라엘이 멸망하고 유대인들이 땅끝으로 흩어진 이 사건은 실로 엄청난 비극이 아닐 수 없다.

예수는 동일한 감람산 강화 후반부에서 말세에 이 땅에 그가 다시 올 때 나타날 우주적 징후에 관해 언급하면서 말세에 주의를 집중시킨다(마 24:29).[21] 그 후 예수는 제자들에게 다음과 같이 말한다. "그때에 인자의 징조가 하늘에서 보이겠고, 그때에 땅의 모든 족속들이 통곡하며, 그들이 인자가 구름을 타고 능력과 큰 영광으로 오는 것을 보리라. 그가 큰 나팔소리와 함께 천사들을 보내리니, 그들이 그의 택하신 자들을 하늘 이 끝에서 저 끝까지 사방에서 모으리라"(마 24:30-31). 예수는 임박한 사건(예루살렘의 멸망)과 미래의 사건(이 세상의 종말과 재림)을 사실상 하나의 사건처럼 말한다.

이렇게 임박한 사건과 미래에 일어날 사건 간의 긴장의 관점에서 찰스 크랜필드(Charles Cranfield)는 다음과 같이 지적한다. "전적으로 역사적인 해석이나, 전적으로 종말론적인 해석은 모두 만족스럽지 않다.… 우리는 역사적인 것과 종말론적인 것이 서로 뒤섞인 이중 언급을 허용

---

20   Hagner, *Matthew 14-28*, 713-15.
21   D. A. Carson, "Matthew," in *The Expositor's Bible Commentary*, vol. 8, ed. Frank E. Gaebelein and J. D. Douglas (Grand Rapids: Zondervan, 1984), 499-502; Hagner, *Matthew 14-28*, 696-702.

해야만 한다."²² 따라서 예수가 멸망의 가증스러운 것에 대해 이야기할 때 그는 기원후 70년의 사건을 예언했을 뿐만 아니라 말세에 일어날 일을 암시했을 수 있다. 그리고 만일 사도 바울이 "누가 어떻게 하여도 너희가 미혹되지 말라. 먼저 배교하는 일이 있고, 저 불법의 사람 곧 멸망의 아들이 나타나기 전에는 그날이 이르지 아니하리니, 그는 대적하는 자라. 신이라고 불리는 모든 것과 숭배함을 받는 것에 대항하여 그 위에 자기를 높이고. 하나님의 성전에 앉아 자기를 하나님이라고 내세우느니라"(살후 2:3-4)고 말할 때 그가 이와 같은 것에 대해 암시한 것이라면 더더욱 그렇다. 보스는 이 연관성이 우리가 다니엘을 예수 및 바울과 연결하게 도와줄 뿐 아니라 자칫 서로 연관성이 없어 보이는 신약성경의 적그리스도에 관한 세 가지 자료를 올바로 이해하는 데 필요한 연속성을 제공한다고 믿는다.²³ 이는 또한 안토니 후크마(Anthony Hoekema)가 개혁주의적 무천년주의를 표방하고 수호한 그의 영향력 있는 저서 『개혁주의 종말론』(*The Bible and the Future*, 부흥과개혁사 역간)에서 밝힌 견해이기도 하다.²⁴ 이 책은 이 본문을 가장 잘 이해하고, 우리로 하여금 예수가 사용한 예언자적 관점을 진지하게 받아들이도록 돕는다.

---

22   C. E. B. Cranfield, *The Gospel according to St. Mark*, Cambridge Greek Testament (New York: Cambridge University Press, 1983), 401-2. 참조. Herman Ridderbos, *Matthew* (Grand Rapids: Zondervan, 1987), 442-43.

23   Vos, *Pauline Eschatology*, 96.

24   Hoekema, *The Bible and the Future*, 137-63.

116

적그리스도의 비밀을 파헤치다

예언자적 관점(이중 성취)을 옹호하며

케어드(G. B. Caird)는 『성경의 언어와 이미지』라는 제목의 유익한 책에서 예언자적 관점은 구약성경 예언서에서 흔히 발견되는 현상이라고 말한다.

> 예언자들은 이중초점 렌즈를 통해 미래를 바라보았다. 그들은 근거리 렌즈를 통해 우리에게 익숙한 인간적인 원인이 유발하는 임박한 역사적 사건을 미리 내다보았다. 예를 들어 바벨론에 재앙이 임박했던 이유는 야웨 하나님이 그들에게 대항하도록 메대 사람들을 부추겼기 때문이다(사 13:17). 그들은 원거리 렌즈를 통해 주의 날을 보았다. 그들은 예언자의 경험으로 한 가지 그림을 다른 그림 위에 올려놓아 하나의 종합적인 그림을 만들 수 있도록 그들의 초점을 조정할 수 있었다.…다행히도 우리는 이 주장의 진정성을 입증하기 좋은 예를 예레미야의 삶의 이야기에서 발견한다. 예레미야는 그의 사역 초기(기원전 626년)에 북방에서 쳐들어온 적이 예루살렘을 멸망시킬 것을 예언했고(렘 1:14-15; 4:6; 6:1, 22; 10:22), 종합적인 환상을 통해 이것을 하나님의 심판으로 보았으며, 이것을 혼동의 회귀로 묘사하고, 심지어 오직 창세기 1:2의 창조 기사에서만 등장하는 폐허와 공허함(*tohu wabohu*)이란 단어까지 사용했다.[25]

---

25   G. B. Caird, *The Language and Imagery of the Bible* (Philadelphia: Westminster, 1980),

케어드는 계속해서 한 지역에 국한된 심판이 장차 우주적 심판을 불러올 것을 예고하는 요엘 1:15과 2:1을 비롯해, 요엘 3:14(우주적 심판을 알리는)과 더불어 이러한 우주적 심판에 대한 지식이 유대와 예루살렘의 운명(지역적 심판)을 뒤집어놓을 것이라는 요엘 3:1, 21을 인용한다.[26]

이러한 이중 성취가 예언서(요엘, 아모스, 이사야, 예레미야)뿐 아니라 감람산 강화에서도 발견된다는 사실을 고려하면 이 현상은 임박한 적그리스도(혹은 적그리스도들)와 말세에 등장할 종말론적 대적에 관해 신·구약성경 안에서 서로 상충적으로 나타나는 자료를 우리가 제대로 이해하도록 돕는 중요한 수단이다. 기원후 70년에 일어난 사건들은 안티오코스 4세가 성전을 더럽힌 사건을 재연할 뿐 아니라 이 세상의 종말인 말세를 가리킨다.

다수의 저자는 예언자적 관점과 이중 성취라는 개념을 모두 받아들이지 않는다.[27] 이러한 예언의 이중 성취에 대한 가장 대표적인 반론은, 이 견해가 해석자로 하여금 양립 불가능한 두 가지 주장을 동시에 견지하도록 강제한다는 것이다. 즉 이것은 해석자가 기원후 70년에 일어난 성전 멸망 사건이 과거에 성취되었는지 아니면 앞으로 미래에 성취될 것인지를 선택하지 않고 이 둘 다 사실이라고 말하는 것과 같다. 비록 이

258-59.

26 위의 책, 259-60.

27 세대주의자인 Mark Hitchcock은 이중 성취가 가능해 보이나 실제로는 "받아들일 수 없는 해석 방법"이라고 주장한다. Mark Hitchcock, *What Jesus Says about Earth's Final Days* (Sisters, OR: Multnomah, 2003), 123-4.

적그리스도의 비밀을 파헤치다

것은 해석상의 어려운 결정을 피할 수 있게 한다는 장점은 있지만, 그럼에도 만약 이 이중 성취의 구체적인 사례가 성경 안에서 발견되고 이로써 변덕스러운 해석에 외부적으로 어떤 통제를 가할 수 있는 계기를 마련해준다면 이 같은 주장의 설득력은 크게 떨어질 것이다.

켄 젠트리(Ken Gentry)는 자신의 저서 『위험한 시대』(Perilous Times)[28]에서 이중 성취에 대해 세 가지 반론을 제시한다. 그의 첫 번째 주장은 요한계시록에서 요한이 환상을 통해 본 사건들은 곧 일어날 사건이라는 것이다(계 1:1, 3; 22:6, 10). 천사는 요한에게 "때가 가까이 왔다"고 말한다(계 1:3). 젠트리에 의하면 이 사실은 기원후 70년에 일어난 예루살렘 성전 멸망이 짐승/적그리스도(네로)의 출현과 함께 요한과 바울과 예수의 예언을 성취했음을 의미한다. 구속사를 비롯해 기원후 70년에 일어난 사건에 대한 과거주의적 해석을 고려하면 적그리스도에 대한 예언 중에 아직 성취되지 않은 예언은 하나도 없다. 이러한 주장은 만일 요한계시록이 기원후 70년 이후에 기록되었다면(부록을 보라) 단순히 무너질 뿐만 아니라, 요한계시록이 우리 주님의 초림과 재림 사이에 일어난 일을 묘사한다는 사실은 젠트리의 주장을 크게 약화시킨다.[29]

젠트리의 두 번째 주장은 "만일 우리가 짐승에 대한 많은 구체적인 내용(그리고 요한계시록 전체의 내용)이 나중에 다시 이렇게 세부적으로

---

28   Kenneth L. Gentry, *Perilous Times: A Study in Eschatological Evil* (Texarkana, AR: Covenant Media, 1999).

29   Beale, *Book of Revelation*, 48-49.

성취될 것이라고 주장한다면 그것은 너무 무리한 주장일 것"이라는 점이다.[30] 젠트리는 우리가 요한계시록의 예언이 모두 두 번씩 성취된다고 주장하는 것이 아니라는 사실을 간과한다. 우리는 요한계시록과 같이 단지 본문 안에 그런 힌트가 들어 있는 예언만 그렇다고 주장한다(예를 들면 계 17:9-14, 비록 여덟 번째 왕은 아직 오지 않았지만). 만약 이스라엘의 예언자의 글(특히 다니엘)과 감람산 강화에 담긴 예수의 말씀에서 이중성취가 발견된다고 단언할 만한 충분한 성경적 근거가 없다면 그의 주장에 더 큰 무게가 실릴 것이다. 그런데 이 점은 이미 앞에서 입증된 바 있다.

젠트리가 이중 성취가 불가능하다고 주장하는 세 번째 이유는 "이 짐승은 분명히 1세기 로마 제국 시대에 속한 존재"라는 것이다.[31] 하지만 짐승이 하나님의 백성에게 가한 박해는 네로 황제 시대(기원후 70년 이전)보다는 도미티아누스 황제 시대(기원후 95년)에 더 잘 부합한다.[32] 더나아가 이는 만일 로마의 짐승이 요한계시록에서 하나님의 백성을 박해하기 위해 초림과 재림 사이에 출현할 모든 반기독교적 제국과 정부의 모형으로 나타나지 않는다면 그의 이러한 주장은 설득력이 있을 것이다. 네로는 그의 전철을 밟아 하나님의 백성을 박해하기 위해 칼을 사용하고, 하나님께 드려야 합당한 예배를 자신이 받고자 혈안이 된 모든 사악한 인물과 스스로를 신격화하는 자의 모형이다.[33] 만일 역사적 사건과 종

---

30   Gentry, *Perilous Times*, 133.

31   위의 책.

32   이에 대한 논의는 부록을 보라.

33   Bauckham, Climax of Prophecy, 450-52.

120

적그리스도의 비밀을 파헤치다

말론적 사건의 관계가 모형이자 그림자의 관계라면 요한계시록에 나오는 역사적 사건들은 종말론적 사건들과 갈등을 일으키지 않는다.

4장

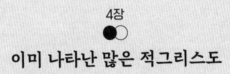

이미 나타난 많은 적그리스도

요한 서신에 나타난 적그리스도 교리

"적그리스도"라는 용어의 의미

많은 사람이 **적그리스도**(antichristos)라는 용어가 오직 요한 서신(요일 2:18, 22; 4:3; 요이 1:7)에만 나올 뿐, 심지어 요한계시록은 이를 언급조차 하지 않는다는 사실을 접하고는 놀란다.[1] 더욱이 적그리스도에 관한 요한의 가르침이 대중문화나 『레프트 비하인드』 같은 소설에 등장하는 적그리스도와 비슷한 점이 거의 없다는 사실을 발견하면 사람들은 더더욱 놀랄 것이다. **적그리스도**라는 용어는 단순히 커다란 적대감을 갖고 진짜의 자리를 대신 차지하는 가짜를 가리킨다.[2]

요한 서신은 아마도 1세기 후반에 기록되었을 것으로 보인다. 요한의 저술 목적은 부분적으로 독자들에게 "많은 적그리스도"(복수임을 주목하라)가 이미 나타났다는 사실을 알리기 위함이다(요일 2:18). 그는 또한 이 사람들이 누구이며, 그들이 무엇을 가르치고 있는지를 독자에게 알려 준다. "미혹하는 자가 세상에 많이 나왔나니, 이는 예수 그리스도께서 육체로 오심을 부인하는 자라. 이런 자가 미혹하는 자요, 적그리스도니"(요

---

1   하지만 Josef Ernst가 지적하듯이 "기본적인 개념은 더욱더 넓게 퍼져 있다." J. Ernst, "ἀντίχριστος" in *Exegetical Dictionary of the New Testament*, vol. 1, ed. Horst Balz and Gerhard Schneider (Grand Rapids: Eerdmans, 1990), 111.

2   Raymond E. Brown, *The Epistles of John, Anchor Bible*, vol. 30 (Garden City, NY: Doubleday, 1983), 333.

이 1:7). 그러므로 요한은 이러한 인물이 1세기의 교회 안에 존재한다는 사실을 지금이 이미 "마지막 때"(요일 2:18)임을 알리는 중요한 징조로 받아들인다. 이는 "마지막 날"(요 6:40; 5:25) 또는 "종말"로 불리기도 한다.[3]

　　1세기 그리스도인들에게는 예수가 육신의 몸을 입고 오신 것을 인정하지 않는 적그리스도들이 있다는 것은 이미 잘 알려진 사실이었다. 요한이 적그리스도에 관한 이야기할 때 그는 안타깝게두 정통 신앙에서 벗어나 다른 이들을 미혹하는 교회 내의 특정 개인들이 빠진 구체적인 이단 사상에 초점을 맞춘다. 만일 1세기 말 이전, 곧 요한이 그의 서신을 저술할 당시에 이미 다수의 적그리스도가 존재했다면 이 적그리스도는 영화나 복음주의 소설에 등장하는 적그리스도처럼 말세에만 존재하는 인물로 규정될 수 없다. 요한에게 적그리스도는 실재인 것이다. 많은 적그리스도가 존재한다는 사실은 이미 지금이 마지막 때임을 입증해준다.

　　신실한 자들을 대적하는 다수의 적그리스도가 있다는 요한의 경고는 우리로 하여금 이단과 배교라는 쌍둥이 악에 관심을 돌리게 한다. 거짓 교사들은 반드시 일어나 우리로 하여금 자신들이 믿는 것과 똑같이 믿도록 미혹할 것이다. 이러한 현상이 교회 안에서—교회 밖의 세력에 의한 일종의 외적인 박해와는 달리—일어나고 있다는 사실은 문맥을 보면 확실히 알 수 있다. 사도 요한에 따르면 그리스도인들은 "이 세상이나 세상에 있는 것들을 사랑하지" 말아야 한다(요일 2:15). 이 세상 자

3　　위의 책, 331.

체가 사악하기 때문이 아니다. 오히려 요한이 보는 바와 같이, 이 세상은 일시적으로 악의 세력에 의해 통치되는 장소이기 때문이다.[4] 비록 하나님이 이 세상을 사랑하셔서 이를 구원하기 위해 그의 사랑하는 아들을 보내 죽게 하셨지만(요일 2:2), 그리스도인들은 자신들을 그들의 주인으로부터 멀리 떨어뜨릴 수 있는 것("육신의 정욕과 안목의 정욕", 요일 2:16)이 주는 유혹에 빠지지 않도록 매우 조심해야 한다. 그렇기 때문에 요한은 그의 독자들에게 직접 애정 어린 충고를 다음과 같이 주고 있는 것이다. "아이들아, 지금은 마지막 때라. 적그리스도가 오리라는 말을 너희가 들은 것과 같이 지금도 많은 적그리스도가 일어났으니, 그러므로 우리가 마지막 때인 줄 아노라"(요일 2:18). 사실 요한은 여기서 이러한 자들이 세상을 정말 지나치게 사랑한다는 사실을 지적하는데, 그는 그 이유를 다음과 같이 밝히고 있다. "그들이 우리에게서 나갔으나 우리에게 속하지 아니하였나니, 만일 우리에게 속하였더라면 우리와 함께 거하였으려니와 그들이 나간 것은 다 우리에게 속하지 아니함을 나타내려 함이니라"(요일 2:19).

요한이 그가 "적그리스도들"이라고 부르는 이 사람들을 묘사하는 것을 보면 과연 **적그리스도**라는 용어가 예수가 감람산 강화(마 24:24; 막 13:22)에서 이야기한 그 "거짓 그리스도들"과 서로 연관되어 있는지 의구심이 든다. 다수의 저자들은 이들 간의 연관성이 상당히 분명하다

---

4   Stephen S. Smalley, *1, 2, 3 John*, Word Biblical Commentary, vol. 51 (Waco: Word, 1984), 80-81.

고 믿는다.[5] 하지만 이러한 일련의 적그리스도가 바울이 말한 불가사의한 인물, 즉 스스로 하나님의 성전에 앉아 숭배받기를 요구하는 "불법의 사람"(살후 2:1-12)과 어떤 연관이 있는지에 대해서는 여전히 의문이 남는다. 만일 요한이 언급한 적그리스도들이 1세기 말 이전, 다시 말해 그와 동시대에 현존하는 실재였다면, 이것이 적그리스도가 말세 이전이 아니라 말세에야 비로소 모습을 드러낼 것이라는, 우리 가운데 일반적으로 퍼져 있는 생각과 어떻게 연결될 수 있을까? 이제부터 우리는 이러한 중요한 질문을 차례대로 검토할 것이다.

내부의 적: 이미 나타난 많은 적그리스도

요한은 자신의 첫 두 서신을 통해 적그리스도에 관한 세 가지 중요한 사항을 지적한다. 첫째, 요한은 그가 첫 번째 서신을 쓰고 있을 당시에 이미 적그리스도가 존재했다고 말한다. 둘째, 그는 적그리스도가 단 한 명이 아니라 다수라고 말한다. 따라서 적그리스도는 어떤 특정한 인물이아니라 예수가 육신의 몸을 입고 오신 것을 부정하는 거짓 교사의 무리 전체를 가리킨다. "거짓말하는 자가 누구냐? 예수께서 그리스도이심을 부인하는 자가 아니냐? 아버지와 아들을 부인하는 그가 적그리스

---

5   Kauder, "Antichrist," 1:125; L. J. Lietaert Peerbolte, *The Antecedents of Antichrist: A Traditio-Historical Study of the Earliest Christian Views on Eschatological Opponents* (New York: E. J. Brill, 1996), 102.

적그리스도의 비밀을 파헤치다

도니"(요일 2:22). 셋째, 그는 적그리스도가 심지어 어떤 사람 또는 사람들이 전혀 아닐 수도 있다고 말한다. 오히려 적그리스도는 예수 그리스도가 육신의 몸으로 오신 것을 구체적으로 부인하는 이단 사상 체계를 의미할 수도 있다. 요한일서 4:2-3은 다음과 같이 기록한다. "이로써 너희가 하나님의 영을 알지니, 곧 예수 그리스도께서 육체로 오신 것을 시인하는 영마다 하나님께 속한 것이요 예수를 시인하지 아니하는 영마다 하나님께 속한 것이 아니니, 이것이 곧 적그리스도의 영이니라. 오리라 한 말을 너희가 들었거니와, 지금 벌써 세상에 있느니라." 따라서 단지 "적그리스도"(예수가 육신의 몸을 입고 오신 것을 부인하는 특정 인물)만 존재하는 것이 아니라 "적그리스도의 영"도 존재하며, 이는 이단 사상을 개인에게 가르치는 자를 가리킬 뿐만 아니라 교회 안에 퍼져 있는 이단 사상 자체를 가리킨다. 어떤 이들은 요한이 적그리스도를 어떤 초자연적인 인물로 본 초기 전승을 바로잡고 있다고 주장하기도 한다. 그들은 요한의 목적이 적그리스도를 "비인격화"시킴으로써 불필요한 추측을 막는 것이었다고 주장한다.[6]

---

6   Peerbolte, *Antecedents of Antichrist*, 102.

B. B. 워필드의 도전: 합성 사진?

개혁주의 관점에서 사도 요한의 적그리스도 교리를 가장 탁월하게 다룬 연구 중 하나는 바로 B. B. 워필드가 1921년에 펴낸 논문 "적그리스도" 인데, 이 연구는 우리에게 큰 흥미를 불러일으킬 만한 풍부한 통찰력을 보여준다. 비록 나는 워필드의 일부 주장에는 동의하지 않지만, 그럼에도 그가 우리에게 널리 알려진 여러 전제에 효과적으로 도전한다고 생각한다.

> 우리는 신약성경 안에서 요한 서신의 특정 본문을 제외하고는 그 어디에서도 적그리스도에 관한 내용을 읽을 수가 없다(요일 2:18, 22; 4:3; 요이 1:7). 이 본문에서 가르치는 내용이 신약성경의 적그리스도 교리 전체를 구성한다. 이 교리를 주로 우리 주님이 거짓 그리스도와 거짓 예언자에 관해 하신 말씀과, 사도 바울이 말한 불법의 사람과, 요한계시록에서 말하는 깊은 바다에서 나온 짐승들과 연결하는 것이 사실이며, 또한 흔한 일이다. 따라서 이러한 과정을 통해 얻은 합성 사진에 적그리스도라는 이름을 붙이는 것이 얼마나 정당한지는 그리 분명하지 않다.…적그리스도라는 이름은 위에서 이미 언급한 요한 서신 본문을 제외하고는 서로 연결되어 나타난 적이 없고, 그의 이름과 모습은 현존하는 문헌 가운데 거기서 처음으로 나타난다.[7]

---

7 이 에세이는 1921년 5월에 출간되었고, 같은 해 그가 죽기 전 출간된 글 중의 하나다.

워필드에 따르면 요한의 적그리스도 교리는 독특하다. 적그리스도를 바울의 불법의 사람이나 요한계시록의 짐승과 혼동하거나 혼합해서는 안 된다. 다시 말하면 요한은 완전히 독특한 주제에 대해 이야기한다. 비록 워필드가 요한 서신에 등장하는 적그리스도가 다른 신약성경의 인물과 직접적인 연관성이 없음을 나에게 이해시키지는 못했지만, 이 연관성이 입증된 것이 아니라 단지 추측에 불과하다는 그의 도전적인 주장은 분명히 고려해볼 가치가 있다고 생각한다.

성경에서 **적그리스도**라는 용어가 실제로 사용된 유일한 곳이 요한 서신이기 때문에 우리는 요한의 교리와 바울의 교리 또는 심지어 요한계시록에서 발견되는 교리 간의 연관성을 단순히 추론하기보다는 입증할 필요가 있다. 비록 다수의 학자가 이러한 개별적인 적그리스도가 워필드가 특정 인물에 대한 "합성 사진"이라고 부르는 것의 일부가 아니라는 그의 주장에 동의하지는 않지만,[8] 요한의 적그리스도들과 사도 바울의 불법의 사람, 그리고 요한계시록의 짐승이 서로 전혀 연관성이 없고, 이들 모두 서로 다른 독특한 현상을 나타낼 가능성은 얼마든지 있다.

B. B. Warfield, "Antichrist," in *Selected Shorter Writings of Benjamin B. Warfield*, vol. 1, ed. John E. Meeter (Phillipsburg, NJ: Presbyterian and Reformed, 1980), 356.

8   Warfield의 프린스턴 신학교 동료인 Geerhardus Vos는 그중 한 사람이다. Vos, *Pauline Eschatology*, 94을 보라. 이러한 상관관계를 받아들이는 다른 학자에 대해서는 다음을 보라. Caird, *Revelation of St. John*, 165-66; Beale, *Book of Revelation*, 680-81. Sweet에 따르면 짐승은 "적그리스도로 불리며, 그리스도를 적대할 뿐만 아니라 사탄이 스스로를 하나님이라 부르듯 자신을 그리스도로 칭한다." Sweet, *Revelation*, 9.

워필드는 요한이 교회 안에서 떠돌던 어떤 전설에 관해 다루고 있다고 믿는다. 왜냐하면 "구약성경 안에서 반(反)메시아"를 발견하지 못하기 때문이다.[9] 비록 워필드가 학자들 간에 합의된 견해에 이견을 갖고 있지만, 그가 요한이 그의 독자들의 머릿속에 이미 자리 잡고 있던 심각한 오해를 불식시키고자 이를 교정하는 차원에서 적그리스도란 용어를 도입한다고 지적한 점은 타당해 보인다.

우리는 단순히 "적그리스도가 오고 있다!"라고 외친 사람들이 있었음을 알고 있다. 이는 적그리스도를 한 개인으로 보고 그의 출현을, 비록 확실하긴 하지만, 아직 여전히 미래의 일—임박한 종말의 신호—로 여기고 있었음을 암시하는 것으로 보인다. 어쩌면 우리는 그 이상에 관해서는 알 수 없다. 그리고 "적그리스도가 오고 있다!"라고 단언한 사람이 누구인지에 관해서는 요한도 우리에게 아무런 답을 주지 않고 있다. 어쩌면 그는 당시의 기독교적 신념을 언급한 것일 수도 있다.…하지만 요한이 기독교의 가르침의 한 부분을 언급하기보다는 단지 당시의 전설—기독교의 전설이든 다른 전설이든—안에서 한 줌의 진리를 발견하고, 그것을 독자들의 유익을 위해 여기서 언급했을 개연성이 훨씬 더

---

9   Warfield, "Antichrist," 356. 만일 단 7:7-12이 말세의 적그리스도를 지칭하지 않는다면 이 말은 옳다. 하지만 나는 다니엘이 적그리스도를 지칭하고 있다고 믿는다! 실제로 Smalley가 지적하듯이 추적하기는 어렵지만 사도 요한의 적그리스도에 대한 가르침은 유대 묵시문학에 그 배경을 두고 있다. Smalley, *1, 2, 3 John*, 98을 보라. Brown은 이 안에 유대 전승과 기독교 전승이 다 들어있다고 믿는다. Brown, *Epistles of John*, 336.

적그리스도의 비밀을 파헤치다

높아 보인다.[10]

워필드는 요한이 일반적인 오해를 어떻게 교정하는지를 살펴보면 그가 일반인들이 갖고 있던 일부 미신을 교정하고 있음을 알 수 있다고 주장한다.

> 요한은 그의 독자들이 들은 "적그리스도가 온다!"라는 말은 말 그대로 그가 미래에 온다는 것을 의미하는 것이 아니라고 말한다. 그 말이 강조하는 것은 적그리스도가 미래에 온다는 것이 아니라 그의 도래의 확실성이다. 그리고 아마도 독자들이 그 말을 들었을 때, 그 소식은 그가 온다는 예측으로 그들을 떨게 만들었을 것이다. 즉 이것은 우리 주님이 그의 제자들에게 경고하신 것과 비슷한 상황을 조성한 것이다(막 13:21-22).…요한은 적그리스도의 출현이 언제일지 모르는 미래의 일이 아니라 이미 실현되었다는 확실한 주장에 의해 조정된 상황을 만난다. 적그리스도는 미래의 현상이 아니라 현재의 현상이다. 그것은 이루 말할 수 없는 공포 속에서 기다려야 할 대상이 아니라 우리의 매일의 삶 속에서 용기 있게 맞서야 할 대상이다.[11]

따라서 워필드에 따르면 적그리스도는 오직 말세에 자신의 출현을 기다

---

10   Warfield, "Antichrist," 356-57.
11   위의 책, 358.

리는 어떤 인물이나 미래의 적이 아니다. 그는 진정한 의미에서 이미 우리 곁에 와 있다.[12] 또한 이는 요한이 말하는 적그리스도들은 예수가 예언한 거짓 그리스도들과 같거나 또는 이와 유사한 현상을 가리키고 있음을 의미한다(마 24:24; 막 13:22). 워필드는 이러한 적들과 담대히 맞서야 하는 것이 우리 그리스도인들의 임무라고 주장한다. 요한은 우리가 현재 사는 "마지막 때"의 특징 가운데 하나가 적그리스도의 출현이라는 것을 분명히 밝히고 있다고 워필드는 주장한다.

요한은 매우 강한 어조로 이러한 주장을 펼치고 있다(요일 4:3). 그가 말한 적그리스도가 "지금 벌써 세상에 있느니라"에서 "벌써"는 이 주장에 아주 큰 힘을 실어준다. 여기엔 전혀 의심의 여지가 없다. 적그리스도는 지금 이미 우리 가운데 있다. 여기서 요한은 적그리스도를 항상 그와 연계되어 있는 "마지막 때"와 구별하고 있기보다는 "마지막 때"라는 표현이 떠오르게 하는 개념을 수정하고 있는 것이다. "마지막 때"는 적그리스도와 마찬가지로 미래에 관한 것이 아니다. 그것도 역시 현재에 속한 것이다. 우리가 현재 사는 이 시간, 즉 "마지막 때"는 메시아 시대, 메시아가 도래한 이후의 시대를 의미한다. 아마도 우리는 주님이 참으로 오시는 것과 관련하여 이 시기를 "초림과 재림 사이의

---

12 Brown은 다음과 같이 지적한다. 비록 일부 학자가 "작가가 이러한 적그리스도들을 앞으로 올 적그리스도의 전조로 보고 있다고 제안했지만, 그러한 발상은 적그리스도들이 마지막 때의 징조로 사용됨으로써 반박되었다. 왜냐하면 이는 그[요한]가 그들을 전조로 간주하지 않음을 의미하기 때문이다." Brown, *Epistles of John*, 337.

중간 시대"로 부를 수 있을 것이다. 물론 이 "마지막 때"가 도래하기 이전에는 결코 적그리스도가 오지 않을 것이다. 그렇다면 어떻게 그리스도 이전에 적그리스도가 존재할 수 있겠는가? 적그리스도가 이미 왔다(*gegonasin*, 요일 2:18) — "지금 벌써 세상에 있는" 현상—는 사실은 우리가 현재 사는 이 시간이 "마지막 때"임을 말해주는 충분한 증거가 된다(2:18). 따라서 요한은 미래의 적그리스도라는 존재를 배제해버림으로써 미래를 가리키는 "마지막 때"라는 개념을 완전히 배제해버린다. 그가 알고 있는 이 "마지막 때"는 그리스도의 오심으로 시작되었고, 그가 다시 오실 때까지를 모두 아우르는 그 광대한 시간 전부를 가리킨다.[13]

이는 그리스도의 오심과 함께 우리가 마지막 때의 도래뿐 아니라 많은 적그리스도의 출현을 맞이한다는 의미다.

적그리스도는 말세에 출현할 악의 화신이 아닐 뿐만 아니라, 그는 심지어 어떤 특정 개인이 전혀 아닐 수도 있다. 요한이 우리에게 거듭 말한 것처럼 다수의 적그리스도가 (이미) 우리 가운데 있다! 다수의 적그리스도가 벌써 존재한다는 사실은 마지막 때가 이미 도래했음을 시사한다. 워필드에 따르면 요한은 "적그리스도를 미래의 인물에서 배제할 뿐 아니라 적그리스도의 개별성까지 박탈한다. 그는 한 명의 적그리스도를 '다수의 적그리스도'로 대체한다. 그는 또한 그의 저술 연대인 1세기에

---

13   Warfield, "Antichrist," 358-59.

이러한 다수의 적그리스도가 벌써 존재했다고 말한다.····그렇다면 요한은 적그리스도라는 한 인물을 완전히 없애버리고, 그를 다수의 '적그리스도'로 대체한 것이 분명하다. 따라서 우리는 조금의 의심의 여지도 없이 그들이 적그리스도의 영을 소유하고 있다고 말할 수 있다."[14]

요한은 적그리스도가 요한 서신에서 한 개인이 아니며, 그의 이미지가 가장 터무니없는 교리적 오류—예수가 그리스도임을 부인하는—를 나타내며 이단 사상 체계와 뚜렷하게 연결되어 있다고 말한다. 위필드는 이렇게 말한다.

사도 요한은 예언의 두루마기에서 적그리스도 개인을 지우는 데 그치지 않고, 그를 단순히 한 이단자로 격하시켰다. 그는 말한다. "거짓말하는 자가 누구냐? 예수께서 그리스도이심을 부인하는 자가 아니냐? 아버지와 아들을 부인하는 그가 적그리스도니"(요일 2:22). 그는 "예수 그리스도께서 육체로 오신 것을 시인하는 영마다 하나님께 속한 것이요, 예수를 시인하지 아니하는 영마다 하나님께 속한 영이 아니니, 이것이 곧 적그리스도의 영이니라. 오리라 한 말을 너희가 들었거니와 지금 벌써 세상에 있느니라"(4:2, 3). 그는 곧이어 거듭 다음과 같이 우

---

14   위의 책, 359-60. 이어서 Warfield는 이러한 많은 적그리스도들의 이미지가 한 명의 적그리스도의 개념을 대체했다고 주장한다. 하지만 나는 이러한 그의 주장에 동의하지 않으며, 나는 사도 요한의 적그리스도와 그밖의 다른 신약성경에 의인화되어 나타나는 하나님의 백성을 탄압하는 자 사이에 어떤 연관성이 있음을 입증하고자 한다.

리에게 말한다. "미혹하는 자가 세상에 많이 나왔나니, 이는 예수 그리스도께서 육체로 오심을 부인하는 자라. 이런 자가 미혹하는 자요, 적그리스도니"(요이 1:7). 그러므로 사도 요한에게 "적그리스도"는 한 마디로 말해 우리가 교리로 부르는 것을 부인하거나, 혹은 성육신을 부인하는 것을 말한다. 그것이 어떠한 과정을 거쳤든 간에 요한에게 있어 "그리스도"는 우리 주님의 신성을 나타내는 것이며, "하나님의 아들"과 동의어다. 예수가 그리스도임을 부인하는 것은 단순히 그가 메시아임을 부정하는 것이 아니라 그가 하나님의 아들임을 부인하는 것이며, 따라서 이는 "아버지와 아들을 부인하는 것"과 같은 것이다. 즉 우리가 사용하는 현대 언어로 표현하자면 성육신과 관련이 있는 삼위일체 교리를 부인하는 것이라고 할 수 있다. 예수가 이 세상에 육체로 오신 그리스도─혹은 오실 그리스도─임을 부인하는 것은 예수가 성육신하신 하나님임을 인정하기를 재차 거부하는 것이다. 요한은 예수에 대해 이러한 태도를 견지하는 자를 모두 적그리스도라고 말한다.[15]

적그리스도의 정체가 무엇이든지 간에─요한이 사용한 이미지를 고려하면─그는 분명히 예수 그리스도의 인격과 사역, 구체적으로 그의 성육신 및 그와 하나님의 필연적 관계에 대한 교리적 오류를 수반한다는 사실을 분명히 할 필요가 있다. 따라서 요한이 말한 의미에서 보면 적그리스도는 요한이 서신을 쓸 당시에 이미 존재했던 다수의 거짓 교사와

---

15   위의 책, 360-61

초기 영지주의를 포함한 모든 이단을 가리키며, 이들은 하나님의 아들이 육체로 오신 것을 부인했다.[16] 요한은 그리스도의 성육신을 부인하는 것이 적그리스도라고 말한다. 우리 주님의 성육신을 부인하는 거짓 교사는 누구나 사실상 적그리스도의 일을 하는 것이며, 적그리스도의 영을 나타내는 것이다. 사실 이런 사람들이 존재한다는 것 자체가 바로 지금이 "마지막 때"임을 알려주는 징조다. 적그리스도가 요한 시대에 존재했기 때문에 이로부터 우리가 도출할 수 있는 단 한 가지 결론은 그 이후로부터 우리도 계속해서 "마지막 때"를 살고 있다는 사실이다!

또한 다수의 적그리스도가 있다는 요한의 말은 거짓 그리스도에 대한 우리 주님의 경고―특히 "마지막 때"로 특징지어지는 거짓 교사들(막 13:21-23을 보라)―와도 직접 연결되어 있음을 분명히 할 필요가 있다. 이는 또한 사도들의 신앙을 지키기 위해 불신앙에 맞서 싸울 필요가 있음을 강조한 유다의 경고(유 1: 3-4)와, 암암리에 이단 사상들을 퍼뜨리는 거짓 교사들을 주의할 것을 경고한 베드로후서 2:1-22의 말씀과도 연결된다. 따라서 워필드의 결론은 요한이 그가 사랑하는 자녀들에게 준 경고의 핵심을 적절하게 요약해준다고 할 수 있다. "그리스도의 신성을 부인하는 세상 가운데서 이를 긍정하는 고백이 존재하는 한 요한의 시대처럼 언제나 많은 적그리스도가 존재할 것이다."[17]

---

16   Smalley, *1, 2, 3 John*, xxiii.
17   Warfield, "Antichrist," 361.

요한의 많은 적그리스도(antichrists)와 적그리스도(Antichrist)의 연관성?

결론적으로 짚고 넘어가야 할 것이 몇 가지 있다. 첫째, 사도 요한에 따르면 많은 적그리스도가 이미 나타났느니라(요일 2:18, 22; 4:3; 요이 1:7). 문법상 맨 뒤에 등장하면서 강조되는 문장 구조에 주목하라. "지금 **벌써** 세상에 있느니라"(요일 4:3, 그리스어 원문에는 강조된 부분이 문장 맨 뒤에 나온다—편집자주).[18] 이는 이러한 적그리스도들이 말세 직전에 등장할 미래의 적으로 엄격하게 한정되어 있지 않음을 의미한다. 적그리스도는 과거 및 현재의 실재다. 또한 이들은 신앙 공동체 안에서 일어나 다른 이들을 데리고 떨어져 나간다. 만일 이러한 일련의 적그리스도와 최후에 등장할 적그리스도 사이에 연관성이 있다면, 아마도 그것은 여기서 발견될 것이다. 왜냐하면 사도 바울이 말한 불법의 사람은 극심한 배교가 일어나는 때에 등장하기 때문이다(우리는 이 주제를 6장에서 다룰 것이다). 이 많은 적그리스도(복수)는 적그리스도의 영의 현현이다(요일 4:3). 많은 적그리스도가 이미 나타났다는 사실은 지금이 마지막 때임을 의미한다. 즉 이 세상은 이미 역사의 마지막 단계에 들어선 것이다.

둘째, 적그리스도는 예수가 육체로 오신 것을 부인하는 모든 자를 가리킨다. 요한 서신의 논의는 매우 구체적인 한 가지 이단 사상에 초점을 맞춘다. 문맥을 살펴보면 적그리스도가 주로 내부적인 위협(배교)이었음을 알 수 있다. 그리스도인들은 세상을 사랑하지 말아야 한다(요일

---

18   위의 책, 358.

2:15). 적그리스도는 진리보다 세상을 더 사랑하기 때문에 교회에서 떨어져 나간 사람들이다(요일 2:19). 한편 신자들은 진리에 이르는 지식과 관련이 있는 하나님의 기름 부음을 받았다(요일 2:20-21). 이들은 교회 공동체를 떠나지 않고, 하나님이 주신 무기—복음의 진리—를 가지고 이 적그리스도들을 대적하는 거룩한 임무를 수행할 것이다. 만일 적그리스도들이 그릇된 것을 추구한다면 우리는 진리로 그들과 맞서야 한다.

셋째, 요한이 말하는 적그리스도들은 예수가 감람산 강화에서 언급한 거짓 그리스도들과 관련이 있을 개연성이 매우 높다(마 24:24; 막 13:22). 거짓 그리스도들—많은 적그리스도들과 더불어 거짓 교사들과 거짓 예언자들—이 존재한다는 것은 우리에게 놀랄 만한 일이 아니다. 신약성경은 예수가 처음 오신 때부터 다시 오실 때까지 이와 같은 일이 계속해서 일어날 것이라고 경고한다(딤후 3:1-9; 벤후 2:1-22).

넷째, 요한은 우리가 교황제도와 적그리스도 및 짐승의 연계 가능성에 관한 역사주의자들의 견해를 이해하는 데 도움을 주는 해석학적 틀을 제공한다. 로마 가톨릭교회는 분명히 삼위일체 및 기독론에 있어 정통 교리를 따르고 있다(요한일서에서 경고하는 것과는 달리). 하지만 칭의에 관한 트리엔트 공의회의 법규 9항을 보면 가톨릭교회는 공식적으로 복음(구체적으로 이신칭의)을 부인한다. 설령 교황이 적그리스도가 아니라 할지라도 트리엔트 공의회에 기초한 가톨릭교회는 바로 바울이 갈라디아서 1:6-9에서 다른 복음이라고 비난한 것에 분명히 해당한다.[19] 더 나

---

19   다음의 인용문은 트리엔트 공의회에서 발췌한 것이다. "법규 9. 만일 누가 죄인이

적그리스도의 비밀을 파헤치다

아가 역사주의자들은 로마 교황청이 하나님의 백성에게 거짓된 예배(성자들을 기리고, 성상을 사용하고, 비성경적인 의식을 행함)를 강요하고 교황이 이 땅에 존재하는 그리스도의 대리자라고 선언하면서 유일하신 중재자이신 예수 그리스도의 자리에 교황제도 및 성자들의 공적을 올려놓는다고 주장했다.[20]

엄밀하게 말하면 워필드의 주장은 타당하며, 우리는 그의 경고에 귀를 기울여야 한다. 요한이 말하는 이단적 적그리스도들은 국가가 교회에 가하는 외적인 박해—구체적으로 로마 제국과 황제 숭배가 행사한 권력을 통해—로 볼 수 있는 요한계시록의 짐승과 같지 않다. 따라서 우리는 워필드가 "합성 사진"이라고 묘사한 것을 형성하기 위해 요한의 적그리스도 이미지를 건전한 신학적 당위성 없이 요한계시록의 짐승의 이미지와 단순히 동일시해서는 안 된다.

그러나 짐승과 거짓 예언자의 최후의 현현은(바울의 불법의 사람과 연관 짓는다면) 요한이 경고한 일련의 적그리스도(요한이 여기서 이것을 연상했는지의 여부와는 상관없이)가 말세에 하나님의 백성을 마지막으로 박해할

의화의 은총을 얻기 위해서는 본인의 협조만 필요할 뿐 그가 자신의 의지를 가지고 뭔가를 준비하거나 자신을 준비시킬 필요가 전혀 없다는 의미에서 죄인은 오로지 믿음만으로 의화한다고 주장한다면, 그는 파문받아야 한다."

20   Henry Denzinger, *The Sources of Catholic Dogma*, trans. Roy J. Deferrari (St. Louis: Herder, 1957), secs. 496, 673. 콘스탄츠 공의회(Council of Constance, 1414-18)에 의하면, Wycliffe와 Hus의 추종자들과 같은 이단들은 "성 베드로가 이 땅에서 구원과 심판의 권세를 지닌 그리스도의 대리자임을 믿는지"에 대한 질문을 받게 될 것이었다.(sec. 673).

자에게 자리를 넘겨주고, 그 과정에서 국가는 요한이 말한 거짓 교리를 하나님의 백성에게 강요하기 위해 권력을 사용할 것을 암시한다. 사실 요한(계 20:1-10)과 바울(살후 2:1-12)은 모두 사탄의 세력이 말세까지는 어느 정도 제한될 것이라고 말한다. 아마도 이것이 왜 요한이 여기서 한 명의 적그리스도가 아닌 일련의 적그리스도를 이야기하는지 설명해주는 이유일 것이다. 요한은 많은 적그리스도가 이미 나타났다고 믿는다. 그리고 우리는 이를 통해 지금이 마지막 때임을 깨닫게 된다.

적그리스도의 비밀을 파헤치다

5장

용과 짐승과 거짓 예언자

요한계시록에 나타난 적그리스도 교리

구약성경의 배경

성경의 역사는 하나님의 백성을 탄압하는 거대한 제국들과 강한 권력을 지닌 폭군들의 이야기들로 가득하다. 당연히 세속적인 역사가들은 이스라엘과 그 주변국들 간의 치열한 투쟁의 근원을 사회경제적·정치적·군사적인 요소의 결합에서 찾는다. 하지만 구속 이야기는 하나님의 백성이 이러한 투쟁을 하는 이유는 단 한 가지, 바로 신·구약성경을 통해 자신을 계시하신 창조주-구속자에 대한 충성이라고 말한다. 바로 이러한 야웨에 대한 충성으로 인해 이스라엘은 마땅히 하나님 한 분께만 속한 영광을 자신들을 위해 추구하는 모든 이의 눈에 경멸의 대상이 될 뿐 아니라 또한 사탄의 분노와 노여움의 대상이 되는데, 이는 바로 이스라엘에서 여자의 씨가 나올 것이기 때문이다.

야웨의 언약의 약속—"나는 너희의 하나님이 되고, 너희는 내 백성이 되리라"—은 본질상 야웨를 섬기는 자들은 참되고 살아 계신 하나님을 섬긴다는 사실을 분명히 한다. 그리고 만일 야웨가 참되고 살아 계신 하나님이라면 소위 다른 모든 이방 민족의 "신들"은 단순히 우상, 즉 죄로 가득한 인간의 상상력이 빚어낸 허구에 불과하다. 따라서 구약성경 전체에 나타난 인간과 국가 사이의 투쟁은 두 개의 씨(메시아와 적그리스

도) 사이의 거대한 우주적 전쟁을 역사적으로 완성해나가는 것이다.[1]

야웨와 이스라엘의 상호 충성 관계—공식적으로는 언약의 형태로 맺어진—가 지닌 실제적 함의는 더할 나위 없이 크다. 야웨를 섬기고 그의 계명을 지키는 자들은 어떤 정부나 지도자도 섬길 수 없다. 야웨에 대한 충성이 요구하는 대가가 아무리 크다 해도 말이다. 자기 제자들에게 익숙한 격언을 인용한 분은 바로 이스라엘의 메시아이자 언약의 중재자였다. "한 사람이 두 주인을 섬기지 못할 것이니, 혹 이를 미워하고 서를 사랑하거나 혹 이를 중히 여기고 저를 경히 여김이라. 너희가 하나님과 재물을 겸하여 섬기지 못하느니라"(마 6:24). 야웨는 자기 백성에게 온전하고 전적인 충성을 요구하신다.

하나님께서 시내산에서 그의 백성에게 은혜로 주신 십계명의 첫 돌판(출 20:1-11)은 하나님께서 그의 백성이 자기 외에 다른 신을 숭배하고 섬기는 것을 커다란 악으로 간주하신다고 기록한다. 더더구나 하나님의 백성은 그가 명령한 대로 그에게 반응해야 한다. 그렇기 때문에 구속사 전반에 걸쳐 사탄은 하나님의 백성들이 주변 이방 민족의 거짓 신들을 따라 살도록 계속해서 그들을 미혹하고 기만하는 것이다. 거짓 신을 따르는 것은 이스라엘이 하나님께 충성을 맹세한 언약 조건을 위반하는 것이다. 이로 인해 그들이 치러야 할 대가는 너무나도 크다. 마태복음 10:32-33에서 예수는 제자들에게 다음과 같이 말한다. "누구든지 사람 앞에서 나를 시인하면 나도 하늘에 계신 내 아버지 앞에서 그를 시인

---

1   Kline, *Kingdom Prologue*, 132.

할 것이요, 누구든지 사람 앞에서 나를 부인하면 나도 하늘에 계신 내 아버지 앞에서 그를 부인하리라." 따라서 배교 및 온갖 종류의 종교 혼합주의는 하나님의 백성도 빠질 수 있는 두 가지 주된 악이다.

하나님의 백성이 하나님의 언약에 한결 같이 신실할 때마다 이 세상의 권력은 변함없는 그들의 충성심에 결국 분개하고 만다. 성경은 하나님의 백성을 그들의 언약의 주님과의 연합―말씀과 성례(언약 비준의 예식)를 통해 그의 백성 가운데 거하시는 하나님의 임재에 기초를 둔 연합―을 계속해서 갈라놓으려는 폭군들의 지속적인 시도를 기록한다. 이는 특히 요한계시록에서 두드러지게 나타나는데, 거기서 하나님의 백성의 주적은 적그리스도 자신이 아니라 용(사탄)의 권세를 힘입어 성도들과 전쟁을 벌이기 위해 바다에서 올라온 불가사의한 짐승이다(계 13:1-7을 보라).

이스라엘의 예언자들이 이미 예고한 것처럼 말세에 나타날 야웨의 적은 살아 계신 참된 하나님께 신성모독적인 말을 할 뿐 아니라, 심지어 자기 자신을 야웨와 동등한 존재라고 선언하는 자다(단 11:36-37을 보라). 이 적은 어떤 의미로도 하나님을 해할 수 없기 때문에, 대신 그리스도의 교회와 전쟁을 벌일 것이다. 이처럼 야웨께 충성하는 자들과 뱀(여기서는 짐승)과 동맹을 맺은 세력 간의 충돌은 요한계시록에 나타난 묵시적 이미지의 중심에 자리 잡고 있다.

요한의 묵시적 환상에서 *그가* 본 미래의 역사는 그리스도의 죽음과 부활에서부터 주님이 죽은 자를 다시 일으키기 위해 재림하시고, 세상을 심판하시며, 그리스도의 왕국을 최종적으로 세움으로써 만물을 새롭게 하는 영원한 의의 세계로 들어가게 하는 데까지의 일을 보여준다.[2] 실제로 요한계시록은 일련의 환상을 담고 있는데, 거기서 각각의 환상은 그리스도의 초림부터 재림에 이르기까지의 구속사의 전체 시기를 보여준다. 동일한 사건을 바라보는 다양한 카메라 앵글처럼[3] 요한계시록 전반에 나타난 일련의 환상은 말세에 모든 적을 무찌른 예수 그리스도의 완전한 승리에 초점을 맞춘 구속 드라마의 위대한 정점을 가리키며, 이는 종말에 가까워질수록 더욱 강해진다.[4]

요한이 본 환상은 대부분 구약성경에서 차용한 묵시적 모티프와 상징을 광범위하게 사용하며,[5] 그 내용은 그 역사적 배경과 분리될 수 없다. 기원후 55년 바울이 로마서 13:1-7에서 "하나님의 사역자"라고 부른 바로 그 로마 정부가 40여 년 후 요한이 밧모섬에서 환상을 받은 시기에는 그리스도의 교회를 공개적으로 박해한다.[6] 이처럼 교회를 박해한 이유는 그리스도인들이 "예수는 주시라"고 고백할 때 그 고백 안에는 동시에 카이사르는 주가 아니라는 고백이 내포되어 있기 때문이다.

요한의 환상은 로마 제국이 하나님의 사역자(바울이 말한 것처럼)에서 성도들과 전쟁을 벌이는 사악한 짐승으로 돌변했음을 보여줄 뿐만

---

2   Beale, *Book of Revelation*, 48.

3   Dennis E. Johnson, *Triumph of the Lamb* (Phillipsburg, NJ: Presbyterian and Reformed, 2001), 65.

4   요한계시록의 구조에 관한 논의는 다음을 보라. Bauckham, *Climax of Prophecy*, 1-37; Beale, *Book of Revelation*, 108-51,

5   Beale, *Book of Revelation*, 50-69, 76-99.

6   요한계시록의 집필 연대에 관해서는 부록을 보라.

아니라 반기독교적인 제국 종교와 새롭게 부상하는 황제 숭배의 출현이 보여주듯이 왜 로마 제국이 이러한 극적인 변화를 나타내기 시작했는지를 설명해준다. 이와 같은 극적인 변화는 오로지 용(사탄)의 소행일 수밖에 없다. 구약성경에 익숙한 이들은 제국 종교가 국민에게 온전한 충성을 요구하고, 황제에게 무릎을 꿇지 않고 그를 주로 고백하지 않는 이들은 박해하는 상황을 보고 즉각적으로 사탄의 손길을 느꼈을 것이다. 구약성경을 아는 사람은 로마 제국에 앞서 이스라엘을 정복한 앗수르, 애굽, 바벨론, 바사, 헬라와 같은 거대한 제국이나 소돔 성과 같은 도시에 관해 잘 알고 있고, 그들이 어떻게 하나님의 구속 계획에 대항했는지에 대해서도 잘 알고 있다.[7] 요한은 이렇게 뱀의 뜻을 좇는 거대한 제국들이 연속적으로 등장한 사실을 렌즈 삼아 로마 제국이 하나님의 백성들을 압제하는 새로운 역할을 어떻게 수행해나가는지를 살펴본다.

역사에서 잘 알려진 인물(애굽의 바로와 바벨론 제국의 느부갓네살과 같은)로부터 상대적으로 덜 알려진 인물(니므롯, 안티오코스 4세 에피파네스, 헤롯 대왕 또는 티투스 장군과 같은)에 이르기까지 다수의 잔혹한 인물은 경제적 수탈과 무력을 비롯한 국가 권력을 이용하여 하나님의 계획에 맞서 왔다. 하지만 요한이 밧모섬에서 환상을 받기 수년 전에 가증스러운 인물이 한 명 나타났는데, 그는 그 누구보다도 선한 것을 증오했다. 일반적으로 네로(기원후 37-68년)로 알려진 루키우스 도미티우스 아헤노바르부스는 인류 역사의 다양한 시기에 적그리스도로 지목되었던 이들, 또 그

---

7   Beale, *Book of Revelation*, 686.

의 광기를 이어받은 모든 이들의 원형(모형)이다.

네로의 역할

전제군주로서 네로의 모습은 요한계시록 전반의 배경에 깔려 있는데, 여기에는 그럴 만한 이유가 있다. 비록 그의 통치 기간이 단지 14년에 불과했지만, 그는 소위 "제국 종교"를 강화함으로써 가이우스(칼리굴라) 때 시작된 황제 숭배를 한층 강화했을 뿐 아니라 말로 다 표현할 수 없는 그의 악명 높은 악행도 극에 달했다. 여러 가지 면에서 네로는 악의 화신이라고 말할 수 있다.

타키투스, 수에토니우스, 카시우스 디오 등 네로의 전기를 집필한 작가들의 기록에 따르면 네로는 그와 성관계를 맺은 것으로 보이는 그의 어머니의 교사(敎唆)로 그의 동생이자 왕위 경쟁자를 살해했다. 나중에 그는 자기 어머니를 사고로 가장하여 죽였다. 그는 분노가 발작하여 그의 임신한 아내(와 아기)를 발로 차 죽였다. 그는 또한 자기 아내와 매우 닮은 한 젊은 청년을 발견하자 그를 거세시킨 후 공개적으로 예식을 치르고 그와 결혼했다.[8]

---

8   네로의 폭정에 대한 상세한 묘사와 함께 그에 대한 일정한 변호를 담고 있는 글은 다
     음을 보라. Edward Champlin, *Nero* (Cambridge, MA: Belknap, 2003). Champlin은
     또한 네로의 악행을 묘사한 전통적인 자료(타키투스, 수에토니우스, 카시우스 디오
     등이 작성한)의 사실성 여부에 대해서도 구체적으로 논의하고 있다. 또한 다음의 글

사실 네로는 모든 사회 관습을 조롱했다. 그는 고대 로마의 베스타 여신의 시중을 드는 처녀를 강간했고(사형에 해당하는 중죄), 한 젊은 여성 그리스도인을 발가벗겨 성난 황소의 뿔에 묶어 그리스도인의 정숙과 순결을 조롱했다.[9] 그는 평민이 제국의 고위계층과 더불어 즐기는 성적으로 문란한 사교 파티(로마사회에서는 상상조차 할 수 없었던 것)를 장려했다. 그는 심지어 한 남종과 결혼하기도 했고(자신이 여자 역할을 맡음), 대중 앞에서 마치 분만하는 듯한 장면을 연출하기도 했다. 이러한 가증스러운 행동을 통해 그는 로마의 사회 관습뿐만 아니라 하나님도 조롱하면서 모든 자연 질서를 뒤집어놓았다.[10]

　　네로는 개인의 쾌락을 위해 방종한 삶을 살았다. 그는 자신이 이기도록 연출된 전차 경주에 참가해 승리하기도 했다. 그는 자신의 이익과 쾌락을 추구하기 위해 거대한 도시 건설사업을 추진하고 실행에 옮겼다. 심지어 네로는 "황금성"(이것을 역사가 르낭은 "정신 착란적인 상상력의 장난질"이라고 부름)으로 알려진 차기 건축 사업을 위해 로마에 불을 질렀다는 비난을 받기도 했다.[11] 하지만 네로는 방화의 책임을 그리스도인들에게 뒤집어씌웠고, 이로 인해 많은 그리스도인들이 죽임을 당했다.[12]

　　도 보라. Miriam T. Griffin, *Nero: The End of a Dynasty* (New Haven: Yale University Press, 1984), 69, 75, 98-99, 169.

9　　Joseph-Ernest Renan, *Antichrist*, trans. William G. Hutchinson (London: Walter Scott, 1899), 85.

10　　Champlin, *Nero*, 143-77.

11　　Renan, *Antichrist*, 75.

12　　Champlin, *Nero*, 121-26.

요한계시록을 이해하는 데 있어 네로의 통치 시대가 매우 중요한 이유는 그의 심각한 부도덕성 때문이 아니라 그가 로마 제국의 공권력을 동원하여 국가적 차원에서 그리스도인을 박해한 첫 시대(소위 네로의 탄압으로 불림)를 주도했기 때문이다. 개인적으로 그는 살아 있는 그리스도인의 몸에 불을 붙여 인간 햇불을 만들고, 그들을 원형경기장에서 야생동물의 먹이가 되게 하였으며,[13] 베드로와 바울이 죽임을 당하게 한 책임이 있다.[14] 이 모든 일이 있고 난 뒤 기원후 70년에 예루살렘 성전이 파괴됐는데, 이 사건은 네로가 죽은 지 얼마 지나지 않아 일어났다.

이러한 사건은 구속사의 경로를 바꿨을 뿐만 아니라 그리스도인들이 로마 제국을 바라보는 시각도 바꾸었다. 한동안 유대인들(그리고 회당과 어느 정도 관계를 유지하는 한 그리스도인들도 마찬가지였음. 이것이 바울이 롬 13:1-7을 쓸 당시의 상황임)을 용인해왔던 로마 제국이 이제는 기독교를 불법 종교로 간주하고, 그리스도인들을 국가의 적으로 여기기 시작했다. 사도 요한이 짐승의 표(로마 황제에 대한 경의의 표시로 손등이나 이마에 새겨질)에 관해 언급할 때 그는 분명히 네로와 황제 숭배를 염두에 두었을 것이다.[15] 이 제국의 표를 받기를 거부하는 자는 누구나 물건을 사고팔 수 없었다. 이 두려운 표는 불가사의한 짐승의 숫자인 666과도 관련이 있다

---

13   F. F. Bruce, *New Testament History* (New York: Doubleday, 1980), 401.

14   네로의 탄압기에 바울과 베드로의 죽음을 둘러싼 사건들에 대해서는 다음을 보라. F. F. Bruce, *Paul: the Apostle of the Heart Set Free* (Grand Rapids: Eerdmans, 1979), 441-45.

15   "표식"으로 번역되는 그리스어는 *charagma*인데, 이 단어는 제국의 문서를 지칭하는 전문용어다. 다음을 보라. Caird, *Revelation of St. John*, 173; Sweet, *Revelation*, 217.

적그리스도의 비밀을 파헤치다

(계 13:11-18을 보라). 이것은 우리가 곧 살펴볼 주제다.

치명상을 입어 엄청난 고통을 당한 후 전보다 더 포악해져 돌아온 짐승을 언급할 때도 요한은 네로를 염두에 두고 있었다(계 13:3; 17:11). 비록 네로가 다소 알 수 없는 불가사의한 상황에서(그리고 더 심각한 사기극을 위한 무대를 마련해놓고)[16] 자살하긴 했지만, 요한은 과연 네로가 문자적으로든 비유적으로든 적그리스도의 최고의 현현으로서 다시 살아 돌아올 것(이른바 "네로 환생 신화"로 불림)을 정말 예언했을까? 네로가 파르티아 왕국이나 로마 제국의 여러 지역에 살아 있고, 자신의 왕좌를 되찾기 위해 군대를 준비하고 있다는 목격담이 전해지기도 했다.[17] 또한 네로가 실제로 죽지 않았으며 곧 다시 돌아와 자신의 왕좌를 되찾고 자신의 모든 적에게 복수할 것이라는 소문이 온 세상에 퍼지기도 했다.[18] 네로 환생 신화는 유대교와 기독교 외경(「시빌의 신탁」과 「이사야 승천기」)에 기록되어 있다.[19] 네 번째 「시빌의 신탁」에는 다음과 같은 내용이 나온다. "어떤 위대한 왕은 도주하는 노예와 같을 것이다. / 그의 가장 사

---

16   네로의 죽음을 둘러싼 정황은 다음의 연구에서 잘 논의하고 있다. Champlin, *Nero*, 1-6.

17   위의 책, 10-20.

18   Griffin, *Nero*, 214-15.

19   다음의 논의를 보라. Bousset, *Antichrist Legend*, 95-117; Champlin, *Nero*, 10-20; J. J. Collins, "Sibylline Oracles," in *Dictionary of New Testament Background*, ed. Craig A. Evans and Stanley E. Porter (Downers Grove, IL: InterVarsity, 2000), 1107-12; J. M. Knight, "Ascension of Isaiah," in *Dictionary of New Testament Background*, ed. Craig A. Evans and Stanley E. Porter (Downers Grove, IL: InterVarsity, 2000), 129-30; McGinn, *Antichrist*, 45-54; Peerbolte, *Antecedents of Antichrist*, 326-39.

악한 손에 대한 확신을 갖고, / 자신의 어머니를 살해한 것과 다른 많은 것으로 인해 죄책감에 시달리게 될 익명의 사람이여, / 보이지 않는 유프라테스강의 물줄기를 따라 도망하라. / 그가 바대의 땅으로 도망가 있는 동안 왕위를 노리는 이들이 로마의 땅을 피로 물들인다. / 시리아로부터 로마의 가장 위대한 자[네로]가 오리라."[20]

미래에 출현할 적그리스도가 일종의 환생한(redivivus) 네로일 것인지에 관한 문제는 적그리스도 교리에 관한 교회의 논의 가운데 가장 치열한 논쟁을 불러일으킨 주제 중 하나였다.[21] 네로는 많은 사람이 보기에 요한계시록에 등장하는 바로 그 짐승이다.[22] 다른 이들은 네로를 여러 시대에 걸쳐 하나님의 백성을 탄압한 모든 불경스러운 지도자의 모형으로 본다.[23]

---

20   Milton S. Terry, trans., *Sibylline Oracles*, 4:154-60, (www.sacred-texts.com/cla/sib/).

21   McGinn, *Antichrist*, 45-54.

22   예컨대 다음의 연구를 보라. Kenneth L. Gentry, *Before Jerusalem Fell: Dating the Book of Revelation* (Atlanta: American Vision, 1998), 193-219; Martin Kiddle, *The Revelation of St. John* (New York: Harper and Brothers, 1940), 261; Renan, *Antichrist*, 221; Sweet, *Revelation*, 217.

23   예컨대 다음의 연구를 보라. Bauckham, *Climax of Prophecy*, 384-452; Beale, *Book of Revelation*, 718-28; G. R. Beasley-Murray, *The Book of Revelation* (Grand Rapids: Eerdmans, 1974), 211; Johnson, *Triumph of the Lamb*, 192-98; Robert H. Mounce, *The Book of Revelation*, New International Commentary on the New Testament (Grand Rapids: Eerdmans, 1977), 253.

적그리스도의 비밀을 파헤치다

요한계시록 13장의 거짓 삼위일체

요한계시록 13장을 대충만 읽어봐도 예수 그리스도에 대항하는 적이 셋임을 알 수 있다. (1) 바닷가에 서 있는 용, (2) 용의 능력과 보좌와 권세를 받은, 바다에서 나온 첫 번째 짐승(1-2절), (3) 땅에서 올라온 다른 짐승(11절). 이 두 번째 짐승(계 16:13에서 "거짓 예언자"로 불림)이 맡은 역할은 사람들을 꾀어 첫 번째 짐승을 숭배하게 하는 것이다. 이 세 인물의 정체와 더불어 지극히 높으신 하나님에 대한 그들의 노골적인 신성모독 행위는 요한계시록의 의도가 당대 로마 제국의 역사와 정치(어떤 특정 황제)에 초점을 맞추고 있기보다는, 오히려 두 씨 사이의 전쟁 속에서 또 하나의 전투─즉 이 경우에는 로마 제국의 사악함과 그리스도인들에 대한 지속적인 박해─가 벌어지고 있음을 보여주는 요한의 환상에 있음을 시사한다.

요한계시록 13장에 기록된 내용은 예수 그리스도의 오심과 함께 이미 구속사의 극적인 전환점이 도래했음을 보여준다. 용은 우리 주님의 죽음과 부활로 인해 이미 무참한 패배를 당했다(골 2:15을 보라). 비록 우리의 구원이 그리스도의 십자가 상의 죽음과 죽은 자 가운데서 부활하심을 통해 확고해졌지만, 용은 그에게 주어진 시간이 얼마 남지 않았음을 알기에(계 12:12) 분노하며 성도들과 전쟁을 벌인다(계 13:7).

따라서 요한계시록은 이미 패배한 줄 알면서도 마지막으로 발악을 하는 적을 묘사한다. 용은 이미 정해진 자신의 운명을 피해보고자 최후의 수단으로 두 짐승의 도움을 요청하는데, 하나는 바다로부터 나오고

(계 13:1-10), 다른 하나는 육지로부터 나온다(13:11-18). 이 전쟁의 결말은 이미 자명하지만, 구속사의 마지막 종착역으로 가는 여러 특정 상황은 오랫동안 하나님의 백성의 관심을 사로잡아왔다.

요한계시록 13장에 기록된 요한의 환상을 이해하는 데 있어 아주 중요한 것은 첫 번째 짐승의 "뿔이 열이요, 머리가 일곱"이며 "그 뿔에는 열 왕관이 있고, 그 머리들에는 신성을 모독하는 이름들"이 있다는 사실이다. 이 짐승은 "표범과 비슷하고, 그 발은 곰의 발 같고, 그 입은 사자의 입 같은데, 용이 자기의 능력과 보좌와 큰 권세를 그에게 주었다"(1-2절). 이 환상은 구약성경에 익숙한 독자에게 다니엘이 본 거대한 짐승에 관한 환상을 상기시킨다. 이 짐승은 인자(the Son of Man)와 그의 영원한 나라에 의해 패하고, 마침내 죽임을 당한다(단 7:7, 11-14). 요한의 환상에 등장하는 짐승은 누구에게도 뒤지지 않을 만큼 막강한 군사력을 보유하고 있을 뿐 아니라―"누가 짐승과 같으냐? 누가 능히 이와 더불어 싸우리요?"(계 13:4)―"그의 머리 하나가 상하여 죽게 된 것 같더니, 그 죽게 되었던 상처가 나으매, 온 땅이 놀랍게 여겨 짐승을 따른다"(계 13:3).

그리스도의 부활을 패러디한 것이 분명한 짐승의 이러한 모습은[24] 그의 군사적 역량 및 기만적 술책과 결합하여 용에게 그가 갈망하던 바를 쥐어준다. "용이 짐승에게 권세를 주므로, [사람들이] 용에게 경배하며"(계 13:4). 사람들은 짐승이 가진 힘 때문에 사탄을 경배하기만 한 것이 아니라 "짐승에게[도] 경배했다"(계 13:4). 그렇다면 이 본문은 사탄의

---

24   Henry Barclay Swete, *The Apocalypse of St. John* (New York: Macmillan, 1907), lxxxiv.

권세에 힘입어 하나님의 권세와 주권까지 주장하는 국가(정부)를 보여준다. 보컴(Bauckham)은 이것을 강한 군사력(어쩌면 우리는 여기에 경제력도 추가할 수도 있음)이 그리스도와 그의 나라에 의해 짐승이 반드시 패할 수밖에 없다는 사실까지도 은폐해버리는 "권력의 신격화"라고 불렀는데, 그의 이러한 평가는 매우 타당하다.[25]

이러한 짐승의 통치에서 볼 수 있는 반기독교적인 모습은 다음과 같다. "또 짐승이 과장되고 신성 모독을 말하는 입을 받고, 또 마흔두 달 동안 일할 권세를 받으니라"(계 13:5). 여기서 마흔두 달은 초림과 재림 사이의 기간을 언급한 것으로 보인다.[26] 다니엘 7:25("한 때와 두 때와 반 때". 단 12:7도 보라)에서 가져온 이 같은 기간은 요한계시록의 이전 장들에서도 나타난다. 요한계시록 11:2-3은 이방인들이 "거룩한 성[교회, 즉 새 언약에서 하나님이 거하시는 처소[27]]을 마흔두 달[1,260일] 동안 짓밟으리라"고 말한다. 이 기간은 두 증인이 복음을 증언하는 기간과 같다(계 11:3). 요한은 요한계시록 12:6절에서 광야에서 도망친 여자(교회)를 보호한 기간이 1,260일이라고 말하고, 나중에 다시 "한 때와 두 때와 반 때"로 말한다(계 12:14). 비일(Beale)이 지적하듯이 이 기간은 모두 같은 기간을 가리키며, 짐승의 출현도 "그리스도의 죽음 및 부활과 역사의 종말 사이에 일어난다."[28] 이는 짐승의 복음 방해 공작이 네로의 박해 시대

---

25   Bauckham, *Climax of Prophecy*, 451.

26   Beale, *Book of Revelation*, 695; Sweet, *Revelation*, 210-11.

27   Beale, *Book of Revelation*, 570.

28   위의 책, 695.

로부터 지금까지 계속되며, 그리스도가 이 땅에 다시 오셔서 짐승이 완전히 멸망 당하는 종말의 때까지 계속될 것임을 의미한다(계 20:10).

요한계시록 13장에서 우리는 짐승이 "입을 벌려 하나님을 향하여 비방하되, 그의 이름과 그의 장막 곧 하늘에 사는 자들을 비방"하는 모습을 본다(6절). 이것은 신적 권리 및 특권(예. 경배)을 자기에게로 돌릴 뿐 아니라 그리스도와 그의 나라에 대해 극심한 신성모독적 발언을 일삼는 정부와 그 지도자들에 관한 환상이다. 이러한 행태는 짐승이 신성모독적인 이름이 붙은 왕관을 쓰고, 신적 특권을 지닌 자인 양 행세하는 모습에서 찾아볼 수 있다. 이러한 모습은 우리가 짐승의 정체를 파악하는 데 도움을 준다. 거짓 삼위일체(용, 첫 번째 짐승, 거짓 예언자인 두 번째 짐승)에 대한 분명한 언급과 함께 우리가 여기서 볼 수 있는 것은 사탄이 삼위 하나님을 패러디할 뿐만 아니라, 짐승이 공포의 통치를 다시 시작하려고 죽었다가 다시 살아난 것도 바로 우리가 받은 구속(그리스도의 죽음, 장사, 부활, 재림)을 사탄이 패러디한 것이라는 사실이다.[29] 사도 요한이 말하고자 하는 핵심은 국가가 용의 권세를 힘입게 될 때 규제를 지나치게 강화하고, 국가 자체 및 그 통치자들을 신격화한다는 것이다. 케어드가 지적하듯이 "모든 정치 권력은 하나님의 선물이지만, 직접 종교 의식을 통해서든지, 혹은 간접적으로 오직 한 분 하나님께만 드려져야 하는 온전한 충성과 순종을 요구하는 것을 통해서든지 사람들이 국가

---

29   위의 책, 687-94; Caird, *Revelation of St. John*, 161-66; Sweet, *Revelation*, 206-9.

를 신격화하면 국가는 더 이상 인간적이지 않고 짐승과 같이 된다."[30] 그렇다면 여기서 보여주고자 하는 바는 다름 아닌 복음이 전파되는 것을 막기 위해 그리스도의 교회에 대항하여 정부의 자원을 마구 사용하는 정부 요직의 반기독교적 세력이다.

거짓 예언자: 국가가 주도하는 거짓 종교

요한계시록 13:11-18에서 요한은 거짓 예언자라고도 알려진 두 번째 짐승이 땅에서 올라오는 모습을 본다(참조. 계 16:18; 19:20; 20:10). 이 짐승의 목적은 첫 번째 짐승이 경배를 받고, 궁극적으로는 용이 경배를 받게 하는 것이다. 요한은 11절에서 "내가 보매 또 다른 짐승이 땅에서 올라오니, 어린양같이 두 뿔이 있고 용처럼 말을 하더라"고 말한다. 이 짐승은 하나님의 어린양(요 1:29)으로서 이미 요한계시록(5:6)에서 그리스도를 패러디한 것이다. 그는 그리스도를 닮은 모습으로 나타나지만, 그의 입에서 나오는 말은 거짓의 아비이자 절대로 진리를 말할 수 없는 사탄으로부터 온다(요 8:44을 보라). 요한계시록 13:12-18은 다음과 같이 기록한다.

그가 먼저 나온 짐승의 모든 권세를 그 앞에서 행하고, 땅과 땅에 사는

---

30   Caird, *Revelation of St. John*, 162.

자들을 처음 짐승에게 경배하게 하니, 곧 죽게 되었던 상처가 나은 자니라. 큰 이적을 행하되 심지어 사람들 앞에서 불이 하늘로부터 땅에 내려오게 하고, 짐승 앞에서 받은바 이적을 행함으로 땅에 거하는 자들을 미혹하며, 땅에 거하는 자들에게 이르기를 "칼에 상하였다가 살아난 짐승을 위하여 우상을 만들라" 하더라. 그가 모든 자, 곧 작은 자나, 큰 자나, 부자나, 가난한 자나, 자유인이나, 종들에게 그 오른손에나 이마에 표를 받게 하고, 누구든지 이 표를 가진 자 외에는 매매를 못하게 하니, 이 표는 곧 짐승의 이름이나 그 이름의 수라. 지혜가 여기에 있으니, 총명한 자는 그 짐승의 수를 세어보라. 그것은 사람의 수니, 그의 수는 육백육십육이라.

바다에서 나온 짐승은 용의 권세를 힘입은 반면, 두 번째 짐승은 땅에 거하는 자들이 바다에서 나온 짐승의 우상을 숭배하도록 미혹하기 위해 기사를 행하는 권세를 받았다. 이는 땅에서 올라온 두 번째 짐승이 자기를 섬기는 자에게 불경스러운 표(인간의 이름이며, 첫 번째 짐승과 연관이 있는)를 받도록 강요할 것을 의미한다. 스위트(Sweet)의 통찰력 있는 지적에 따르면 용과 그와 동맹을 맺은 자들이 가하는 진정한 위협은 칼(물론 이것도 무섭다)이 아니라, 사람들을 기만하고, 빛을 어두움과 바꾸어 그리스도와 그의 교회로부터 멀어지게 하는 그들의 힘이다.[31] 다시 말하면 용의 군사력은 비록 거대하긴 하지만 그럼에도 사람을 기만하는 그의 능

---

31   Sweet, *Revelation*, 208.

력만큼 중요하지는 않다. 이는 용의 본질이 거짓의 아비임을 잘 보여준다.

요한은 독자들에게 이 불가사의한 예언을 푸는 열쇠가 바로 지혜—즉 하나님이 주신 통찰력—라고 말한다. 짐승의 숫자—666—는 사람의 숫자다. 두 번째 짐승과 관련된 이 그림 언어는 첫 번째 짐승이 지닌 군사력과 경제력을 통해 한층 더 강화된 거짓 종교를 가리킨다. 요한은 말세에 있을 짐승의 폭정과 연관이 있는 먼 미래의 어떤 기술을 예언하고 있는 것이 아니다(물론 이 짐승은 먼 미래에 자신의 목적을 달성할 수만 있다면 그에게 주어진 그 어떠한 과학기술이라도 사용할 것이지만 말이다). 1세기 90년대 중반에 요한이 환상을 보았을 당시 네로는 이보다 20년 전에 이미 하나님의 백성에게 짐승과 같은 잔인한 짓을 저질렀지만, 이러한 박해는 최근에 도미티아누스 황제 치하에서 더욱더 극심하게 나타났다.[32] 이는 마치 짐승이 다시 살아난 것과 같았다. 케어드에 의하면 "도미티아누스 황제 이전에는 제국주의가 황제숭배를 꺼리는 일반 대중에게 이를 오만하게 강요하지는 않았다."[33]

짐승의 형상을 숭배하는 것에 대한 언급(계 13:15)은 세대주의자들이나 다른 미래주의자들이 주장하듯이 말세에만 국한되지 않는다. 요한은 이미 독자들에게 사탄의 권좌가 있고, 순교자 안디바가 신실한 증인으로 살다가 얼마 전에 죽임을 당한 버가모 교회의 상황에 대해 이야기

---

32   Swete, *Apocalypse of St. John*, xc.

33   Caird, *Revelation of St. John*, 166.

한 바 있다(계 2:12-17). 버가모에 사탄의 권좌가 있다는 언급은 다양한 이방 종교가 거기서 발견되었다는 것뿐만 아니라—이 도시가 일종의 본부 역할을 담당함—버가모가 이미 잘 알려진 황제 숭배의 중심지였다는 것을 의미한다.[34]

만일 요한이 요한계시록 13:11-18에서 버가모에서 일어난 일과 같은 상황을 언급한 것이라면 우리는 형상을 숭배하는 것에 대한 이러한 언급을 동시대의 사건으로 보아야 한다. 이보다 더욱더 중요한 사실은 요한이 본 환상을 묘사하는 표현이 구약성경에서 이방 왕의 우상에 절하라는 명령을 받은 사드락, 메삭, 아벳느고의 이야기를 상기시킨다는 것이다. 이 젊은이들은 다음과 같은 명령을 받았다. "너희는 나팔과 피리와 수금과 삼현금과 양금과 생황과 및 모든 악기 소리를 들을 때에 엎드리어 느부갓네살 왕이 세운 금 신상에게 절하라. 누구든지 엎드려 절하지 아니하는 자는 즉시 맹렬히 타는 풀무불에 던져 넣으리라"(단 3:5-6). 느부갓네살처럼 (도미티아누스와 같은) 로마 황제들은 자기에게 무릎을 꿇고, 자기를 주로 고백함으로써 예수 그리스도에 대한 충성을 포기할 것을 그리스도인들에게 요구했다.[35] 이 명령을 거역한 대가는 사형이었고, 안디바는 이미 이 운명을 맞이했던 것이다.

다수의 학자는 이러한 중요한 사실을 바탕으로 요한이 묘사한 이

---

34   Colin Hemer, *The Letters to the Seven Churches of Asia in Their Local Setting* (Grand Rapids: Eerdmans, 1989), 82-94.

35   Caird, *Revelation of St. John*, 177.

적그리스도의 비밀을 파헤치다

두 짐승을 로마 제국의 권력(바다에서 나온 짐승)과 **아시아 공동체**(*commune Asiae*), 즉 소아시아 지역의 주민이 로마 황제(땅에서 올라온 두 번째 짐승)에게 적절한 경의를 표현하는 것을 관장하는 지방의회와 동일시한다.[36] 나는 이러한 동일시가 타당하다고 본다.

그리스도인들이 이 환상을 매우 다양하게 해석한다는 사실은 그리 놀랍지 않다. 하나님의 백성과 전쟁을 벌였던 용(계 12:17; 창 3:15의 성취로서)은 쉽게 사탄으로 밝혀진다. 하지만 용의 명령을 따르는 두 짐승의 정체는 수많은 논쟁을 낳았다. 몇몇 교부는 짐승의 모습에서 말세에 등장할 한 인격적인 적그리스도를 보았다. 이는 존 월부어드와 같은 세대주의자들의 견해이기도 한데, 이들은 이 예언이 성취되는 시기를 다니엘 9:27이 예언한 7년 환란으로 보며, 이 본문이 말세에 등장할 세계 지도자와 그의 최고 조력자(거짓 예언자)를 가리킨다고 믿는다.[37] 조지 래드(George Ladd) 같은 역사적 전천년주의자들도 이 환상을 말세에 나타날 적그리스도와 교회에 대한 그의 탄압으로 본다.[38] 이러한 견해는 모두 짐승과 적그리스도를 동일 인물로 간주하면서 요한계시록 1장에서 요한이 언급한 사건의 임박성(계 1:3)과 우리가 이미 서술한 네로의 박해와 역사적 상황을 경시(또는 무시)한다. 우리가 이 환상을 미래의 사건에 어

---

36   예컨대 다음의 연구를 보라. 위의 책, 161-77; Renan, *Antichrist*, 206; Swete, *Apocalypse of St. John*, xci.

37   Walvoord, *Revelation of Jesus Christ*, 197.

38   George E. Ladd, *A Commentary on the Revelation of John* (Grand Rapids: Eerdmans, 1987), 176.

떻게 적용하든지 간에 환상에 나타난 장면은 명백히 로마 제국이 그리스도인들을 박해한 사건과 동시대의 것이며 단지 말세에만 국한된 것은 아니다.

다른 이들은 이 두 짐승이 근본적으로 기독교 역사 전반에 걸쳐 교회를 박해한 사탄의 세력을 상징하는 것으로 간주해왔다. 무천년주의자인 윌리엄 헨드릭슨(William Hendriksen)은 첫 번째 짐승이 사탄의 손을 상징하고, 두 번째 짐승은 사탄의 머리를 상징한다고 믿는다. 다시 말하면 비록 1세기 말경에는 이 두 짐승이 지정학적인 형태(즉 로마 제국)로 나타나긴 했지만, 첫 번째 짐승은 교회에 대항하도록 사탄의 사주를 받은 행정 당국을 가리키는 반면, 두 번째 짐승은 거짓 종교와 철학을 가리킨다.[39] 비록 헨드릭슨이 이를 요한의 원 독자를 넘어 그리스도인에게 적용한 것(과거주의자들은 이 점에서 심각한 약점을 가지고 있다)은 올바른 해석이라고 할 수 있지만, 그는 역사적 정황—앞으로 일어날 여러 정부의 참된 역사적 모형으로서의 로마 제국—에는 충분한 무게를 두지 않는다. G. K. 비일이나 데니스 존슨(Dennis Johnson) 같은 현대의 무천년주의자들은[40] 역사적 정황을 고려함으로써 헨드릭슨이 범한 해석학적 오류를 답습하지 않는다.

역사주의자들은 요한의 환상을 교황에 관한 예언으로 보는 반면,[41]

---

39   William Hendriksen, *More than Conquerors* (Grand Rapids: Baker, 1982), 144.

40   이들의 입장을 구체적으로 보려면 다음을 보라. Beale, *Book of Revelation*; Johnson, *Triumph of the Lamb*.

41   Albert Barnes, "Revelation," in *Notes on the New Testament* (repr., Grand Rapids:

적그리스도의 비밀을 파헤치다

데이빗 칠튼(David Chilton) 같은 과거주의자들은 요한계시록 13장의 첫 번째 짐승을 네로가 통치하는 로마 제국으로 본다. 하지만 칠튼에 의하면 두 번째 짐승(계 13:11-18)은 예루살렘 성이 멸망하기 이전에 이스라엘 내부에서 일어나고, 예수가 복음서에서 경고한 거짓 예언자를 가리킨다(마 24:5, 11).[42] 대다수의 과거주의자들은 짐승의 표와 숫자 666이 네로를 직접 가리킨다고 믿는 반면,[43] 칠튼은 그 숫자가 지닌 신학적 의미(하나님을 대적하는 사람의 숫자로서)도 그 숫자와 네로의 연관성만큼이나 중요하다고 말한다.[44] 만일 요한계시록의 저술 연대가 기원후 70년 사건 이후임을 입증할 수만 있다면 과거주의는 무너질 수밖에 없으며, 우리가 방금 제시한 증거는 요한이 소아시아 전역(네로-도미티아누스의 통치 지역)에서 하나님의 백성을 박해하며 자신을 신격화하는 국가에 대해 언급한 것이지, 배교한 하나님의 백성(이스라엘)에 대한 언급이 아님을 시사한다.[45]

다수의 주석가와 마찬가지로 나 역시 요한이 이 환상에서 언급한 것이 로마 제국의 권세와 황제 숭배라는 데 동의하지만, 이 환상이 의미

Baker, 1965), 319-38.

42   David Chilton, *The Days of Vengeance: An Exposition of the Book of Revelation* (Fort Worth: Dominion, 1987), 326-29, 335-38; DeMar, *Last Days Madness*, 257-60.

43   예컨대 다음을 보라. Kenneth L. Gentry, *The Beast of Revelation* (Tyler, TX: Institute for Christian Economics, 1994), 9-77; Gentry, *Perilous Times*, 126-33.

44   Chilton, *Days of Vengeance*, 344-52.

45   사도 요한은 다수의 유대인들이 그리스도인들을 핍박하는 로마를 지원했다는 점을 지적했다(계 3:9을 보라).

하는 바를 1세기 로마 제국이 모두 다 설명해주지는 못한다.[46] 다시 말하면 여기서 우리가 던져야 할 중요한 질문은 사도 요한이 환상을 볼 당시에 일어난 교회를 향한 로마 제국의 박해가 과연 이 예언의 내용을 모두 담아내는지 여부다. 기원후 70년의 사건이나, 또는 심지어 기원후 95년 도미티아누스 황제의 박해를 둘러싼 사건은 과연 이 예언을 성취했는가? 아니면 교회를 향한 1세기 로마 제국의 박해를, 말세에 적그리스도가 나타나 이러한 박해에 정점을 찍을 때까지 다양한 반기독교적인 정부로부터 그리스도인들이 받게 될 박해를 보여주는 그림으로 이해하는 것이 더 나은가? 나는 후자가 요한계시록 13장의 환상이 말하고자하는 것을 가장 만족스럽게 설명한다고 생각한다(특히 계 17장에 비추어 볼때).

요한계시록 17장의 다시 돌아온 짐승

치명상을 입은 왕(계 13:3)과 요한계시록 17:9-14의 왕의 목록 사이의 관계를 살펴보기 이전에 그리스도의 교회를 미혹하고 박해하기 위해 용으로부터 권세를 받은 두 짐승에 관한 요한의 환상이 구약성경의 욥기 40-41장과 다니엘 7:1-7에서 유래되었다는 점에 주목할 필요가 있다.

---

46   다음을 보라. Beale, *Book of Revelation*, 685; Johnson, *Triumph of the Lamb*, 187-94; Sweet, *Revelation*, 215.

적그리스도의 비밀을 파헤치다

욥기 40-41장은 두 짐승에 관해 이야기하고 있는데, 하나는 땅에서 올라오고(베헤못, 욥 40:15-24), 다른 하나는 바다에서 나온다(리워야단, 욥 41:1-34). 이 본문은 미래에 일어날 최후의 전투를 예고하지만, 또한 용이 패배를 맛본 창조의 여명기(또는 그즈음)를 암시하기도 한다(욥 40:19). 몇몇 유대 작품에서 이 두 짐승은 하나님을 대적하는 사탄의 세력으로서 마지막 날에 멸망할 악의 세력을 상징한다.[47] 요한의 환상은 분명히 메시아 시대에 그리스도와 뱀 사이에 벌어질 싸움의 궁극적인 결과를 반영한다. 이 싸움은 용이 성도들을 상대로 벌이는 전쟁임에도 불구하고 결국 그리스도가 결정적으로 승리하는 싸움이다.

이미 앞서 살펴본 바와 같이 요한계시록 13장 초반부는 다니엘 7:1-7에 크게 의존한다. 바다에서 나온 짐승은 일곱 개의 머리와 열 개의 뿔을 가지고 있다(참조. 단 7:20, 24). 이 짐승은 열 뿔에 열 개의 왕관을 쓰고 있는데, 이는 열 명의 왕으로 해석되는 열 개의 뿔을 가진 다니엘의 네 번째 짐승과 직접적인 연관이 있다(단 7:24). 앞 장에서 용이 왕관을 쓰고 있었다는 사실(계 12:1)은 상당히 중요한 의미를 갖고 있는데, 이는 용이 언젠가는 두 명의 대리인(바다와 땅으로부터 온 두 짐승)을 통해 통치하려는 계획을 세우고 있음을 의미하기 때문이다.[48] 다니엘 7:19-22에 따르면 이 짐승은 중간에 등장하는 뿔(왕)과 함께 옛적부터 항상 계신 이에게 죽임을 당한다.

---

47   Beale, *Book of Revelation*, 682.

48   Hendriksen, *More than Conquerors*, 177.

이에 내가 넷째 짐승에 관하여 확실히 알고자 하였으니, 곧 그것은 모든 짐승과 달라서 심히 무섭더라. 그 이는 쇠요, 그 발톱은 놋이니, 먹고 부서뜨리고 나머지는 발로 밟았으며, 또 그것의 머리에는 열 뿔이 있고, 그 외에 또 다른 뿔이 나오매, 세 뿔이 그 앞에서 빠졌으며, 그 뿔에는 눈도 있고, 큰 말을 하는 입도 있고, 그 모양이 그의 동류보다 커 보이더라. 내가 본즉, 이 뿔이 성도들과 더불어 싸워 그들에게 이겼더니, 옛적부터 항상 계신 이가 와서 지극히 높으신 이의 성도들을 위하여 원한을 풀어 주셨고, 때가 이르매 성도들이 나라를 얻었더라.

위의 본문은 이 짐승이 말세에 마침내 멸망할 것을 말하고 있는데, 이는 이 짐승이 말세가 임하기 직전에 다시 등장할 것을 의미한다.[49] 이 본문이 또 이 짐승을 다니엘 7:8-11에 등장하는 교만한 자와 직접 연결하면서 그가 성도들과 전쟁을 벌이는 신성모독자임을 밝힌다는 사실도 중요하다. 다시 말하면 요한은 다니엘이 본 것과 같은 환상—이번에는 그리스도의 죽음과 부활과 재림의 렌즈를 통해—즉 예수 대신 그를 경배하도록 땅에 거하는 자들을 미혹하기 위해 짐승이 모방한 같은 구속 사역을 보고 있는 것이다.

요한의 환상이 다니엘 7장의 환상을 확대하고 있다는 점도 주목하라. 왜냐하면 요한의 환상은 다니엘의 네 번째 짐승(로마 제국)만이 아니라, 다니엘서에 나타난 네 짐승에 대한 묘사를 모두 담고 있다는 점에

---

49   Young, *Daniel*, 159.

서(단 7:1-6) 요한이 요한계시록 17장에서 본 짐승이 결국 안티오코스 4세 이후 이 짐승의 첫 역사적 현현인 로마 제국보다 더 크다고 믿을 이유가 충분하기 때문이다.[50] 이는 또한 짐승과 로마의 제국 종교를 동일시하는 것이 타당하다는 증거이기도 하지만(계 13장), 이 제국 종교가 종말의 때를 미리 내다보는(이중 성취) 이 예언의 온전한 의미를 모두 설명해 주지는 못한다. 요한은 그가 요한계시록을 저술할 당시 소아시아의 대다수 교회가 당하고 있던 고난을 묘사하지만, 로마 제국의 손에 의해 그리스도인들이 당하는 고난은 궁극적으로 짐승이 다시 출현할 말세를 미리 내다본다. 말세에 출현할 바로 이 짐승을 우리는 흔히 적그리스도와 동일시한다.[51]

요한계시록 17:9-14은 이러한 해석을 지지하는 증거를 추가로 제시해준다. 다니엘과 요한이 짐승과 관련하여 사용한 숫자도 요한의 환상의 의미를 이해하는 데 매우 중요하다. 요한계시록 전반에 걸쳐 나타난 용례의 패턴을 보면 일곱 개의 머리(계 17:9-10)와 열 개의 뿔(계 17:12)을 아마도 요한 시대 혹은 그 이후 시대의 특정 지도자와 동일시하기는 어려울 것이다. 왜냐하면 케어드가 지적하듯이 "뿔들은 [짐승이 무저갱에서 다시 올라오는] 전적으로 미래[즉 기원후 95년 이후]에 속한 것"이기

---

50   Johnson, *Triumph of the Lamb*, 188-89.

51   Isbon T. Beckwith, *The Apocalypse of John* (repr., Grand Rapids: Baker, 1967), 690-711; Caird, *Revelation of St. John*, 165; Kiddle, *Revelation of St. John*, 342; Ladd, *Commentary on the Revelation of John*, 231; Sweet, *Revelation*, 259.

때문이다.[52] 예수가 말세에 다시 오시듯이 짐승도 장차 무저갱에서 다시 올라올 때 미래의 부활과 유사한 것을 보여줄 것이다(계 17:8). 이것은 요한계시록 20:1-10의 내용뿐 아니라 천년왕국 시대를 시작으로 사탄이 무저갱에 있는 그의 감옥에서 풀려나는 시점에 끝나는 사탄의 결박과도 연관이 있어 보인다(계 20:7).[53] 비일이 지적하듯이 "그리스도에 대한 짐승의 모방은 마침내 가짜로 드러날 것이다. 그리스도의 부활은 그를 '세세토록 살아 있게' 하는 반면(1:18), 짐승의 부활은 그의 '파멸'로 귀결될 것이다."[54]

일곱 머리와 열 뿔을 구체적으로 적시함으로써 발생하는 문제는 심각하다.[55] 요한이 열거한 왕의 목록—그것이 요한계시록 17:10에 등장하는 여덟 번째 왕 이전에 나오는 일곱 명의 왕이든지, 아니면 어린 양과 싸우는 요한계시록 17:12의 열 명의 왕이든 간에—을 역사적 인물과 연계시키려고 할 때 우리가 던져야 할 중요한 질문은 바로 "어느 로마 황제부터 시작할 것인가"다. 만일 율리우스 카이사르로부터 시작한다면 통치 기간이 매우 짧았던 네로가 6대 황제의 자리에 위치할 것이다. 그러나 네로는 치명상을 입었음에도 다시 돌아올 짐승의 우두머리일 것으

52　Caird, *Revelation of St. John*, 219.

53　이것은 계 20장의 장면이 미래의 천년왕국 시대가 아닌 현시대 즉 초림과 재림 사이의 시간을 가리킴을 의미한다.

54　Beale, *Book of Revelation*, 865.

55　다음의 논의를 보라. David E. Aune, *Revelation 17-22*, Word Biblical Commentary, vol. 52c (Nashville: Thomas Nelson, 1998, 『요한계시록 17-22』, 솔로몬 역간), 945-49; Beckwith, *Apocalypse of John*, 704-8.

적그리스도의 비밀을 파헤치다

로 추정된다. 또한 네로는 요한이 저술할 당시에 통치한 황제가 아니며, 아마 도미티아누스가 요한계시록이 저술될 당시의 황제였을것이다.[56] 만일 첫 번째 공식 황제인 아우구스투스로부터 시작한다면 로마 원로원이 공식적으로 신격화하지 않은 갈바, 오토, 비텔리우스와 같이 짧은 기간을 통치했던 세 명의 황제도 계산에 포함할 것인가? 이러한 계산은, 비록 어떤 이들은 이것이 확실히 가능하다고 자신감을 보이지만, 현재 우리가 가지고 있는 정보로는 불가능하다.[57]

하지만 특정 황제를 일곱 머리 혹은 열 뿔 중 하나로 보는 것은 요한이 말하고자 하는 바를 놓치는 것이다. 이 환상의 의미를 이해하는 열쇠는 숫자의 상징성이지, 요한이 이 책을 저술할 당시 통치한 특정 황제가 누구인지를 파악하는 것이 아니다.[58] 비즐리-머레이는 심지어 그렇게 하려는 시도조차도 모두 잘못된 것이라고 말한다. 왜냐하면 요한의 초점은 역사적 사실보다 종말론에 맞추어져 있기 때문이다.[59] 요한은 우리에게 로마의 역사를 재교육하려는 것이 아니다. 그는 짐승의 세력과 치르게 될 필연적인 전투에 대비하도록 그리스도인들을 준비시키고 있다.

그렇다면 이 숫자들이 상징하는 바는 무엇일까? 요한계시록 전반

---

56   Caird, *Revelation of St. John*, 217; Johnson, *Triumph of the Lamb*, 249-50.

57   다음의 예를 보라. Gentry, *Before Jerusalem Fell*, 146-64.

58   이에 대한 논의는 다음을 보라. Caird, *Revelation of St. John*, 217-19; Johnson, *Triumph of the Lamb*, 248-53.

59   Beasley-Murray, *Book of Revelation*, 257.

에 걸쳐 숫자 7은 완전함을 나타내는 반면, 숫자 10은 짐승이 지닌 권세와 전 세계적인 영향력의 완전함을 나타낸다.[60] 이는 아마도 요한이 이를 통해 우리에게 정확한 로마 황제의 연대기를 제공하려고 한다기보다는 하나님 나라를 무너뜨리려는 짐승의 사악함을 묘사하려 했다는 점을 시사한다. 계산을 율리우스 카이사르로부터 시작하든 아우구스투스 황제로부터 시작하든 상관없이 요한이 요한계시록을 집필할 당시의 짐승은 로마 제국 안에서 나타났다. 두 짐승은 하나님의 백성이 짐승 또는 그의 형상을 경배하지 않는다는 이유로 그들을 탄압하고, 그들이 통상적인 상거래에 참여하는 것을 금지하며, 성도들과 전쟁을 벌인다(계 13:17). 당시 서머나 교회는 이미 이러한 경제적인 어려움을 겪고 있었고, 다수의 성도는 심지어 구속될 위기에까지 처하게 되었다(계 2:8-11을 보라). 바다와 육지에서 올라온 이 두 짐승은 당시 요한이 환상을 기록할 때 이미 활동하고 있었다.

하지만 이 환상(계 17장)이 말하고자 하는 바는 성도들을 이미 핍박하고 있던 짐승이 다시 나타날 것이며, 이번에는 그리스도의 재림과 함께 나타날 것이라는 점이다(계 19:19-21). 요한은 요한계시록 17:8에서 다음과 같이 기록한다. "네가 본 짐승은 전에 있었다가 지금은 없으나 장차 무저갱으로부터 올라와 멸망으로 들어갈 자니, 땅에 사는 자들로서 창세 이후로 그 이름이 생명책에 기록되지 못한 자들이 이전에 있었다가 지금은 없으나 장차 나올 짐승을 보고 놀랍게 여기리라." 이 본

---

60   Beale, *Book of Revelation*, 684.

적그리스도의 비밀을 파헤치다

문에서 요한이 사용한 세 동사 가운데 마지막 동사(올라와)는 *parestai*인데, 이 단어는 신약성경 전반에 걸쳐 그리스도의 재림을 의미하는 명사 *parousia*에서 유래한 것이다.[61] 이 짐승은 지옥에서 나와 말세에 많은 이들을 미혹할 것이다(참조. 20:7-10).

이 짐승은 그리스도의 죽음과 부활을 패러디하여 온 세상을 놀라게 할 뿐만 아니라, 요한계시록 17장의 환상은 이 짐승 위에 올라타 있는 어떤 사람을 묘사한다. 그 위에 올라탄 자는 불가사의한 음녀로서, "**비밀, 위대한 바벨론, 음녀들의 어미, 이 땅의 가증한 것들**"이며, "성도들의 피를 마시는 자"다(계 17:3-6). 요한은 이 음녀를 도시 로마와 직접 연결하고(일곱 산이 있는 도시, 17:9), 여덟 번째 왕보다 앞서 올라온 일련의 왕(일곱 명)을 열거하며, 이어서 짐승과 연대하여 결국 큰 바벨론인 음녀에게 대항하고 그녀를 죽일 열 명의 다른 왕을 열거한다(계 17:9-17). 사도 요한은 나중에 이 음녀를 "땅의 왕들을 다스리는 큰 성"(계 17:18)이라고 부른다. 이 땅의 왕들은 어린양과 단지 전쟁만 벌이는 것이 아니다. 악의 권세가 자기 자신을 스스로 파멸로 몰아간다는 점은 이 땅의 왕들이 음녀로부터 돌아선다는 사실에서도 볼 수 있다.

과거주의자들은 종종 이 여인을 배교한 예루살렘으로 보는 반면,[62] 역사주의자들은 로마 가톨릭교회를 지칭하는 것으로 본다.[63] 세대주의

---

61   Caird, *Revelation of St. John*, 215-16.

62   Chilton, *Days of Vengeance*, 424; DeMar, *Last Days Madness*, 359.

63   Barnes, "Revelation," 379-95.

자들은 흔히 이것을 (미래의) 7년 환란 기간 동안 다시 살아난 로마 제국의 정치 세력이 배교한 교회와 연합하는 것을 예언한 것으로 본다.[64] 반면 예언 전문가 데이브 헌트(Dave Hunt)는 이것이 로마 가톨릭교회를 지칭하는 것으로 본다.[65] 하지만 이러한 주장 가운데 그 어느 것도 이 환상이 우리에게 제공한 정보와 일치하지 않는다.

바벨론이 미혹하는 음녀와 동일시된다는 사실은 그녀의 권세가 그녀의 미혹하는 능력에 있음을 우리에게 알려준다. 이 땅의 왕들은 사실 그녀와 간음하는 죄를 범했다(계 18:2-3). 하지만 이것을 이스라엘에도 동일하게 적용할 수는 없다. 이스라엘의 경우는 부도덕한 행위에 해당한다기보다는 "세속적 질서가 요구하는 이 세상의 우상숭배"를 받아들인 것에 해당한다.[66] 그녀는 이 세상에 거하는 이들에게 커다란 영향력을 행사해왔고, 이로써 그들은 자신들을 취하게 만드는 그녀의 포도주를 계속 마셨다. 이 본문에는 구약성경에 대한 반향이 많이 들어 있다. 이스라엘은 이 음녀가 행한 것처럼 야웨를 배반하고 영적 간음을 일삼았다(사 1:21; 렘 2:2-37; 겔 16:36-63; 호 2:5을 보라). 이 그림 언어는 이 세상 사람들을 미혹할 줄 아는 음녀의 묘한 능력을 보여준다. 또한 이 그림에는 바벨론의 멸망으로 인해(특히 13절) 성전이 재건될 것을 미리 내다본 예레

---

64   Walvoord, *Revelation of Jesus Christ*, 244.

65   Dave Hunt, *Global Peace and the Rise of Antichrist*, 115. 또한 그의 이 유명한 책도 보라. Dave Hunt, *A Woman Rides the Beast* (Eugene, OR: Harvest House, 1994).

66   Beale, *Book of Revelation*, 848.

미야의 예언(렘 51장)에 대한 반향도 들어 있다.[67] 이 거대한 도시가 세계의 상업과 연관되어 있다는 사실은 요한계시록 18장(3, 9-19절)에 잘 나타나 있다. 바벨론이 왕들과 상인들에게 부(富)를 가져다주는 한, 그들은 그녀의 잔에 든 포도주를 마시고, 그 대가로 그녀에게 미혹될 것이다. 이것이 바로 두로 사람들이 우상숭배와 깊이 연관된 경제 활동을 하면서 왕들과 더불어 간음하는 죄를 범하게 된 이유다(사 23:17을 보라).

이제는 여기서 사용된 상징의 의미가 더욱더 분명해졌을 것이다. 로마는 "당대의 바벨론"이며,[68] 결국 멸망할 수밖에 운명 속에서 심지어 지금도 하늘에서 내려오는 천상의 도성의 영광과 통치권 가운데 그 어느 것도 얻지 못할 인간의 도성을 상징한다(계 21:2). 따라서 바벨론은 로마를 가리키지만, 또한 동시에 "인류 역사 전반에 걸쳐 존재하는 국가 및 이와 관련된 권력과 동맹을 맺은 이 땅의 경제-종교적 체제"를 상징한다.[69] 사도 요한에 의하면 경제력과 황제 숭배를 동원해 로마가 표방한 우상숭배의 악은 앞으로도 재림 때까지 계속해서 나타날 것이다. 국가들은 이 상징적 바벨론(인간의 도성)과 기꺼이 동맹을 맺을 것이다. 그들은 경제적 이득을 얻는 대가로 기꺼이 미혹당할 것이다. 그리고 언젠가 그들은 음녀로부터 돌아서서 그녀를 죽이고, 결국에는 그녀의 죽음을 애도할 것이다. 왜냐하면 비록 음녀가 자신들에게 행한 일로 인해 그녀를 미

---

67   위의 책.

68   Beasley-Murray, *Book of Revelation*, 261.

69   Beale, *Book of Revelation*, 850.

워하겠지만, 상인들은 자신들에게 주어지는 경제적인 이득을 계속해서 필요로 하기 때문이다(계 18:11).

짐승은 적그리스도인가? 그럴 수도 있고, 아닐 수도 있다

요한은 이러한 상징을 이해하려면 지혜를 가진 마음이 필요하다고 말한다. "지혜 있는 뜻이 여기 있으니, 그 일곱 머리는 여자가 앉은 일곱 산이요, 또 일곱 왕이라. 다섯은 망하였고, 하나는 있고 다른 하나는 아직 이르지 아니하였으나, 이르면 반드시 잠시 동안 머무르리라. 전에 있었다가 지금 없어진 짐승은 여덟째 왕이니 일곱 중에 속한 자라. 그가 멸망으로 들어가리라"(계 17:9-11). 이 환상을 이해하기 위해 가장 중요한 것은 당대 로마 제국의 통치자가 누구였는지(그것이 네로건, 도미티아누스이건 간에)를 셈하는 것이 아니다. 이 환상의 핵심 인물은 요한이 환상을 볼 당시 여전히 미래의 인물이었던 여덟째 왕 또는 황제다(계 17:11). 어떤 이들은 이 여덟 번째 왕을 환생한 것으로 여겨진 네로와 연결했고(계 13:3), 그를 그리스도와 그의 교회의 주적("환생한 네로")인 적그리스도로 간주했다.[70] 하지만 데니스 존슨이 지적한 바와 같이 이 왕(그중 여섯 명은 이미 왔다 감)의 이름을 열거한 것은 단순히 "현재 교회가 당하는 고난(일곱 번째 왕)의 압박뿐 아니라 말세에 등장할 적(여덟 번째 왕으로 출현할 짐

---

70   Caird, *Revelation of St. John*, 219.

적그리스도의 비밀을 파헤치다

승)의 음모를 이겨낼 수 있도록 인내해야" 함을 의미한다.[71] 요한은 그가 환상을 볼 당시에 이미 존재하고 있던 통치자가 아니라 미래에 등장할 일곱 번째와 여덟 번째 왕에게로 우리의 시선을 돌린다.

하지만 이미 살펴본 바와 같이 우리는 아마도 문자적으로든 또는 은유적으로든 네로가 (로마의 특정 황제로서) 죽었다가 환생했다고 말하지 않는 편이 더 나을 것이다. 우리는 오히려 이 짐승이 자기 신격화와 하나님의 백성을 향한 증오심으로 무장한 채 말세의 반(反)기독교 정부의 모습으로 살아 돌아와, 이 세상 사람들을 속이고 놀라게 만드는 그의 능력을 마지막으로 보여줄 것이라고 말해야 한다. 하지만 이 여덟 번째 왕은 아직 출현하지 않았다.

이 짐승을 적그리스도와 동일시하는 것은 상당한 혼란을 일으킨다. 신약성경 가운데 천사로부터 환상을 받아 저술한 요한계시록과, 자신의 이름이 붙은 세 편의 서신의 저자인 사도 요한(나는 그가 이 세 서신의 저자라고 생각한다)은 이 짐승에게 단 한 번도 "적그리스도"라는 표현을 사용하지 않는다. 만일 이 짐승이 로마 제국과 제국 종교를 가리키고, 예수의 초림과 재림 사이의 긴 시간에 출현하여 하나님의 백성을 박해할 일련의 사악한 정부 가운데 첫 번째 정부를 가리킨다면 이 짐승은 요한이 그의 서신에서 사용한 의미—어떤 국가(로마)의 박해가 아닌, 구체적으로 이단(내부적인)을 가리키는—의 적그리스도가 될 수 없다.

사람들이 이 짐승을 적그리스도와 동일시하는 이유는 환생한 네로

---

71   Johnson, *Triumph of the Lamb*, 251.

(Nero *redivivus*)와 아직 출현하지 않은 여덟 번째 왕의 연관성 때문이다. 다시 말하면 이 여덟 번째 왕이 말세에 나타날 하나님의 백성의 주적이며, 그에게 이 "적그리스도"라는 명칭을 적절하게 붙이려면, 이 특정 인물이 이 짐승의 마지막 현현(여덟 번째 왕)임을 나타내고, 또 요한이 그의 서신에서 언급한 일련의 적그리스도가 마지막 한 명의 적그리스도에서 그 정점을 찍을 것임을 의미했다고 보아야 한다. 이러한 전제가 없다면 우리는 이 용어를 마구 남발하면서 심지어 비성경적인 방식으로 사용하는 오류를 범하고 말 것이다.

666과 짐승의 표

만일 당신이 요한계시록 13장의 짐승이 1세기의 로마 제국과 상관이 없고, 단지 말세에(즉 세대주의자들의 주장처럼 7년 환란 기간에) 출현할 것으로 믿는 미래주의자라면 당신은 이 짐승의 표를 신약성경의 렌즈와 요한이 환상을 볼 당시의 역사적 정황을 통해 바라보지 않을 것이다. 그 대신 이 불가사의한 표를 여전히 미래에 숨겨진 무언가로 이해할 것이다. 또한 모든 종류의 과학기술이 매우 빠른 속도로 발전하고 있음을 고려하면 미래주의자들이 요한의 짐승의 표에 대한 언급을 기술적 진보와 연결하고, 그것을 통해 짐승과 거짓 예언자들이 이 세상 사람들을 노예로 삼으며, 그들을 속여 적그리스도를 숭배하게 만들 것이라고 이해하는 것은 극히 자연스러운 일이다.

적그리스도의 비밀을 파헤치다

미래주의자들의 견해에 따르면 요한은 이 짐승의 표를 언급할 때 기본적으로 적그리스도가 이 세상 사람들을 지배하고 통제하기 위해 사용할 어떤 미래의 기술을 예고한다. 피터 라론드와 폴 라론드에 따르면 "성경은 짐승의 표와 그 관련 기술이 적그리스도에 의해 설치될 것인 바, 그 목적 자체로서가 아니라 지금도 계속 조성되고 있는 신세계 질서를 유지하는 수단으로서 사용될 것이라고 말한다."[72] 팀 라헤이는 "빅 브러더"(Big Brother)에 대한 불안감을 『레프트 비하인드』 소설 시리즈 가운데 또 하나의 베스트셀러인 『표: 짐승이 세계를 통치하다』의 소재로 삼았다.[73]

미래주의자들이 요한계시록을 접근하는 방식은 우리가 지금까지 열심히 살펴본 요한계시록 13장과 17장에 언급된 환상의 배경이 되는 역사적 정황을 무시함으로써 1세기의 그리스도인들에게 이미 심각한 위협을 안겨주었던 황제 숭배를 먼 미래의 일로 간주했기 때문에 잘못된 것이다. 오히려 짐승의 표에 대한 요한의 설명은 로마 제국의 종교와 황제 숭배라는 역사적 배경을 고려하여 이해해야 한다. 로마 황제의 신성모독적인 이미지는 요한의 세계(특히 소아시아)에서는 온 천지에 만연해 있었고, 대다수 주요 도시에서는 동전을 비롯하여 동상에 이르기까지 여러 황제를 신으로 인정했다.[74] 손등이나 이마에 받는 짐승의 표에 대한

---

72   LaLonde and LaLonde, *Racing toward the Mark of the Beast*, 148.

73   Tim LaHaye and Jerry B. Jenkins, *The Mark: The Beast Rules the World* (Wheaton: Tyndale, 2001).

74   S. R. F. Price, *Rituals and Power: The Roman Imperial Cult in Asia Minor* (New York:

요한의 언급은 수치와 예속의 표시인 노예들의 낙인 혹은 문신이 1세기에 만연해 있던 관습이었다는 사실에 비추어보면 완벽하게 이해된다.[75]

노예에게 어떤 표를 새기는 이러한 관습의 신학적 의미는 이 제국 종교의 표를 가진 자는 모두 짐승의 소유—짐승의 뜻을 따르고 행하는 추종자와 종—라는 것이다. 다시 말하면 이 표(charagma)는 짐승을 숭배하며 섬기는 이들을 나타낸다. 이 표가 구체적으로 제국의 공식 문서에 찍힌 도장을 가리킨다는 사실은, 이 표를 통해 요한이 의미하고자 하는 바가 무엇이든지 간에, 이것이 오직 하나님께 속한 권세와 영광을 국가가 가로채는 것과 직접적인 관계가 있음을 암시한다.[76] 요한은 박해당하던 서머나 교회 신자들에게 이미 다음과 같이 강력히 권면했다. "너는 장차 받을 고난을 두려워하지 말라. 볼지어다! 마귀가 장차 너희 가운데에서 몇 사람을 옥에 던져 시험을 받게 하리니, 너희가 십 일 동안 환난을 받으리라. 네가 죽도록 충성하라. 그리하면 내가 생명의 관을 네게 주리라"(계 2:10). 한 가지 분명한 것은 이 권면이 서머나에 있는 그리스도인들을 넘어 모든 시대의 그리스도인들에게도 적용된다는 점이다.

여기서 짐승의 숫자 666에 관한 약간의 역사적 배경을 소개하는 것이 도움이 될 것이다. 그리스-로마 세계는 오늘날 우리처럼 아라비아 숫자를 사용하지 않았다. 따라서 글자가 숫자의 가치를 대신했다. 각 알파

Cambridge University Press, 1984).

75   Caird, *Revelation of St. John*, 173.

76   Sweet, *Revelation*, 217.

벳에 배당된 숫자를 합산하여 단어나 사람을 알아맞히는 것을 게마트리아(gematria)라고 부른다.[77] 숫자 6-6-6의 총합에 가장 잘 어울리는 후보는 네로 카이사르인데, 이는 네로의 그리스 이름을 히브리어(네론 케사르)로 음역하면 그 총합이 666이 되기 때문이다. 이러한 계산은 비합리적이지 않았기에 사람들 사이에서 폭넓게 받아들여졌다.[78]

하지만 짐승의 정체를 이러한 방식으로 구체화하려는 시도는 여러 가지 이유에서 논쟁의 여지가 많다. 이러한 계산은 히브리어 글자를 아주 정확하게 사용하지 않았을 뿐 아니라 카이사르가 네로의 유일한 칭호도 아니다. 분명한 것은 교부들 가운데 그 누구도 666과 네로의 연관성을 인식하지 못했다는 점이다.[79] 사실은 게마트리아를 활용해 이 숫자와 네로를 동일시한 것은 1831년에 네 명의 독일 학자가 처음 시도했었다.[80] 그리고 요한이 말하듯이 결국 이 계산을 하는 데는 지식이 아닌 지혜가 필요하다. 다시 말하면 수학을 푸는 영리함이나 기술이 아닌 영적 통찰력이 필요하다는 말이다.

또한 게마트리아를 활용하여 짐승의 숫자를 계산하려는 시도는 문제의 소지가 있다. 왜냐하면 이러한 방법은 마음만 먹으면 누구라도 지목이 가능하기 때문이며, 따라서 어떤 특정 그룹에서는 이것이 "적그리

---

77 Beale, *Book of Revelation*, 718-28.

78 이에 대한 논의는 다음을 보라. Bauckham, *Climax of Prophecy*, 384-452; Caird, *Revelation of St. John*, 174-77; Gentry, *Before Jerusalem Fell*, 193-219.

79 Beale, *Book of Revelation*, 720.

80 Bauckham, *Climax of Prophecy*, 387. Bauckham에 따르면 수에토니우스는 네로를 다음과 같이 조롱했다. "새로운 추정: 네로는 자신의 모친을 살해했다"(위의 책, 386).

스도 지목하기"(pin the tail on the Antichrist)로 불린다. 예를 들어 로널드 윌슨 레이건은 그의 세 이름이 각각 여섯 글자로 되어 있어서 한때 짐 승으로 지목되었다.[81] 다른 수많은 사람도 예외는 아니었다(이 부분은 본서 1장에서 이미 다루었다). 게마트리아가 지닌 또 다른 문제는 2,000년이 지난 현재 우리의 관점에서 보면 어떤 특정한 이름을 숫자로 바꾸는 것은 상대적으로 그리 어렵지 않지만, 숫자를 가지고 어떤 특정한 이름을 알아내는 일은 훨씬 더 어렵다.[82] "지혜가 여기 있으니, 총명한 자는 그 짐승의 수를 세어 보라. 그것은 사람의 수니, 그의 수는 육백육십육이 니라"(계 13:18).

비록 이러한 반론은 숫자 666과 네로 사이에 존재하는 명백한 연관 성을 뒤집기에는 충분하지 않지만, 그럼에도 네로를 요한이 언급한 짐 승과 동일시하는 것에 대해 더욱 신중을 기해야 하며 이 문제를 더 이상 확대하여 해석할 필요가 없음을 시사한다.

결국 정확하게 그가 누구이며, 그 숫자가 누구를 가리키는지에 몰 두하는 행위는 이 숫자의 신학적 의미를 경시하거나 심지어 이를 무시 하는 잘못된 분위기를 조성한다. 숫자 666이 의미하는 바는 적어도 짐승 의 정체만큼이나 중요하다.[83] 요한이 이것이 "사람의 수"라고 말할 때 그는 이 숫자가 네로와 같은 특정한 인물을 언급한 것이 아니라 네로

---

81   Fuller, *Naming the Antichrist*, 28.

82   Beale, *Book of Revelation*, 721.

83   위의 책, 724-25.

와 같이 행동하는 일련의 개인을 의미했을지도 모른다. 비일이 지적하듯이 "13:18에서 관사가 생략된 것은 그 호칭이 오직 어떤 비밀스러운 계산 방법을 통해서만 알아차릴 수 있는 어떤 특정한 인물이 아니라 인간이라는 일반적인 개념을 가리켰음을 암시한다. 그러므로 이 두 구절에서 ἀνθρώπου[사람]는 서술적 또는 질적 소유격이며, 따라서 이 문구는 '사람의 수' 혹은 '인류의 수'로 옮겨야 한다. 이것은 타락한 인류에게 적용되는 공통적인 숫자다."[84]

모든 민족의 경배를 받기 위해 그리스도의 구속 사역을 패러디하려는 짐승의 시도에 비추어 보면 이 숫자를 타락한 인류의 숫자로 이해하는 것은 상당히 타당해 보인다. 만일 7이 완전한 숫자라면 숫자 6은 이에 가깝긴 하지만, 그 목표에는 결코 미치지 못한다. 비일이 지적하듯이 "짐승은 하나님과 분리되어 항상 하나님의 형상을 닮고자 노력하지만 그럼에도 실패하고야 마는 중생하지 못한 인류의 최고 대표자다. 인류는 제6일째 창조되었지만, 제7일의 안식이 없었다면 아담과 하와는 불완전하며 미완성된 존재가 되었을 것이다. 숫자 6의 세 번 반복은 짐승과 그를 따르는 추종자들이 인류를 향한 하나님의 창조 목적에 이르지 못함을 강조한다."[85]

물론 비일의 주장이 타당하다 해도(나는 그렇게 믿고 있다), 그것이 곧 요한이 네로를 전혀 염두에 두고 있지 않았음을 의미하는 것은 아니다.

---

84   위의 책, 724.

85   위의 책, 725.

사실 일부 학자는 네로가 실제로 숫자 666을 지닌 첫 번째 사람이지만, 이 숫자는 상징적인 의미도 갖고 있다고 주장했다. 비일에 따르면 "일부 학자는 요한이 네로를 염두에 두고 있었지만, 그 숫자가 상징적인 의미도 갖고 있었다고 믿는다.…보컴은 요한이 네로의 전설을 활용한 것은 한 개인에 초점을 맞추기보다는 그리스도의 죽음, 부활, 재림에 버금가는 황제의 계승 역사를 만들기 위함이었다고 주장했다. 따라서 네로와 그 제국의 권력은 마땅히 오직 그리스도와 하나님께 속한 것을 탈취하려 함으로써 그 한계선을 넘어버린 모든 국가 권력을 상징한다."[86] 내 생각에 이것은 우리가 위에서 설명한 시나리오와 잘 어울린다.

그렇다면 짐승의 표는 무엇일까? 이것은 네로의 사악함과 하나님의 백성을 향한 그의 증오를 나타낸다는 의미에서 네로와 직접 연결될 수도 있지만, 네로는 그 숫자를 받는 것이 암시하는 것―그리스도를 주로 고백하기 때문에 받는 박해를 피하고자 국가나 그 지도자를 숭배하는 것―을 모두 포함하지는 않는다. 이 짐승은 그리스도의 초림과 재림 사이의 기간 전반에 걸쳐 나타나겠지만, 복음 선포나 하나님의 섭리에 의해 말세 때까지 억제된다(참조. 살후 2:1-12; 계 20:1-10).

이 숫자의 의미는 적어도 이 숫자가 누구에게 적용되는지를 파악하는 것만큼이나 중요하다. 인간의 숫자 666은 완전한 숫자 7에 비하면 "전적으로 불완전하다." 세 번 반복되는 숫자 "6"은 안식도 없이 끊임없

---

86   위의 책. 또한 이에 대한 구체적인 논의는 다음을 보라. Bauckham, *Climax of Prophecy*, 384-452.

적그리스도의 비밀을 파헤치다

이 일하는 것을 의미한다. 창조의 법칙은 인간이 6일간 일하고 일곱 번째 날에는 창조주가 그러하셨듯이 안식하는 것이었다. 하지만 이 경우에 짐승의 표를 받은 자들은 끊임없이 일하고, 그들이 고대하는 안식에 결코 들어가지 못한다.

신약성경이라는 더 큰 맥락에서 보면 그리스도인들은 세례 시에 그리스도께 "인치심"을 받는다(참조. 롬 4:11; 롬 6:1-11). 짐승의 표는 신학적으로 세례를 거부하거나(배교할 경우), 황제(또는 다른 정치적 인물)를 주(主)로 고백함으로써 그리스도의 주(主) 되심을 거부하는 것에 상응한다고 볼 수 있다. 이것은 짐승의 마지막 출현과 연관된 배교에 관한 신약성경의 지속적인 경고와 일맥상통한다(살후 2:1-12; 계 20:7-10을 보라).

설령 사악한 네로의 이미지가 배후에 숨어 있다 하더라도, 이러한 현상은 누군가가 "카이사르는 주(主)다"라고 고백할 때마다 현세의 전반에 걸쳐 계속해서 반복된다. 나는 우리 교회의 장년 교육 수업에서 독일의 나치에 관한 비디오를 상영했을 때 그 방안에 감돌던 공포 분위기를 결코 잊지 못할 것이다. 옛날 뉴스 영상을 보면 독일의 어린 학생들은 환희에 찬 얼굴로 "히틀러는 우리의 구세주다. 히틀러는 우리의 주(主)다"라는 노래를 불렀다. 이 장면은 내가 상상할 수 있는 그 어떤 것과 비교해도 전혀 손색이 없을 만큼 "짐승의 표를 받는" 것이 의미하는 바를 분명하게 보여준다.

분명히 네로는 그의 뒤를 이어 하나님께 속한 것을 자신의 것으로 취하고 만물의 자연 질서를 조롱한 사악하고 불경한 모든 지도자의 전신 혹은 모형이다. 이런 지도자들은 모든 전통적인 규범을 거부하고, 사리사욕을 채우기 위해 권력을 남용한다. 이것이 그리스도인들이 소위 "환생한" 네로를 이 짐승과 연관 짓는 이유다. 여기서 중요한 것은 네로가 살아 돌아온다는 것이 아니라 네로가 상징했던 것이 말세 때까지 우리의 실상이 될 것이라는 데 있다. 왜냐하면 일곱 번째 나팔이 울리고 나서야 비로소 "하늘에 큰 음성들이 나서 이르되 '세상 나라가 우리 주와 그의 그리스도의 나라가 되어 그가 세세토록 왕 노릇'"하실 것이기 때문이다(계 11:15).

비록 그리스도의 초림과 재림 사이의 시대에 출현할 다양한 형태의 짐승과 거짓 예언자가 하나님의 백성을 박해하는 데 있어 자신들의 목적을 극대화하기 위해 기술의 발전을 활용할 수도 있지만, 적절한 신학적 맥락에서 벗어나 짐승의 표를 구체적으로 기술의 새로운 발전과 연결할 수는 없다. 요한은 세대주의자들의 가르침처럼 말세에 국한된 어떤 사건을 언급하고 있는 것이 아니다. 그는 어느 시대를 막론하고 그리스도를 따르기 위해 치러야 하는 대가가 있을 것이라고 성도들에게 경고한다. "예수는 주시다"라는 고백이 포악한 지도자들을 격분시킬 때가 실제로 반드시 올 것이다.

로마 가톨릭교회의 예전을 짐승의 표와 연계시키려는 역사주의자들의 시도는 로마 가톨릭교회가 때때로 이 표를 사고파는 것에 대한 교회의 권위를 부정하는 자들을 금지했을 경우에만 타당해 보인다. 로마 가톨릭교회가 다수의 정부(군주들/왕들)와 맺은 관계―특히 중세 후반에 (신성 로마 제국과 그 잔재)―는 교회가 칼을 들고 국가는 거짓 종교를 강요하던 섬뜩한 사례에서처럼 말세에 일어날 이단과 국가의 결합을 보여주는 좋은 본보기가 될 것이다. 종교개혁자들은 1570년대 소위 "피의 법정"(Council of Troubles)이 있던 시대에 교황과 로마 가톨릭교회의 이름으로 스페인 군대가 네덜란드의 성도들을 끊임없이 박해했던 일에 대해 잘 알고 있었다.[87] 이것이 바로 많은 개혁교회 신자들이 교황직이 적그리스도의 자리에 해당하며, 요한이 본 환상의 주인공이라고 믿게 된 주된 요인 중 하나다.[88]

물론 그리스도인에 대한 이러한 박해는 전적으로 세속적인 국가(구 소련과 같이) 혹은 기독교 역사가 없는 국가(중국)에서도 발생할 수 있다. 이는 심지어 과거에 국민의 대다수가 그리스도인이었던 국가(독일의 나치)나 혹은 다원주의적인 시민 종교가 지배적인 국가(미국)에서도 일어날 수 있다. 박해는 과거와 미래를 불문하고 마땅히 하나님께 속한 것을 그들 자신이 취하고, 성도들과 전쟁을 벌이는 짐승과 유사한 특징을 드러내는 지도자들을 통해 언제 어디서든 발생할 수 있다. 하지만 그들은 결국 어린양에 의해 무참히 멸망하고 말 것이다.

---

87 예컨대 알바공(Duke of Alba)은 수천 명의 개혁교회 신자들의 죽음에 대한 책임이 있었다. Henry Kamen, *The Duke of Alba* (New Haven: Yale University Press, 2004), 91-94. Kamen은 사망자 수를 천 명이 약간 넘는 것으로 집계한 반면, Philip Schaff는 10만 명가량으로 잡았는데, 이는 명백한 억측이다. Philip Schaff, *Creeds of Christendom* (repr., Grand Rapids: Baker, 1983), 1:503n2.

88 Barnes, "Revelation," 383-84; Steve Gregg, *Revelation: Four Views, A Parallel Commentary* (Nashville: Thomas Nelson, 1997), 290-92.

6장

불법의 사람

데살로니가후서 2:1-12에 나타난 적그리스도 교리

데살로니가 교회의 상황

사도행전 17:1-9은 데살로니가에 처음 교회가 세워졌을 때 사도 바울이 그 도시에서 보냈던 격동의 시간을 이야기한다. 바울은 그의 습관대로 그 지역의 회당에 가서 구약성경을 갖고 유대인들과 토론을 벌이며, 예수가 그리스도임을 설득하려고 노력한다(3절). 다수의 유대인이 그의 메시지에 설득당하면서 문제가 시작된다. 머지않아 소동이 일어나고(5절), 바울과 실라는 할 수 없이 인근 지역인 베뢰아로 도망한다. 그리고 마침내 그들은 고린도로 향한다(행 18:1-17). 데살로니가전후서는 기원후 50-51년경, 즉 바울이 고린도에 정착한 직후 그가 데살로니가에 남겨둔 고난당하는 신실한 교회를 돕기 위해 작성된 것으로 알려져 있다.[1]

데살로니가전서는 디모데로부터 받은 보고에 대한 답신인 반면(살전 3:6), 데살로니가후서는 전서를 보충하는 내용을 담고 있다. 바로 이 데살로니가후서에서 사도 바울은 자신이 "불법의 사람"이라고 명명한("죄의 사람"으로도 알려진) 어떤 불길한 인물에 관해 말한다. 이 인물은 바울이 적그리스도에 대해 언급한 유일한 사례로 간주된다.

이 사악한 인물에 관한 바울의 논의는 약간의 역사적 배경을 필요

---

1   F. F. Bruce, *1 and 2 Thessalonians*, Word Biblical Commentary, vol. 45 (Waco: Word, 1982, 『데살로니가전후서』, 솔로몬 역간), xxxiv-xxxv.

로 한다. 유대인 역사가 요세푸스에 따르면 기원후 40년에 로마의 황제 가이우스(칼리굴라로 더 잘 알려져 있다)는 자신의 입상을 예루살렘 성전에 세우려고 시도했다. 요세푸스는 가이우스가 "스스로를 신으로 여겼다"고 말한다. 따라서 이러한 광적인 행위는 황제 숭배 및 제국 종교와 연결되어 있었지만, 아그립바 왕의 적절한 개입으로 인해 실현되지는 못했다.[2] 그럼에도 신성모독적인 형상을 세우려고 했던 가이우스 황제의 시도는 아직 예루살렘에 머물러 있었던 우리 주님의 제자들에게 멸망의 가증한 것이 "서지 못할 곳에 선 것"에 관한 예수의 경고에 대한 성취로 보여졌을 것이다(막 13:14). 이러한 신성모독적인 행위는 바울이 데살로니가에 와서 복음을 전할 때, 특히 그가 두 번째 편지에서 신성모독적인 행위에 관하여 데살로니가 교인들에게 다음과 같이 경고할 때 분명히 아직 유대인들과 그리스도인들의 기억에 남아 있었을 것이다. "누가 어떻게 하여도 너희가 미혹되지 말라. 먼저 배교하는 일이 있고, 저 불법의 사람 곧 멸망의 아들이 나타나기 전에는 그날이 이르지 아니하리니, 그는 대적하는 자라. 신이라고 불리는 모든 것과 숭배함을 받는 것에 대항하여 그 위에 자기를 높이고, 하나님의 성전에 앉아 자기를 하나님이라고 내세우느니라"(살후 2:3-4).[3]

바울이 하나님의 성전에 앉을 불법의 사람에 관해 말할 때 그의 독

---

2   Flavius Josephus, "Wars of the Jews," in *Josephus: Complete Works*, trans. William Whitson (Grand Rapids: Kregel, 1960), 479-80.

3   Bruce, "Excursus on Antichrist," 180.

적그리스도의 비밀을 파헤치다

자들 가운데 일부는 분명히 칼리굴라의 형상을 생각했을 것이다. 많은 이들은 안티오코스 에피파네스와 그가 기원전 167년에 예루살렘 성전을 더럽힌 행위를 분명히 떠올렸을 것이다. 왜냐하면 바울의 논의는 분명히 내부("속임수", 단 11:32)와 외부("죽이며", "멸망시키고자", 단 11:44)에서 하나님의 백성을 공격할 말세의 적—적그리스도—에 관한 다니엘의 예언(11:30-45)을 배경으로 하고 있기 때문이다.[4]

　여기서 바울 해석가들이 직면하는 가장 중요한 첫 번째 질문은 불법의 사람의 정체와 관련이 있다. 데살로니가 교회의 독자들은 그가 의미하는 바를 분명히 알고 있었다. 왜냐하면 바울은 그들에게 "내가 너희와 함께 있을 때에 이 일을 너희에게 말한 것을 기억하지 못하느냐?"(살후 2:5)라고 상기시키고 있기 때문이다. 바울의 독자들은 바울이 몇 달전 자기들과 함께 있을 때 이 문제와 관련하여 개인적으로 가르침을 받아 도움을 얻은 반면, 우리에게는 이 문제가 훨씬 더 난해하다. 우리는 바울이 데살로니가 교인들과 함께 있을 때 말한 내용이 무엇인지 정확히 알 수는 없지만, 그가 쓴 이 두 서신의 내용을 근거로 개연성 있는 추측을 할 수 있다.

4　G. K. Beale, *The Temple and the Church's Mission: A Biblical Theology of the Dwelling Place of God* (Downers Grove, IL: InterVarsity, 2004, 『성전 신학』, 새물결플러스 역간), 273.

데살로니가후서 2:1-12에 대한 현대의 해석

	불법의 사람의 정체	막는 자의 정체	하나님의 성전에 대한 바울의 언급(2:4)
과거주의(예언은 이미 성취되었다)	네로 혹은 일련의 로마 황제	유대 공동체 연합 (Jewish commonwealth) 혹은 로마 제국	바울은 기원후 70년 이전에 존재했던 예루살렘 성전을 언급함.
역사주의(예언은 교황직을 언급한다)	현재의 교황 혹은 교황직	복음 선포	바울은 교회를 언급함.
세대주의(예언은 여전히 미래의 일이다)	미래의 적그리스도	성령	예루살렘에 재건된 성전
개혁주의적 무천년설(예언은 미래의 일이다)	미래의 적그리스도	요한계시록의 천사, 하나님의 섭리 혹은 복음선포	바울은 교회를 언급함.

바울은 데살로니가전서에서 사탄이 그의 사역을 방해한다고 말했고 (2:17-18), 데살로니가후서 2장(2:1-3)에서는 주의 날이 이미 이르렀다는 허위 보고들이 교회 안에 회자되면서 많은 이들을 미혹시키고 있다고 말한다. 이러한 사탄의 방해와 기만을 고려하면 바울은 데살로니가 교인들에게 불법의 비밀스러운 권세가 이미 역사하고 있다고 말했을 가능성이 크다. 하지만 또한 바울은 하나님이 적절한 시기까지, 즉 심

190
적그리스도의 비밀을 파헤치다

판의 날까지 이러한 악의 권세를 막고 계신다고 말하면서 데살로니가 교인들을 격려한다. 따라서 데살로니가 교인들은 그들이 듣고 있던 이러한 명백한 거짓에 속아넘어가서는 안 된다.

현대의 해석

기독교 해석가들은 불법의 사람의 정체를 밝히기 위해 다양한 시도를 해왔다. 신약의 종말론을 과거주의적으로 해석하는 이들은 바울이 이 본문을 기원후 70년의 사건들과 연계시켜 네로[5] 혹은 일련의 로마 제국 황제[6]를 언급하는 것으로 본다. 또 다른 과거주의자들은 이러한 신성모독적인 행위를 예수 그리스도가 희생제사를 폐지하기 위해 십자가에 달려 돌아가신 이후에도 유대 대제사장이 성전에서 계속해서 제사를 드리는 행위로 본다.[7] 만일 과거주의자들의 주장이 옳다면 사도 바울의 예언은 이미 성취된 것이다.

소위 역사주의자들은 바울이 의미한 바에 관하여 의견의 일치를 보인다. 불법의 사람은 현재의 교황(그들이 저술하던 당시)이거나 교황직을

---

5   Gentry, *Perilous Times*, 95-114.

6   B. B. Warfield, "The Prophecies of St. Paul," in *Biblical Doctrines* (Grand Rapids: Baker, 1981), 610-11.

7   DeMar, *Last Days Madness*, 273-311.

가리킨다.[8] 이언 머레이(Ian Murray)에 따르면 그 당시 "교황 제도가 성경이 이미 경고한 '죄의 사람'과 바벨론 음녀(살후 2장; 계 19장)라는 것은 모두가 동의하는 신념이었다. 16세기의 개신교도들은 로마 제국이 거대한 적그리스도라는 확신을 갖고 있었으며, 따라서 이러한 신념은 19세기에 이르러 복음주의자들에 의해 심각한 의문이 제기될 때까지 확고했다."[9]

반면 세대주의자들은 불법의 사람을 이스라엘과 7년간의 평화조약을 맺은 다음 어느 시점에 가서 예루살렘의 재건된 성전에서 가증스런 행위를 할 (말세의) 종말론적 인물로 본다(참조. 단 9:24-27). 예루살렘 성전은 현재 존재하지 않으므로 반드시 재건되어야만 한다. 예루살렘 성전의 재건은 예수의 재림이 임박했음을 암시하는 결정적인 징후가 된다. 이것이 세대주의자들이 왜 예루살렘 성전의 재건을 그토록 간절히 고대하고 있는지를 잘 설명해준다.[10]

또한 미래주의자들(비세대주의자들)은 불법의 사람을 (말세의) 종말론적 인물로 보는데, 이는 어떤 의미에서는 **환생한** 네로라고 할 수 있다. 일부 교부들과 이 예언에서 어떤 구체인 성취를 발견할 수 없다고 보는

---

8   Patrick Fairbairn, *The Interpretation of Prophecy* (repr., Carlisle, U.K.: Banner of Truth, 1993), 350-70.

9   Iain Murray, *The Puritan Hope* (Carlisle, U.K.: Banner of Truth, 1975), 41.

10   Walvoord, *Major Bible Prophecies*, 341. Walvoord는 다음과 같이 말한다. "정통 유대인들은 예수의 재림에 앞선 환란기 7년 중 3년 반 동안 재건된 성전에서 고대의 희생제사를 재개할 것이다. 이 기간 후에 이 통치자는 그들의 성전을 더럽히고 자신과 사탄을 경배의 대상으로 세울 것이다." 이와 관련하여 유명한 다음의 책도 보라. Thomas S. McCall and Zola Levitt, *Satan in the Sanctuary* (Chicago: Moody, 1973).

조지 래드(George Ladd) 같은 역사적 전천년주의자들이 여기에 포함된다. 래드는 바울이 여러 국가와 정부가 지속적으로 하나님의 백성을 박해하는 사건들(로마 제국이 이에 대한 모형임)을 설명하고 있다고 믿는다. 이러한 국가는 스스로 신적 권리와 특권을 행사할 것이며, 이는 국가와 그 지도자를 숭배하는 행위로 나타난다.[11] 그밖에 다른 이들(다수의 개혁주의적 무천년주의자들을 포함)은 바울의 예언이 말세에 이 사람의 존재가 드러날 때까지 상당 부분 의문으로 남아 있을 것으로 생각한다. 이 예언이 신자들에게 이미 경고했기 때문에 그때에는 그들도 바울이 언급한 내용을 이해하게 될 것이다.[12]

두 번째 질문은 이 불가사의한 "막는 자"의 정체에 초점을 맞춘다. 이 인물은 바울이 이 편지를 쓸 당시 이미 활동하고 있던 불법의 세력을 제지한다. 과거주의자들은 이 막는 자가 두 번째 유대 공동체 연합[13] 혹은 로마 제국일 것으로[14] 생각한다. 하지만 후자의 견해는 박해자가 어떻게 동시에 막는 자가 될 수 있느냐는 의문을 즉각적으로 제기한다. 이 본문은 최소한 선과 악의 투쟁을 암시하는 언어 때문에 막는 자가 분명히

---

11   George Eldon Ladd, *The Last Things* (Grand Rapids: Eerdmans, 1982), 58-72.

12   Vos, *Pauline Eschatology*, 94-135; 참조. Herman Ridderbos, *Paul: An Outline of His Theology* (Grand Rapids: Eerdmans, 1982), 512-21.

13   Warfield, "Prophecies of St. Paul," 611. Leon Morris는 Warfield의 견해에 대해 다음과 같이 논평한다. "Warfield는 위대한 성경 주해자이며, 그의 모든 주장은 신중하게 점검해야 하지만, 이 주장은 소수의 사람만이 동의할 수 있다고 생각한다." Leon Morris, *The First and Second Epistles to the Thessalonians*, New International Commentary on the New Testament (Grand Rapids: Eerdmans,1991), 226을 보라.

14   Bruce, "Excursus on Antichrist," 188; Sweet, *Revelation*, 4.

선한 존재임을 암시하는 것으로 보인다.[15]

역사주의자들에 따르면 이 막는 자는 로마 가톨릭교회가 로마의 잘못을 거부한 이들을 제압하지 못하도록 막은 복음 선포다.[16] 세대주의자들은 막는 자가 성령이며, 7년 환란기가 시작되면 사라질 것이라고 생각한다.[17] 다수의 개혁주의적 무천년주의자들은 이곳의 막는 자가 요한계시록 20:1-10의 천사와 어떤 연관이 있다고 본다.[18] 또 다른 개혁주의적 무천년주의자들은 막는 자가 말세까지 불법의 세력을 막는 하나님의 일반적인 섭리 혹은 능력이라고 주장한다.[19]

데살로니가후서 2:1-12에 관한 해석

이 본문은 적그리스도 교리를 제정하는 데 있어 매우 중요하다. 죄의 사람(문자적으로는 "무법"의[anomias] 사람)에 대한 바울의 언급은 성경에서 발견되는 서로 다른 두 가지 주제를 연결하는 주해적 연결고리일 수 있다.

---

15   Beale, *The Temple and the Church's Mission*, 285-86.

16   예컨대 다음을 보라. John Calvin, *The Epistles of Paul to the Romans and to the Thessalonians*, trans. Ross MacKenzie (Grand Rapids: Eerdmans, 1979), 403.

17   Pentecost, *Things to Come*, 204-5.

18   Jay Adams, *The Time Is At Hand* (Greenville, SC: A Press, 1987), 22ff.; Venema, *Promise of the Future*, 175.

19   Ridderbos, *Paul*, 521-26. Ridderbos는 억제하는 자를 묵시 문학적인 관점에서 하나님의 일반적 섭리에 대한 언급으로 본다. 또한 Vos, *Pauline Eschatology*, 131-35도 참고하라.

적그리스도의 비밀을 파헤치다

한편으로 우리는 교회 안에서 나타나는 (요한 서신에서 말하는) 일련의 적그리스도(이단)를 본다. 다른 한편으로 우리는 요한계시록에서 국가의 권력―교회 밖에 있는―을 수단으로 삼고 하나님의 백성과 전쟁을 벌이는, 박해하는 짐승의 출현을 목격한다.

　　죄의 사람에 관한 바울의 논의의 정황은 다음과 같다. 바울은 지금 주님의 재림에 관해 갈등하고 있는 데살로니가 교회 안의 두 그룹에게 답을 주려고 있다. 한 그룹은 그리스도의 재림 이전에 죽은 자들의 운명을 염려하고 있었다(살전 4:13-17). 재림 이전에 죽은 자들은 과연 부활의 혜택을 놓쳐버린 것일까? 또한 그 당시 교회 안에는 "게으른 자들"이 있었다(살전 5:14; 살후 3:6-10). 다수의 사람은 만일 그리스도가 곧 재림한다면 일이나 전도 등을 포함하여 어떠한 일도 하지 않아도 된다고 결론 내렸다.

　　바울은 데살로니가전서에서 주님이 아직 재림하지 않았지만, 언제든지 오실 수 있다고 말한다(살전 4:17-5:11). 그가 재림하면 그리스도 안에서 죽은 자들이 먼저 부활할 것이다. 이 사실은 그리스도가 재림하기 이전에 죽었기 때문에 육체적 부활의 혜택을 놓쳐버린 사람들에 대한 우려를 경감시켜준다. 또한 바울은 그리스도의 재림이 게으름피우지 않고 열심히 일하도록 동기를 부여할 것임을 성도들에게 상기시킨다(5:14).

　　그러나 데살로니가후서 2장에서 바울은 "주의 날"이 이미 이르렀다고 가르치는 자들에 대응하면서 그리스도가 재림하기 이전에, 이 서신이 기록된 기원후 50-51년에는 아직 성취되지 않은 매우 구체적인 두 가지 징후가 먼저 나타날 것임을 강조한다. 이 두 징후는 배교와 죄의 사람의 출현을 가리킨다(3-4절). 따라서 바울이 데살로니가후서를 기록했던 기원후 50-51년에는 일부 잘못된 가르침과는 달리 그리스도가 재림하지 않았음이 분명하다.

일부 비평학자는 이렇게 바울의 가르침에서 드러난 명백한 모순으로 인해 데살로니가후서를 위명의 저자가 쓴 서신이라고 주장한다.[20] 하지만 재림 이전에 두 가지 징후가 역설적으로 선행되는 우리 주님의 예기치 못한 재림과 급작스런 재림 간의 긴장은, 예수가 자신의 재림이 임박했지만(마 24:42-44) 이에 앞서 복음이 땅 끝까지 전파되는 등 확실한 징후들이 나타날 것(마 24:14)이라고 말한 감람산 담화의 말씀과 사실상 일치한다. 요점은 그리스도가 언제 오실지는 아무도 모르며, 불법의 사람에 대한 계시를 포함한 특정 사건들이 재림에 앞서 일어날 것이므로 그리스도인들은 시일에 집착하지 말고 항상 재림을 준비해야 한다는 것이다.[21] 그런 의미에서 바울은 예수의 가르침과 맥을 같이한다(마 24:36을 보라).

데살로니가후서 2:1-2에서 바울은 그가 이제 다룰 구체적인 문제를 밝힌다. "형제들아! 우리가 너희에게 구하는 것은 우리 주 예수 그리스도의 강림하심과, 우리가 그 앞에 모임에 관하여 영으로나 또는 말로

---

20   Victor Maag, "The Antichrist as Symbol of Evil," in *Evil*, ed. James Hillman (Evanston, IL: Northwestern University Press, 1967), 60.

21   G. K. Beale, *1-2 Thessalonians*, IVP New Testament Commentary Series (Downers Grove, IL: InterVarsity, 2003), 29.

적그리스도의 비밀을 파헤치다

나 또는 우리에게서 받았다 하는 편지로나, 주의 날이 이르렀다고 해서 쉽게 마음이 흔들리거나 두려워하거나 하지 말아야 한다는 것이라." 데살로니가 교인 중 일부는 주의 날이 이미 도래했다고 가르쳤다(따라서 그리스도인들은 미래에 있을 재림 혹은 부활을 기대하지 말아야 한다는 것이다).[22] 이러한 오류는 재림의 임박성에 대한 오해에서 비롯되었으며, 그리스도가 이미 오셨기에 모든 것이 이미 다 성취되었다고 보는 과도하게 실현된 종말론(over-realized eschatology)에 기인한 것이다. 데살로니가전서 5:5-8에서 바울은 다음과 같이 말한다. "너희는 다 빛의 아들이요 낮의 아들이라. 우리가 밤이나 어둠에 속하지 아니하나니, 그러므로 우리는 다른 이들과 같이 자지 말고 오직 깨어 정신을 차릴지라. 자는 자들은 밤에 자고, 취하는 자들은 밤에 취하되, 우리는 낮에 속하였으니, 정신을 차리고, 믿음과 사랑의 호심경을 붙이고, 구원의 소망의 투구를 쓰자."

어떤 이들은 이미 도래한 하나님 나라에 대한 언급("우리는 낮에 속하였으니")을 하나님 나라가 이미 완성되었다는 의미로 이해했을 수도 있다.[23] 바울은 이것이 자신이 이전에 그들에게 가르친 것이 아니므로 이제 그러한 오해를 불식시키려는 것이다. 데살로니가 교인들은 "이미"와 "아직"을 올바르게 이해하기 위한 교훈을 받고 있는 것이다!

과도하게 실현된 종말론은 일부 거짓 교사들이 육체의 부활을 부인하던 고린도에서도 문제였다(고전 15:12-24). 바울은 그의 사역 후반기에

---

22   위의 책, 199-200.
23   위의 책, 201.

예수가 이미 재림했다고 가르치던 에베소 교회의 두 남자에 관해 언급하며 그들의 이름을 거론하면서 신랄하게 꾸짖는다. "망령되고 헛된 말을 버리라. 그들은 경건하지 아니함에 점점 나아가나니, 그들의 말은 악성 종양이 퍼져나감과 같은데, 그중에 후메내오와 빌레도가 있느니라. 진리에 관하여는 그들이 그릇되었도다. 부활이 이미 지나갔다 함으로 어떤 사람들의 믿음을 무너뜨리느니라"(딤후 2:16-18).

주님이 이미 재림하셨다든지 또는 죽을 때에 부활이 일어난다(따라서 육체의 부활은 없다)는 잘못된 주장은 심지어 사도 시대 교회에서도 이례적인 것은 아니었다. 초기 그리스도인들은 분명하고도 뚜렷한 종말론적 긴장—주님은 죽으셨고, 주님은 다시 살아나셨고, 주님은 승천하셨지만("이미"), 주님은 언제든지 다시 오실 것이다("아직")—을 품고 살았다. 예수와 바울의 가르침은 재림 일자를 결정하는 것이나 혹은 게으름피우는 것을 방지하기 위해 이러한 긴장을 담고 있었다.[24] 바울에 의하면 우리 주님이 재림하기 이전에 두 가지 구체적인 징후—배교와 불법의 사람의 출현—가 반드시 선행되어야 한다.

주의 날이 이미 이르렀다는 잘못된 개념에 대한 바울의 대응책은 데살로니가 교인들에게 그들이 들은 잘못된 소문 때문에 놀라거나 불안에 떨지 말 것을 상기시키는 것이었다. 바울은 이러한 잘못된 소문이 자기에게서 나온 것이 아니며—그가 그들과 함께 있었다면 이렇게 가르치

---

24   George Eldon Ladd, *The Presence Of the Future* (Grand Rapids: Eerdmans, 1981), 327-28.

지 않았을 것이다―이 서신은 그런 거짓 가르침을 바로잡기 위한 것임을 분명히 밝힌다. 바울은 이러한 구체적인 오류를 바로잡기 위해 자신의 사도적 권위를 활용한다.

데살로니가후서 2:3-4에서 바울은 사람들이 놀라지 말아야 할 이유가 주님이 재림하시기 이전에 반드시 두 가지 징후가 먼저 나타나야 하기 때문이라고 말한다. "누가 어떻게 하여도 너희가 미혹되지 말라. 먼저 배교하는 일이 있고, 저 불법의 사람 곧 멸망의 아들이 나타나기 전에는 그날이 이르지 아니하리니, 그는 대적하는 자라. 신이라고 불리는 모든 것과 숭배함을 받는 것에 대항하여 그 위에 자기를 높이고, 하나님의 성전에 앉아 자기를 하나님이라고 내세우느니라." 바울의 입장은 뚜렷하다. 주님의 재림 이전에 두 가지 일이 반드시 먼저 일어나야 한다. 첫째, 하나님께 대한 큰 반역(배교)이 있어야 한다. 둘째, 불법의 사람이 출현해야 한다. 그렇다면 우리에게 던져지는 질문은 다음과 같다. "이 두 사건은 아직 미래의 일인가, 아니면 기원후 70년에 일어난 사건들을 통해 이미 성취되었는가?"

배교

여기서 반역(*apostasia*)과 관련하여 바울이 사용한 단어는 70인역(LXX)과 신약성경의 다른 본문에서 하나님의 백성이 직면한 종교적 위기―어떤 의미에서는 신앙을 저버리는 것―를 언급할 때 사용된다. 비일이 지적하듯이 "거짓 가르침에 관한 인접 문맥(1-2절과 9-12절)과 하나님의 백성 가운데 대대적인 신앙의 타협을 야기할 말세의 적에 관한 다니엘의 예언에 대한 분명한 암시 때문에 이러한 의미는 명백하다."[25] 이것은 요한과 예수가 신자라고 주장하지만 믿음에서 떨어져나가 다수의 제자를 데리고 함께 떠날 자들과 거짓 교사들에 대하여 경고한 것(마 24:10-12, 23-24; 요일 2:18-19를 보라)과 바울의 말의 연관성을 보여준다.

일부 세대주의자들은 반역(apostasia)이라는 단어가 "떠남"과 같은 것을 의미할 수 있으므로 바울은 여기서 적그리스도가 출현하기 바로 직전에 일어날 휴거를 언급한 것이라는 잘못된 주장을 펼쳤다. 하지만 이 단어는 웨스트(Wuest)나 다른 세대주의자들이 주장하듯이 전혀 그런 의미를 갖고 있지 않다.[26] 이 단어는 하나님께 대한 반역을 의미하며, 특히 하나님의 백성의 배교(진리에서 떠나는 것)를 의미한다. 따라서 그렇게 진리를 버린 이들은 유대인들이 아니라 그리스도인들임에 틀림없다.[27] 비록 사도 시대의 교회에서도 현재 우리의 교회처럼 배교자가 일부 존재하긴 했지만, 하나님은 정해진 때까지 거짓 교사들과 적그리스도들이 득

---

25   Beale, *The Temple and the Church's Mission*, 271-72; Beale, *1-2 Thessalonians*, 204; George Milligan, *Paul's Epistles to the Thessalonians* (repr., Old Tappan, NJ: Revell, n.d.), 98; Ridderbos, Paul, 526. 한편 Bruce는 이것을 사회 질서를 방기하는 것으로 본다. Bruce, *1 and 2 Thessalonians*, 167.

26   이에 대한 논의는 다음을 보라. Robert Gundry, *The Church and the Tribulation: A Biblical Examination of Posttribulationism* (Grand Rapids: Zondervan, 1981), 114-15.

27   Beale, *1-2 Thessalonians*, 207-9; 참조. Ernest Best, *The 1st and 2nd Epistles to the Thessalonians* (London: Adam & Charles Black, 1972), 282.

세하는 것을 제지하신다.

데살로니가 교인들은 최후의 배교가 아직 일어나지 않았으므로 주님이 아직 재림하시지 않았고, 주의 날도 아직 이르지 않았음을 확신할 수 있다.[28] 배교의 시기는 어떤 면에서 동시에 일어날 사건인 두 번째 조건(불법의 사람의 출현)과 서로 연계되어 있다.[29] 따라서 이 두 사건은 서로 불가분의 관계에 있다. 배교가 먼저 일어나야 불법의 사람이 출현할 수 있거나, 아니면 배교는 불법의 사람의 출현의 결과로 일어나는 것이다.[30] 불법의 사람은 자신의 신성모독적인 행위와 기만하는 사악한 권세를 통해 이러한 배교 행위를 교묘히 지휘할 수도 있다(살후 2:9-12). 배교가 불법의 사람의 출현의 원인이든 혹은 결과이든 간에 이 두 사건은 분명히 서로 연결되어 있다.

불법의 사람의 출현

주님의 재림 이전에 반드시 일어날 또 다른 사건은 바로 불법의 사람의 출현이다. 이 사건이 이미 일어났다고 주장하는 과거주의나 역사주의적 해석과는 달리 바울이 여기서 "전 세계의 교회에 일어날 미래의 배교와,

---

28 이것은 배교를 유대인들의 복음 거부로 이해하는 Best의 견해와 상반된다. Best, *1st and 2nd Epistles to the Thessalonians*, 282.

29 위의 책, 283.

30 Beale, *1-2 Thessalonians*, 205; Ridderbos, *Paul*, 526-27.

말세에 나타날 하나님의 성전인 교회에 미칠 적그리스도의 영향"에 대해 언급한다고 보아야 할 이유가 여럿 있다.[31] 다시 말하면 바울은 예루살렘 성전(기원후 70년에 로마 제국에 의해 무너진 역사적 성전 혹은 미래에 재건될 성전)에 대해 말하고 있는 것이 아니다. 바울은 오히려 성전을 교회에 대한 비유로 사용하고 있다. 왜냐하면 교회가 현세에 하나님의 영이 지금 거하시는 곳이기 때문이다.

바울이 불법의 사람이 드러나게 될 것(apocalypsis)이라고 말한 것에 주목할 필요가 있다. 이 표현은 그가 자신을 위장하여 가짜 구속자로 나타날 것임을 암시한다. 바울은 이 동일한 동사를 앞장(살후 1:7)에서 예수를 언급할 때 사용하고, 여기서는 6절과 8절에서 불법의 사람의 출현을 언급하며 다시 사용한다. 불법의 사람의 출현은 예수 그리스도의 출현을 조롱하는 것이다.[32] 불법의 사람은 가짜이며, 강탈자다. 이것은 요한계시록의 가짜 삼위일체(용, 짐승, 거짓 예언자)와 일치한다. 이들은 전에도 있었고, 현재도 있으며, 장차 미래에 다시 올 짐승을 통해 우리 주님의 죽음과 부활과 재림을 모방하다가 그리스도에 의해 심판받고 멸망당할 것이다.

이 인물에 대한 바울의 논의는 다니엘 11:31, 36, 12:10-11의 내용을 분명하게 반향한다.[33] 예언자 다니엘은 미래에 매일 드려지는 제사가

---

31   Beale, *1-2 Thessalonians*, 206.

32   Milligan, *Paul's Epistles to the Thessalonians*, 98.

33   Vos, *Pauline Eschatology*, 111.

그치고 하나님의 성전이 더럽혀질 때를 미리 내다본다. 다니엘 11:30-45에서 이 예언자는 하나님의 백성을 기만하고, 하나님과 맺은 언약을 파기(배교)하게 만들 하나님의 최후의 적에 대해 언급한다. 이마도 이것은 다니엘이 서로 다른 세 가지 사건을 예언하는 것을 의미한다. 하나는 안티오코스 에피파네스의 출현과 기원전 167년의 마카비 전쟁 중 예루살렘 성전이 더럽혀진 사건과 관련이 있고, 또 하나는 메시아 시대의 도래와 기원후 70년에 일어난 예루살렘 성전 파괴와 연관이 있으며, 마지막으로 또 하나는 말세에 이스라엘의 메시아의 주적에 의해 성지가 더럽혀지는 사건과 관련이 있다.

바울이 배교와 불법의 사람에 대해 말할 때 그는 분명히 다니엘의 예언(특히 11:32, 36)을 염두에 두고 있다. 하지만 다니엘은 이 특정 인물을 말세에 나타날 인물로 본다.[34] 이는 바울이 기원후 70년의 사건이 아닌, 심판의 날에 이 신성모독자가 자신의 창조자를 직면하게 될 말세에 관해 언급하고 있음을 분명히 보여준다. 레온 모리스(Leon Morris)가 매우 적절하게 지적했듯이 "불법의 사람을 역사적 인물과 동일시하려는 모든 시도는 바울이 오직 말세에 나타날 인물에 관해 서술하고 있다는 사실에 의해 수포로 돌아간다. 불법의 사람은 [미래의] 종말론적 인물이다."[35]

이 불법의 사람이 "하나님의 성전에 앉아" 있는 것(살후 2:4)은 막대

---

34   Beale, *1-2 Thessalonians*, 206-7; 참조. Vos, *Pauline Eschatology*, 111-12.

35   Morris, *First and Second Epistles to the Thessalonians*, 221.

한 권력을 행사하고[36] 스스로 하나님이라고 주장하는 행위로 간주될 있기에, 많은 학자는 이를 두고 바울이 예루살렘 성전을 언급한 것으로 받아들인다. 우리가 이미 살펴보았듯이 과거주의자들은 이것을 유대인들의 복음 거부 및 기원후 70년에 유대 성전이 더럽혀진 사건과 연결시키는 반면, 다수의 미래주의자들은 이것을 말세에 있을 예루살렘 성전의 재건에 대한 예언으로 본다. 역사주의자들은 성전에 대한 언급을 교회에 대한 언급이라고 주장하는데, 이것은 분명히 올바른 해석이다.[37] 역사주의자들이 이렇게 이 둘을 동일시하는 것은 그들이 왜 죄의 사람과 교황직을 동일시하는지를 잘 설명해준다. 비록 나는 바울이 **성전**이라는 단어를 교회에 대한 비유로 사용하고 있다는 역사주의자들의 해석을 받아들이지만, 이 예언이 교황직을 통해 성취되지 않으며 오히려 미래에 나타날 어떤 특정 인물을 통해 성취된다고 믿는다.

비일이 지적하듯이 성전(*naon*)이란 단어는 데살로니가후서를 제외한 나머지 신약성경에서 아홉 번 사용되고 있는데, 거의 대부분 그리스도 혹은 교회를 가리키는 데 사용된다.[38] 바울이 이 단어를 사용한 다섯 번의 경우를 살펴보면 이 단어는 이스라엘의 문자적 성전을 가리키지

---

36 "앉다"라는 의미의 동사 *kathisai*는 부정과거이며, "앉다"보다는 "그의 자리에 앉는다"는 의미를 갖고 있다. 이는 Best가 말한 대로 "하나님의 보좌에 대한 존경을 거두고 스스로 신임을 주장하는 것이다. 왜냐하면 하나님은 그 보좌에 앉기 때문이다." Best, *1st and 2nd Epistles to the Thessalonians*, 286.

37 Fairbairn, *Interpretation of Prophecy*, 361. 그는 다음과 같이 말한다. "사도 바울은 교회 외에 다른 성전에 대해 아는 바가 없다."

38 Beale, *1-2 Thessalonians*, 207-8.

적그리스도의 비밀을 파헤치다

않는다(그것이 과거의 성전이든 혹은 미래의 성전이든, 고전 3:16-17; 6:19; 고후 6:16; 엡 2:21; 살후 2:4). 이 단어는 마태복음과 요한복음에서 그리스도가 다시 일으키기 전에 무너질 성전을 가리키거나, 혹은 그리스도의 몸인 참된 성전을 가리키는 데 사용된다(마 26:61; 요 2:21). 바울은 신자들을 하나님의 성전이라고 말하는데, 이는 그들이 믿음을 통해 그리스도와 연합되었기 때문이다(고전 3:16-17; 고후 6:16; 엡 2:19-21).[39]

더 나아가 바울은 데살로니가전서 4:3-8에서 비록 **성전**이란 단어를 구체적으로 사용하지는 않지만, 고린도전서 6:18-19의 본문과 유사한 방식으로 그리스도인들을 묘사한다. 바울은 하나님의 백성이 곧 하나님의 영이 거하시는 곳임을 강조한다. 요한계시록 11:1-7에서는 성도들이 성소로 묘사되었고,[40] 요한계시록 13:6에서는 짐승이 "장막"(tabernacle)으로 묘사된 하나님의 백성을 공격한다. 종합하면 이것은 바울이 예루살렘 성전이 아닌 교회를 언급하고 있다는 견해에 힘을 실어주는 강력한 증거가 된다.[41]

바울의 전반적인 신학, 특히 그의 종말론의 기저에 자리잡고 있는 그리스도의 죽음과 부활 이후 다수의 매우 중요한 구속사적 변화가 일어났다.[42] 이 모든 것은 바울이 언급한 성전이 예루살렘 성전이 아닌 교

---

39   Beale, *The Temple and the Church's Mission*, 245-68.

40   Beale, *Book of Revelation*, 557-71; Caird, *Revelation of St. John*, 130-32; Johnson, *Triumph of the Lamb*, 165-69; Sweet, *Revelation*, 183-84.

41   Beale, *1-2 Thessalonians*, 207-8.

42   위의 책, 208-9.

회라는 해석을 뒷받침한다. 우리는 이러한 변화를 간단하게 열거할 수 있다. 첫째, 그리스도의 죽음과 부활 이후 참 이스라엘은 그리스도와 그의 백성이다(갈 6:16을 보라). 둘째, 그리스도의 백성은 이제 그의 영이 거하시는 성전이다. 이것은 오순절 날에 있었던 사건을 통해 알 수 있다. 사도행전 2:14-41에 나타난 성령 강림은 출애굽기 40:34-38의 회막 안에 가득했던 성령에 의해 예시된 실재다. 셋째, 언약 공동체로서의 이스라엘과 제사를 드리는 장소로서의 성전은 이제 모두 그 목적을 달성했다(눅 21:6; 히 7:11-10:22).[43] 그리스도가 십자가에서 돌아가셨을 때 예루살렘 성전의 휘장은 위에서 아래로 찢어졌다. 예루살렘 성전은 이제 이가봇(*ichabod*)이라 불린다. 즉 그 영광은 떠났다. 그곳에는 신자가 없다. 하나님의 영도 없다.

성전이 교회를 상징한다는 것을 기억할 필요가 있다. 왜냐하면 미혹을 받은 사람들이 믿음을 저버리기 위해서는 그들이 곧 이 불법의 사람이 침투하여 그들을 기만하고 신성모독적인 행위를 저지를 믿음의 언약 공동체의 일원이어야 하기 때문이다. 젠트리(Gentry)는 이 본문에 대한 과거주의적 해석을 옹호하면서, 여기서 믿음을 저버린 이들은 안타깝게도 기원후 70년에 로마의 군사개입에 이어 이스라엘의 참사를 유발한 로마의 정치 세력에 반항하는(*apostasia*) 유대인들이라고 주장한다. 젠트리는 이러한 배교 행위에서 종교적인 요소—이스라엘의 메시아 거부—

---

43   위의 책.

도 발견한다.[44] 하지만 이러한 해석은 바울이 성전을 은유적으로 사용한 것과 부합하지 않는다. 이미 배교한 백성(유대인들)이 어떻게 다시 정통 신앙에서 떠날 수 있단 말인가? 여기서 말하는 배교는 자신들의 메시아를 이미 거부한 유대인들이 아니라, 그리스도의 교회에서 떠난 거짓 신자들을 암시한다.

따라서 바울은 (그리스도를 모방하는) 불법의 사람이 사탄의 권세를 입고 능력과 표적을 행함으로써(살후 2:9-12) 신앙 공동체 안에 있는 사람들을 기만하는 장면을 묘사하고 있다. 그 어느 곳에서도 바울은 불법의 사람이 옛 언약 공동체(이스라엘)와 그 성전에서 이런 일을 자행한다고 말하지 않는다. 예수가 이와 같은 배교를 이스라엘에 임할 임박한 심판의 한 가지 징후로 말씀하신 것은 분명하다(마 24:10-12). 하지만 이러한 징후들은 오직 사도들에게만 주어진 경고가 아니었다. 사도들은 교회를 대표하기 때문에 이 징후들은 사도들을 포함해 우리 모두에게 주어진 것이다. 따라서 이것은 데살로니가 교인들을 향한 경고일 뿐만 아니라, 예수가 재림하기 이전에 반드시 일어날 일에 관하여 모든 그리스도인을 상대로 한 경고다. 배교와 불법의 사람은 반드시 나타날 것이다.[45]

---

44   Gentry, *Perilous Times*, 103-4.

45   또한 롬 11장에서 바울은 이방인의 충만한 수가 들어온 후 이스라엘이 회심할 것에 대해 이야기한다(롬 11:25-26). 참조. Riddlebarger, *A Case for Amillennialism*, 180-94. Hodge는 말세 이전에 있을 특정 징조들은 곧 땅 끝까지 복음이 전파됨과 이스라엘의 회심과 적그리스도의 등장이라고 믿었다. Charles Hodge, *Systematic Theology*, vol. 3 (repr., Grand Rapids: Eerdmans, 1979), 792-836.

바울이 데살로니가 교인들에게 "대적하는 자라. 신이라고 불리는 모든 것과 숭배함을 받는 것에 대항하여 그 위에 자기를 높이고 하나님의 성전에 앉아 자기를 하나님이라고 내세우[는 자]"(살후 2:4)에 대해 경고할 때, 그는 과거의 성전이든 미래의 성전이든 예루살렘 성전이 아닌, 그리스도의 교회에 극악무도한 행위를 저지를 말세의 인물을 언급한 것이다. 이러한 가증스런 행위는 아무튼 최후의 심판 직전에 있을 마지막 배교와 관련이 있다(살후 1:8-10; 2:8).

기원전 167년의 안티오코스 에피파네스와 기원후 70년 티투스의 행위가 다니엘 11장에 나오는 여러 예언을 부분적으로 성취한다면, 바울은 이러한 다니엘의 예언의 부분적 성취—리더보스가 이러한 예언들의 "예기적-예언적" 성격이라고 부른[46]—를 말세 직전에 그리스도의 교회에 일어날 일과 서로 겹쳐서 이야기한다. 대대적인 배교는 하나님께 맞서서 자신을 높이며 사람들에게 숭배를 요구하는 불법의 사람의 출현과 관련하여 그리스도의 교회에서 일어날 것이다. 이것은 일단 하나님의 제재가 풀리고 나면 요한의 서신에서 묘사된 일련의 적그리스도들(antichrists)이 적그리스도(Antichrist)에게 자리를 내줄 것임을 보여준다.[47] 이것은 예루살렘 성전의 멸망과는 무관하며, 말세에 일어날 사건이다.

Ridderbos, *Paul*, 527.

47 Beale, *1-2 Thessalonians*, 209-10.

불가사의한 억제자

바울은 데살로니가후서 2:5에서 데살로니가 교인들에게 서로 연관된 두 가지 문제를 상기시킨다. 첫째, 그는 이와 같은 거짓 가르침에 관해 자신이 이미 경고했다는 것이다. 두 번째 문제는 그가 미래에 일어날 일에 관한 전반적인 내용을 이미 설명했다는 사실과 연관이 있다. "내가 너희와 함께 있을 때에 이 일을 너희에게 말한 것을 기억하지 못하느냐?" 그 후 바울은 불법의 세력과 불법의 사람이 현재 억제되어 있다는 사실에 관하여 훨씬 더 구체적으로 말한다. "너희는 지금 그로 하여금 그의 때에 나타나게 하려 하여 막는 것이 있는 것을 아나니, 불법의 비밀이 이미 활동하였으나 지금은 그것을 막는 자가 있어 그중에서 옮겨질 때까지 하리라"(살후 2:6-7). 이 두 구절은 "현재 무엇이 혹은 누가 불법의 사람의 본격적인 출현을 막고 있는가"라는 매우 어려운 질문을 제기한다. 데살로니가 교인들은 바울이 의미하는 바를 알고 있었지만, 우리는 단지 지식에 근거한 추측만을 할 수 있다. 바울이 억제하는 행위("[그를] 막는 것")와 불법의 세력을 현재 억제하고 있는 무언가 또는 누군가("그것을 막는 자")를 이야기할 때 그가 정확히 무엇을 의미했는지에 대한 추측은 넘쳐난다.

바울은 배교가 아직 일어나지 않았고 불법의 사람이 아직 출현하지 않았으므로 주의 날이 임박하지 않았다는 주장을 펼쳤기에, 이제 그는 이러한 일이 아직 일어나지 않은 이유를 설명해야 한다. 바울 해석가들은 그가 서신을 쓸 당시 이미 활동 중이라고 말한, 불법의 비밀스런 세력을 막고 있는 자의 정체에 관해 첨예하게 나뉜다. 비일은 이 본문에 대해 최소한 서로 다른 일곱 가지 해석을 제시하는데, 이 중 일부는 우리가 이미 언급한 것이다.[48] 해석가들이 직면한 어려움은 바울이 억제하는 자를 언급할 때 중성(to katechon—"억제하는 것")에서 남성(ho katechone—"억제하는 자")으로 전환한다는 것이다. 특히 이 문제들이 (바울이 저술할 당시) 무언가가 현재 억제하는 일을 하고 있다는 사실에 의해 한정되기 때문에 여기서 많은 해석상의 문제들이 나타난다.[49]

우리가 살펴본 바와 같이 일부 과거주의자들은 이 억제하는 자가 두 번째 유대 공동체 연합(예. B. B. 워필드)이나 로마 제국(예. F. F. 브루스, 케네스 젠트리)일 것으로 본다. 역사주의자들은 이것을 복음의 전파(예. 장 칼뱅)로 보는 반면, 일부 세대주의자들은 성령에 대한 언급으로 본다(예. J. 드와이트 펜테코스트). 한편, 개혁주의적 무천년주의자들은 이것을 요한계시록 20장의 천사에게 주어진 초자연적 능력과 연결시키거나(예. 제이 아담스, 코넬리우스 베네마) 말세 때까지 억제하는 힘을 행사하시는 하나님의 섭리(예. 헤르만 리더보스)와 연결시킨다. 실제로 리더보스는 이 억제하는 자를 "죄의 사람이 출현할 때까지 사탄의 세력이 마지막으로 나타나는 것을 억제하는 초자연적인 능력 혹은 하나님이 세우신 통치자"(계

---

48   위의 책, 214-17. 이 본문에 대한 해석의 역사에 관한 연구는 다음을 참조하라. Milligan, *Paul's Epistles to the Thessalonians*, 166-73.

49   이에 대한 상세한 논의는 다음을 참조하라. Best, *1st and 2nd Epistles to the Thessalonians*, 290-302.

20장에 나타난 "강한 천사")로 본다.[50] 게할더스 보스는 "바울도 이와 마찬가지로 억제하는 것[*katekon*]과 억제하는 자[*katekone*]를 초자연적이며 로마 제국의 힘보다 더 뛰어난 것으로 이해했다.···어떻게 불가사의한 억제가 일어나는지에 대해 우리가 구체적으로 이해하기는 불가능하다"고 말한다.[51]

특히 천사가 사탄을 억제한 행위(계 20장)가 복음 전파와 연관이 있을 것이라는 비일의 주장에 비추어보면, 이 세력이 초자연적인 것이라는 보스의 주장은 매우 타당해 보인다. 곧 바울의 설교가 어둠의 세력에게 이미 영향을 미치고 있었을 뿐 아니라―이는 사탄이 그를 방해한 이유를 설명해준다―자신이 재림하기 이전에 복음이 온 민족에게 전파되어야 한다고 말씀하신 우리 주님의 말씀과도 부합한다(막 13:10). 실로 우리 주님은 음부의 권세가 그의 교회를 이기지 못할 것임을 약속했다(마 16:18).[52] 무언가가, 어쩌면 복음 선포가, 이미 불법의 세력이 이기지 못하도록 억제하고 있는 것이다. 만일 바울이 말하는 억제하는 자/억제하는 것이 어떤 방식으로든 요한계시록 20장의 천사와 관련이 있다면, 바울이 여기서 악의 세력을 막고 있는 복음 선포에 관해 말하고 있다는 주장이 더욱더 유력해진다. 비일은 다음과 같이 지적한다.

50   Ridderbos, *Paul*, 527.

51   Vos, *Pauline Eschatology*, 131-35.

52   Beale, *1-2 Thessalonians*, 216.

이것은 교회 시대에 교회를 몰살시키려는 사탄의 세력을 억제하는(문자적으로는 "묶는") 한 천사에 대해 말하는 요한계시록 20:1-9과 일치한다. 말세에는 그 억제하는 힘이 사라지기 때문에 사탄은 교회에 대항하여 속임수를 쓰고, 세계적으로 배교를 확산시킬 적그리스도를 등장시킬 것이다. 그는 마침내 언약 공동체를 무너뜨리기 직전에 그리스도의 재림 때 멸망당할 것이다.…이러한 관점은 악한 존재들, 특히 하나님께 "허락을 받아" 사악한 행위를 자행하는 악한 존재들을 거듭 암시하는 요한계시록의 내용과 일치한다(계 6:4; 7:2; 9:13-15; 13:5, 7, 14-15).[53]

비일의 주장은 악의 세력이 이미 활동 중이지만 하나님이 정하신 때까지 억제되어 있다는 바울의 요점을 가장 잘 이해한 것으로 보인다. 레온 모리스가 지혜롭게 우리에게 상기시키는 바와 같이 여기서 바울이 말하는 것에 관한 모든 추측은 핵심을 모호하게 만들 뿐이다(억제하는 자가 무엇이든 혹은 무엇이 아니든 간에). "어떤 세력이 작용하고 있었고…불법의 사람은 이 세력이 사라지기 전까지는 출현할 수 없었다. 데살로니가 교인들은 이것을 이미 알고 있었다. 따라서 그들은 주의 날이 임한 것에 관한 온갖 추측이 반드시 거짓이라는 사실도 알고 있었을 것이다. 필요한

---

53   위의 책. Beale은 계 20장과 살후 2장 간의 또 다른 연관성을 알고 싶다면 그의 요한 계시록 주석을 참고할 것을 권한다(Beale, *Book of Revelation*, 특히 973-1028을 참고 하라).

적그리스도의 비밀을 파헤치다

전제조건들은 아직도 성취되어야 한다."[54] 불법의 비밀스런 세력은 이미 억제되어 있었기 때문에 불법의 사람은 등장할 수 없었다.

바울에 의하면 이 억제는 미래의 어느 시점에[55] 제거될 것이며, 우리가 데살로니가후서 2:8에서 보듯이 그때에 "불법한 자가 나타나리니, 주 예수께서 그 입의 기운으로 그를 죽이시고 강림하여 나타나심으로 폐하시리라." 불법의 세력이 이미 기원후 50년에 활동하였고, 바울이 이 서신을 쓸 당시에는 억제되어 있었지만, 미래의 어느 시점에는 그 억제된 것이 해제될 것이다. 그때서야 비로소 불법의 사람이 출현할 것이며, 이는 바로 최후의 심판이라는 매우 구체적인 하나님의 목적을 위함이다.

"드러내다"(apocalypsis)라는 동사는 이 세상을 심판하고, 죽은 자를 살리며, 모든 것을 새롭게 하기 위한 그리스도의 재림과 명백하게 연관되어 있으며, 이 본문도 예외가 아니다. 비일이 주장한 대로 "말세의 적은 그의 추종자들을 기만하고, 그들도 그와 함께 심판을 받게 하기 위해 장차 그 모습을 드러낼 것이다."[56] 이는 억제하는 것을 해제시키는 것이 결과적으로 죄의 사람의 출현을 야기할 뿐 아니라 모든 악의 세력을 향한 최후의 심판이라는 목적을 달성하는 것이므로 마침내 하나님의 목적이 성취될 것을 의미한다. 또한 이는 이 예언이 기원후 70년의 사건들을 통해 성취된 것이 아니라는 매우 강력한 증거가 된다. 여기서 언급된

---

54   Morris, *First and Second Epistles to the Thessalonians*, 228.

55   이 사건이 기원후 70년에 일어났든지 혹은 말세에 일어날 일이든지 간에 이 두 사건은 모두 바울이 이 서신을 작성할 때에는 미래의 시점에 있었다.

56   Beale, *1-2 Thessalonians*, 221-22.

종말론적 심판은 이전에는 드러나지 않았던 그리스도의 영광이 가시적으로 드러난다는 점에서 차이가 있다.[57] 이 본문은 궁극적이라는 인상을 준다. 바울은 오직 불신앙적인 이스라엘에 내리는 국지적인 심판이나 네로의 멸망과 같이 어떤 국한된 것을 말하는 것이 아닐 개연성이 높다. 바울이 강한 용사로서 온 세상을 심판하실 야웨 하나님을 언급하는 이사야 11:4을 인용한 사실에 주목할 때 그 의미가 뚜렷해진다. "공의로 가난한 자를 심판하며, 정직으로 세상의 겸손한 자를 판단할 것이며, 그의 입의 막대기로 세상을 치며, 그의 입술의 기운으로 악인을 죽일 것이며." 불법의 사람은 주님이 나타나실 때의 영광으로 말미암아 멸망당할 것이며, 바울은 이것을 비밀스러운 것 또는 예루살렘에 국한된 것이라고 생각하지 않았다(이에 대해서는 살전 4:16과 우리 주님의 재림 시 일어날 육체적 부활과 관련된 호령과 소리와 나팔 소리에 대한 언급을 보라). 예수는 예언자 이사야가 언급한 강한 용사이며, 이 세상은 그의 영광이 나타날 때 심판을 받게 될 것이다.

사탄의 세력은 억제가 풀리면 이 인물을 통해 완전히 드러나게 된다. 바울은 그에 관하여 다음과 같이 말한다. "악한 자의 나타남은 사탄의 활동을 따라 모든 능력과 표적과 거짓 기적과 불의의 모든 속임으로 멸망하는 자들에게 있으리니, 이는 그들이 진리의 사랑을 받지 아니하여 구원함을 받지 못함이라"(살후 2:9-10). 따라서 불법의 사람은 사탄의 권세를 입은 인물이며, 그가 행하는 기적은 그리스도의 기적을 모방

---

57   Morris, *First and Second Epistles to the Thessalonians*, 230-31.

한 것이다. 그는 이것을 수단으로 사용하여 최후의 반역을 일으킬 뿐 아니라 자신의 신성에 대한 주장을 교회 안에서 입증할 것이다. 그는 **탁월한** 사기꾼이자 강탈자다. 죄의 사람은 요한이 언급한 일련의 적그리스도가 가리켜온 최후의 적그리스도일 것이다. 그는 더 이상 제재를 받지 않고 이 세상을 대대적으로 기만할 것이다.

이 사건이 우리 주님의 재림과 관련 있다는 사실은 데살로니가후서 2:11-12에서 분명하게 드러난다. 바울은 다음과 같이 말한다. "이러므로 하나님이 미혹의 역사를 그들에게 보내사 거짓 것을 믿게 하심은 진리를 믿지 않고 불의를 좋아하는 모든 자들로 하여금 심판을 받게 하려 하심이라." 하나님의 심판은 미혹의 역사를 통해 종말론적인 원수를 받아들인 모든 자에게 임하므로 그에게 사로잡힌 모든 자는 최후의 심판의 대상이 된다. 하나님의 저주는 이미 멸망의 길에 들어선 자들이 받을 궁극적인 운명이다(살후 2:10; 참조. 계 20:1-10).

바울이 언급한 것이 이스라엘을 심판하기 위해 하나님이 오시는 것과 네로의 통치 때 일어난 로마의 대화재(기원후 64년)일 수도 있다는 젠트리와 같은 과거주의자들의 주장은 분명 사실과 거리가 멀다.[58] 이와 마찬가지로 죄의 사람이 범한 신성모독적인 행위가 그가 이스라엘과 평화 조약을 맺고 나서 3년 반 후에 재건된 예루살렘 성전에서 일어날 사건으로 보는 세대주의자들의 주장도 옳지 않다. 바울이 말하는 죄의 사람은 그리스도의 교회에서 말세의 배교를 주도할 것이다. 그는 이미 사도

---

58   Gentry, *Perilous Times*, 112-13.

시대의 교회를 지속적으로 괴롭혀온 일련의 적그리스도의 정점에 서 있는 자로서 현재 복음 선포로 인해 그의 능력이 억제되어 있지만, 하나님이 초자연적으로 억제하는 그것을 해제하실 때 이 불법의 사람은 마침내 자신의 모습을 드러낼 것이다. 그리고 그날이 이르면 주님의 재림은 그리 멀지 않다.

적그리스도의 비밀을 파헤치다

7장

너의 적을 알라

교회사에 나타난 적그리스도

교부들

본장의 목적은 적그리스도 교리에 대한 광범위한 역사를 알리는 데 있지 않다. 버나드 맥긴은 자신의 저서인 『적그리스도』에서 이미 이 교리의 역사(특히 교부들의 저서와 중세 시대의 발전)에 대한 의미 있는 연구를 한 바 있다.[1] 따라서 그의 노력을 여기서 반복할 필요는 없다. 대신 본장의 목적은 교회가 적그리스도 교리에 대하여 고찰한 내용의 특정 측면을 간략하게 개관하는 것인데, 특히 앞서 본 연구에서 논의된 일부 주제와 관련이 있는 것을 중심으로 살펴보고자 한다. 우리는 성경의 내용을 이해하려고 애썼고 이 교리와 씨름했던 믿음의 선배들에게서 배울 점이 상당히 많다.

적그리스도를 언급하는 최초기의 기독교 문서들은 그를 성경의 특정 본문과 연결시켜 간략히 언급한 것을 제외하고는 매우 미미한 신학적인 고찰을 담고 있다. 사도 시대가 끝난 직후에 쓰인 「바나바 서신」은 다니엘 7장의 네 번째 짐승을 로마 제국과 동일시하고, 그 짐승을 구

---

1   Bernard McGinn, *Antichrist: Two Thousand Years of the Human Fascination with Evil* (New York: Columbia University Press, 2000). 이와 더불어 다음의 연구들도 참고하라. Gregory C. Jenks, *The Origins and Development of the Antichrist Myth* (New York: Walter De Gruyter, 1991); L. J. Lietaert Peerbolte, *The Antecedents of Antichrist: A Traditio-Historical Study of the Earliest Christian Views on Eschatological Opponents* (New York: E. J. Brill, 1996).

체적으로 적그리스도라고 부른다.[2] 이와 비슷한 언급이 기원후 70년경에 태어나 156년경에 순교한 것으로 추정되는 서머나의 감독 폴리카르포스의 글에서도 드러난다. 그의 저서인 『빌립보인들에게 쓴 편지』(Epistle to the Philippians, 기원후 135년경에 저술) 7:1에서 폴리카르포스는 요한1서 4:2-3과 요한2서 2:7을 인용하면서 적그리스도는 이단의 영이라고 주장한다.[3] 이러한 주장은 요한 서신의 강조점, 즉 적그리스도로부터의 위협은 내부에서 생겨났으며, 요한계시록 13장에 등장하는 짐승처럼 국가가 배후에서 지원하는 탄압과는 관계가 없다는 주장과 비슷하다.[4] 『트리포와의 대화』에서 순교자 유스티누스(기원후 165년경 로마에서 처형당했다)는 "지극히 높으신 이"께 대항하여 "이상한 말을" 하고 "우리 그리스도인들을 대적하여 이 땅에서 불법"을 감행하는 "배교의 사람"의 출현에 대해 말한다. 유스티누스는 분명히 데살로니가후서 2:3을 암시하고 있지만, 이 인물이 적그리스도라고 구체적으로 말하지는 않는다.[5]

적그리스도에 관한 초기의 가장 중요한 논의 가운데 하나는 바로 이레나이우스의 연구에서 발견할 수 있다. 그는 소아시아에서 태어났으며, 젊은 시절 그곳에서 폴리카르포스를 만났다.[6] 이레나이우스는 나중

---

2   바나바 서신(4:1-5), J. B. Lightfoot and J. R. Harmer, *The Apostolic Fathers* (repr., Grand Rapids: Baker, 1984), 239-42에서 인용함.

3   Polycarp, *Epistle to the Philippians*, 7.1.

4   F. F. Bruce, "Excursus on Antichrist," 183-84.

5   Justin Martyr, *Dialogue with Trypho*, 110. *The Ante-Nicene Fathers*, vol. 1, ed. Roberts and Donaldson, 253-54에서 인용함.

6   다음의 연구를 참고하라. Bruce, "Excursus on Antichrist," 184; McGinn, *Antichrist*,

적그리스도의 비밀을 파헤치다

에 갈리아(Gaul) 지방에 있는 리옹(Lyon)의 감독이 되었다. 이레나이우스는 그의 저서 『이단들에 대항하여』(기원후 180년경)[7]에서 적그리스도는 유대인일 것이라는 의견을 제시했는데, 이것은 파피아스(소아시아 출신의 또 다른 작가로서 그의 작품은 대부분 단편적으로만 남아 있다)로 부터 나온 생각이었다.[8] 최고의 권위를 지닌 사본들과 목격자들(아마도 폴리카르포스에 대한 언급이었을 것)에 근거하여 이레나이우스는 적그리스도가 아담과 하와로부터 시작된 배교를 재현한다고 믿었다. 이러한 배교는 현재(그가 살던 시대의 영지주의자들)에도 볼 수 있고, 이와 유사한 배교는 말세에 다시 나타날 것이다.[9] 말씀이 육신이 되신 그리스도가 선한 것을 모두 재현하셨듯이 적그리스도 또한 반드시 육신으로 와서 악한 것을 모두 재현할 것이다.[10]

그뿐만 아니라 이레나이우스는 로마 제국이 결국 열 명의 왕에게 나눠질 것이며,[11] (단 7:8; 8:23; 마 24:15; 살후 2:3에 대한 성취로) 말세에 적그리스도가 출현하여 최후의 배교를 주도할 것이라고 믿었다. 적그리스도는 6천 년간 세상을 통치할 것이며(안식년 패턴), 그 후에는 그리스도가

58-60; Vincent Miceli, *The Antichrist* (Harrison, NY: Roman Catholic Books, 1981), 50-55; Jeffrey Burton Russell, *Satan: The Early Christian Tradition* (Ithaca, NY: Cornell University Press, 1981), 80-88.

7   Irenaeus, *Against Heresies*, in *The Ante-Nicene Fathers*, vol. 1, ed. Roberts and Donaldson, 315-567.

8   Bruce, "Excursus on Antichrist," 184.

9   Irenaeus, *Against Heresies*, 5.30.1.

10 McGinn, *Antichrist*, 59.

11 Irenaeus, *Against Heresies*, 5.30.2.

이 땅을 다스리는 천년왕국 시대가 온다.[12] 비록 이레나이우스는 독자들에게 이와 관련된 지나친 추측을 삼갈 것을 경고하긴 하지만 그럼에도 666을 고대 라틴족의 왕 라테이노스(Lateinos) 혹은 어떤 폭군의 왕실명인 테이탄(Teitan)과 동일시했다. 또한 그는 적그리스도가 예루살렘 성전에 앉아 하나님처럼 경배받기를 요구하는 어떤 배교한 유대인이라고 믿었다.[13] 사실 이레나이우스는 불법의 사람에 관한 바울의 예언(살후 2:1-12)을 말세에 성취될 예언인 다니엘 8:12, 9:27과 연결시킨다.[14]

처음으로 적그리스도를 구체적으로 다룬 기독교 논문은 이레나이우스의 제자 중 한 명인 히폴리투스가 저술했다. 히폴리투스는 거의 35년간 로마 교회의 장로로 섬겼고 기원후 235년에 순교했다.[15] 그의 논문『적그리스도에 관하여』(기원후 200년)[16]는 다니엘서에 관한 방대한 연구의 일부이며, 성경의 모든 책에 대한 현존하는 기독교 주석 가운데 가장 오래된 것이다. 비록 다수의 독특한 요소가 들어 있기는 하지만, 이 논문은 이레나이우스의 초기 연구에 기초한 것이다.[17] 히폴리투스는 자

---

12   위의 책, 5.28.3.

13   위의 책, 5.30.3-4.

14   위의 책, 5.25.4.

15   A. Cleveland Coxe, "Introductory Notice to Hippolytus," in *The Ante-Nicene Fathers*, vol. 5, ed. Roberts and Donaldson, 3-7.

16   Hippolytus, "Treatise on Christ and Antichrist," in *The Ante-Nicene Fathers*, vol. 5, ed. Roberts and Donaldson, 204-19.

17   Bruce, "Excursus on Antichrist," 184; McGinn, *Antichrist*, 60-62; Johannes Quasten, *Patrology*, in *The Ante-Nicene Literature after Irenaeus*, vol. 2 (Westminster, MD: Christian Classics, 1990), 170-71.

적그리스도의 비밀을 파헤치다

신의 멘토와 마찬가지로 적그리스도는 유대인이며, 참된 그리스도에 대한 모방일 것이라고 믿었다. 적그리스도는 바벨론에서 태어날 것이며, 단 지파에서 나올 것이다(창 49:9과 신 33:22에서 그를 새끼 사자라고 말하므로 그는 교활하고 남을 잘 속인다).[18] 거짓 구속자인 적그리스도는 유대인들에게 자신이 메시아라고 설득할 것이다. 적그리스도의 전조들 역시 구약성경에 등장하는 몇몇 인물, 즉 앗수르 왕(사 10:12-19), 바벨론 왕(사 14:4-21), 두로 왕(겔 28:2-10) 등과 동일시된다. 히폴리투스는 다음과 같이 말한다. "사기꾼인 그는 모든 일에 있어 자신을 하나님의 아들에 비유하려고 노력한다. 그리스도는 사자이므로 적그리스도 역시 사자다. 그리스도는 왕이므로 적그리스도 역시 왕이다. 구세주는 어린양으로 나타났다. 그렇기 때문에 (비록 그는 사실 늑대이지만) 그 역시 이와 비슷하게 어린양으로 나타날 것이다."[19]

또한 히폴리투스는 적그리스도가 예루살렘에 성전을 재건할 것이며,[20] 그에 대항하여 말씀을 선포하다가 죽임을 당하는 두 증인으로 상징되는 그리스도인들을 속일 것이라고 말한다. 그 후 그리스도가 그를 멸하기 위해 재림하시기 전 3년 반 동안 환란기가 있을 것이다. 요한계시록 13장의 두 짐승은 미래에 등장할 것이며, 그들은 "로마 제국을 세운"

---

18   Hippolytus, "Treatise on Christ and Antichrist," 207.

19   위의 책, 206.

20   Hippolytus, *Commentary on Daniel*, 2.39. "Fragments from Commentaries," in *The Ante-Nicene Fathers*, vol. 5, ed. Roberts and Donaldson, 184에서 인용함.

7장 | 너의 적을 알라

아우구스투스 황제의 방식대로 통치할 것이다.[21]

또한 히폴리투스는 말세에 대한 다소 특이한 연대기를 제시한다. 그리스도는 세계 역사 6천년의 끝에 재림하지 않고(이레나이우스가 제시한 역사의 구도), 오히려 마지막 천년의 중간에 오실 것인데, 이것은 그리스도의 겸허한 재림과 그의 영광스러운 재림 사이의 약 5백년을 가리킨다.[22] 맥긴에 따르면 히폴리투스는 "나중에 '성도의 휴식기(refreshment)'로 알려진 것에 대한 최초의 증인이며, 이 시기는 살아남은 신실한 자들이 하나님 나라가 나타나길 기다리며 평안하게 사는 시기로서 적그리스도가 패배하고 그리스도가 재림하기 이전의 짧은 기간이다."[23] 많은 이들은 이러한 주장을 일종의 최초의 전천년설로 본 반면, 찰스 힐(Charles Hill)의 연구를 포함하여 최근 연구들은 히폴리투스가 첫 번째 부활이 그리스도께서 죽은 자를 살리기 위해 재림할 때 일어나는 것이 아니라 순교자의 영혼이 천국에서 그리스도와 만날 때 일어난다고 믿었다고 지적하며, 이러한 주장을 새롭게 재조명한다(이러한 입장은 전천년설과 일치하지 않는다).[24]

부세(Bousset)에 따르면 적그리스도가 예루살렘 성전 재건을 주도하고, 그 후 자신을 이스라엘의 메시아로 선언할 어떤 유대인일 것이라는

21   Hippolytus, "Treatise on Christ and Antichrist," 212-14.

22   Hippolytus, *Commentary on Daniel*, 2.4-6, "Fragments from Commentaries," in *The Ante-Nicene Fathers*, vol. 5, ed. Roberts and Donaldson에서 인용함.

23   McGinn, *Antichrist*, 62.

24   Charles E. Hill, *Regnum Caelorum: Patterns of Millennial Thought in Early Christianity*, 2nd ed. (Grand Rapids: Eerdmans, 2001), 160-69.

믿음은 교회에 널리 퍼진 "보편적인 믿음"이었다. 소수의 사람들(락탄티우스, 코모디아누스 및 투르의 마르티노)은 유대인들을 속이고 그들의 성전을 장악할 이 거짓 메시아를 **환생한** 네로와 동일시했다.[25] 전자는 프랑스 수도사 아드소(Adso)가 취한 견해로서 10세기에 일반인들에게 널리 알려졌다.[26] 아드소의 견해는 두 명의 위대한 스콜라 신학자인 알베르투스 마그누스(Albertus Magnus)와 토마스 아퀴나스(Thomas Aquinas)에 의해 받아들여지고 수정된 것이며, 이로써 그의 견해는 상당한 신뢰와 영향력을 얻게 되었다.[27]

오리게네스와 아우구스티누스

초기 교회에서 가장 영향력 있는 인물이자 히폴리투스와 동시대에 살았던 오리게네스(기원후 185-254년)는 이른바 성경 본문에 대한 "영적" 해석 방법을 통해 적그리스도 교리를 발전시킨 중요한 인물이다. 오리게네스는 최초의 조직신학 연구서로 간주되는 그의 저서 『제일 원리』에서 이 땅에서 성도들이 통치하는 시대에 대해 말하는 성경 본문을 문자적으

---

25   Bousset, *Antichrist Legend*, 186.

26   Norman Cohn, *The Pursuit of the Millennium* (New York: Oxford University Press, 1970), 79; McGinn, *Antichrist*, 100-103.

27   Christopher Hill, *Antichrist in Seventeenth-Century England*, 179.

로 이해하려는 이들에게 반론을 제기한다.[28] 하나님 나라에서 먹고 마시는 것과 지상의 도시 예루살렘 등을 말하는 성경 본문을 문자적으로 이해하는 이들은 "미래에 성취될 약속들을 육체적 쾌락과 부유함을 위한 것으로 보아야 한다는 견해를 갖고 있다.…[그리고 그들은] 영적인 몸의 부활에 관한 사도 바울의 견해를 따르지 않는다."[29] 오리게네스는 성경 본문에는 항상 문자적 의미보다 더 깊은 의미가 담겨 있다고 보는 것 같다.

당연히 이러한 영적 해석 방법은 오리게네스의 적그리스도에 대한 이해와 연결되었다. 오리게네스에 따르면 두 개의 거대한 극단, 즉 선과 그 반대인 악이 존재한다. 완전한 선은 예수의 인격에 존재하는 반면, 선을 거부하는 자는 "적그리스도라는 이름을 지닌 그의 사상을 구현한다." 선은 하나님의 아들에게서 발견되는 반면, "그와 다른 이, 즉 그와 정반대되는 자인 사악한 악마는 사탄 혹은 마귀의 아들이라고 불린다."[30] 적그리스도는 사람이 아닌 영적 개념이다. 그는 두려워 할 인간이 아닌, 대항해야 할 거짓이다.

오리게네스는 자신의 저서 『요한복음 주석』에서 적그리스도는 단지 영적 개념에 불과하다는 생각을 재차 언급한다. 오리게네스는 바울

---

28   Origen, "De Principiis," in *The Ante-Nicene Fathers*, vol. 4, ed. Roberts and Donaldson, 239-382.

29   Origin, *On First Principles*, 2.11. See the discussion of this section of *On First Principles* in Charles E. Hill, *Regnum Caelorum*, 176-80.

30   Origen, "Against Celsus," 6.45, in *The Ante-Nicene Fathers*, vol. 4, ed. Roberts and Donaldson, 395-669.

적그리스도의 비밀을 파헤치다

이 예수가 불법의 사람을 그의 입의 기운으로 멸하실 것이라고 말하는 데살로니가후서 2:8을 언급하면서 이것을 진리로 거짓을 멸하시는, 그리스도 안에 나타난 하나님의 지혜를 가리킨 것으로 이해한다. "말씀과 진리와 지혜이신 그리스도의 입의 기운으로 무너진 것이 거짓이 아니고 무엇이겠는가?"[31] 오리게네스는 『마태복음 주석』에서 감람산 강화를 논하면서 멸망의 가증한 것을 성경 말씀을 대신하는 거짓된 말씀으로 규정하고, 따라서 적그리스도는 참된 것처럼 위장하지만 실제로는 그렇지 않은 모든 것을 가리킨다고 말한다.[32] 이로써 오리게네스의 영적 해석 방법은 적그리스도를 인격을 지닌 종말론적인 적에서 악의 개념으로 변이시킨다.

기원후 첫 천 년 동안의 교회사에서 가장 중요한 기독교 신학자는 성 아우구스티누스(기원후 354-430년)다. 아우구스티누스는 여러 곳에서 적그리스도라는 주제에 대해 연설한 바 있지만, 히폴리투스나 이레나이우스에게서 발견되는 추측성 논의는 대부분 회피한다. 버나드 맥긴의 견해에 따르면 아우구스티누스는 "적그리스도 이야기에 전설적인 요소를 첨가하는 일에 냉담했지만, 그는 여전히 라틴어를 사용하는 서유럽(Latin West)에 최후의 적에 관하여 냉철한 판단이 뒷받침된 전승을 전수하는 주요한 통로였다."[33] 다시 말하면 아우구스티누스는 적그리스도에 대한

---

31   Origen, "Commentary on John," 2.4, in *The Ante-Nicene Fathers*, vol. 10, ed. Allan Menzies (Grand Rapids: Eerdmans, 1979), 297-408.

32   McGinn, *Antichrist*, 64.

33   위의 책, 76.

추측과 관련하여 특정 본문에 대한 주해에 초점을 맞춘다. 성경 본문의 범위를 넘어서는 것에 대해 우려한 결과, 그는 초기의 여러 작가처럼 적그리스도가 전적으로 말세에만 국한된 존재이기보다는 현재와 임박한 미래에 교회를 위협하는 존재라는 점을 더욱 강조한다.[34]

아우구스티누스는 『하나님의 도성』에서 정확히 언제 이런 일이 일어날지 알 수 없다고 단언하기 이전에 재림 시 그리스도가 적그리스도를 멸하실 것을 분명히 밝힌다. 이어서 그는 인간의 추측은 성경에 아무것도 더 추가할 수 없다고 덧붙인다.[35] 아우구스티누스에 따르면 죄의 사람에 대한 바울의 논의는 적그리스도와 최후의 심판에 관한 것이지만, 그는 바울이 성전을 언급할 때 그것이 무엇을 의미하는지(예루살렘 성전인지, 혹은 교회인지) 잘 모르겠다고 말한다. 그는 계속해서 자신이 일축해버린 네로 환생 이론을 포함하여 몇 가지 견해를 설명한다. 성경 본문을 통해 분명히 알 수 있는 것은 사탄이 무저갱에서 풀려날 때까지는 (계 20:1-10) 적그리스도가 등장하지 않으리라는 것이다. 왜냐하면 이 사건이 적그리스도에게 온 세상을 기만할 수 있는 능력을 주기 때문이다. 그리스도가 그의 백성을 구원하기 위해 재림하기 이전에 적그리스도의 왕국이 교회를 공격할 것이므로 아우구스티누스는 이것이 바로 다니엘이 예언한 것이라고 말한다. 다니엘이 언급한 열 왕과 열 왕국은 로마를

---

34   위의 책, 76-77.

35   Augustine, "City of God," 18.53, 20.12, in *St. Augustine's City of God and Christian Doctrine*, vol. 2 of *Nicene and Post-Nicene Fathers*, ed. Schaff, 1-511.

적그리스도의 비밀을 파헤치다

가리킬 수도 있고 그렇지 않을 수도 있지만, 그것들은 초림과 재림 사이의 전 기간을 상징할 가능성이 크다.[36] 또한 아우구스티누스는 적그리스도가 출현하려면 로마 제국이 멸망해야 한다고 믿는 것은 합리적이라고 생각한다.[37]

아우구스티누스는 기원후 415년에 요한1서를 설교하면서 적그리스도의 본질과 특성에 대해 직접 언급한다. 적그리스도는 "그리스도와 정반대"다. 이것은 적그리스도가 "우리를 떠난, 즉 교회에서 나간 모든 이단과 분열세력"임을 의미한다. 이러한 사실 때문에 아우구스티누스는 "각 사람은 자신이 적그리스도인지 아닌지 자기 양심에 물어보아야 한다"고 말한다. 적그리스도들은 거짓말쟁이이며, 예수가 그리스도임을 부인한다. 따라서 혹자가 적그리스도인지 아닌지를 판단하기 위한 테스트는 "그리스도는 주시다"라는 고백이 아니다. 왜냐하면 심지어 거짓말쟁이도 이러한 고백을 할 수 있기 때문이다. 결국 이를 판가름하는 테스트는 그 사람의 행위다. "거짓을 더욱 일삼는 적그리스도는 입으로는 예수가 그리스도인 것을 고백하면서도 행위로는 그분을 부인한다. 즉 이러한 의미에서 거짓말쟁이는 말과 행위가 일치하지 않는 자다."[38]

맥긴은 이로부터 아우구스티누스가 "실제의 적그리스도는 우리 가

---

36   위의 책, 20.19, 20.23.

37   Miceli, *Antichrist*, 71-72.

38   Augustine, "Homilies on the First Epistle of John," 3.4, 3.8, in *St. Augustin: Homilies on the Gospel of John; Homilies on the First Epistle of John; Soliloquies*, vol. 7 of *Nicene and Post-Nicene Fathers*, ed. Philip Schaff (Grand Rapids: Eerdmans, 1979), 460-529.

운데 그 누구도 될 수 있다"라고 믿는다는 결론을 도출하고, 이것을 아우구스티누스가 묵시적 종말론을 거부한다는 암시로 받아들인다.[39] 하지만 아우구스티누스는 『하나님의 도성』에서 바울이 데살로니가후서에서 현재 하나님의 억제를 받고 있다고 말하는 불가사의한 불법의 사람이 요한의 주장, 즉 지금이 마지막 때이므로 다수의 적그리스도가 이미 도래했다는 주장과 어떤 식으로든 서로 연계되어 있다는 점을 분명히 밝힌다. 사도 요한이 말하는 일련의 적그리스도는 최후의 적그리스도에 이르러 마침내 그 정점을 찍을 것이다. "따라서 요한이 '마지막 때'라고 부른 말세 이전에 그가 '많은 적그리스도'라고 부른 많은 이단이 교회에서 나갈 것이므로 결국 그리스도께 속하지 않고 최후의 적그리스도에게 속한 그들은 교회에서 나갈 것이며, 그 후 적그리스도가 출현할 것이다."[40] 아우구스티누스는 말세에 대한 지나친 추측을 경고하지만, 적그리스도를 현재와 임박한 미래의 위협일 뿐 아니라 말세에 출현할 존재로 보는 그의 견해는 성경에 나타나 있는 긴장을 잘 반영해준다. 맥긴이 주장하듯이 이것은 적그리스도가 단순히 우리 안에 있는 각 개인의 악을 반영한다는 아우구스티누스의 견해가 아니다. 비록 우리는 우리의 고백과 행동이 일치하지 않는 거짓말쟁이가 될 수는 있지만 그럼에도 최후의 적그리스도는 분명 다른 범주에 속하는 존재다. 왜냐하면 그는 사

---

39   McGinn, *Antichrist*, 77.

40   Augustine, "City of God," 19.19, in *St. Augustin's City of God and Christian Doctrine*,
      vol. 2 of *Nicene and Post-Nicene Fathers*, ed. Schaff.

적그리스도의 비밀을 파헤치다

탄의 권세를 입고 말세에 출현할 존재이기 때문이다.

중세 교회

이레나이우스와 히폴리투스가 로마 제국의 최후를 예언하고, 히폴리투스가 처음으로 이 세상의 종말이 기원후 500년경이라고 주장하고, 로마가 침략을 받아(기원후 410년과 455년에) 다수의 왕국으로 나뉜 이후에는 오직 단 하나의 결론만이 남았다. 종말이 분명히 임박했다는 것이다. 북쪽의 야만인들이 고대 그리스-로마의 생활 방식에 심각한 위협이 된다는 자각과 함께 로마 제국이 정치적·경제적·군사적으로 약화되었다는 사실은 서유럽에 종말론적 추측이 난무하는 풍조를 만들어 냈다.[41] 억제하는 자는 사라졌고, 이제는 죄의 사람이 등장할 차례가 되었다. 그것은 **나타나느냐 마느냐**의 문제가 아니라 **언제** 나타나느냐의 문제였다.

적그리스도는 언제라도 등장할 수 있으므로 많은 이들이 적그리스도의 외모에 집착하게 되었고, 성경의 자료를 기초로 하여 "용의자 스케치"를 개발하기 시작했다. 어떤 이들은 적그리스도가 붉은 머리카락의 소유자일 것으로 생각했고, 다른 이들은 잔인한 눈 혹은 빛을 발하는 눈

---

41 Brian E. Daley, "Apocalypticism in Early Christian Theology," in *The Continuum History of Apocalypticism*, ed. Bernard McGinn, John J. Collins, and Stephen J. Stein (New York: Continuum, 2003), 221-53; McGinn, *Antichrist*, 63.

의 소유자라고 생각했다. 적그리스도는 이빨이 빠졌고, 낫과 같이 생긴 손가락과 큰 발을 가진 자로 묘사된다. 일부 작가는 적그리스도가 기적을 행하고, 자신의 진정한 정체를 나타내는 특징적인 표를 갖고 있다고 믿었다.[42] 어떤 이들은 적그리스도가 이미 살아 있으며, 자신을 드러내기를 기다리고 있다는 것을 두려워했다.[43]

중세 초기에 가장 권위 있는 인물 가운데 하나인 교황 그레고리오 1세(Gregory the Great)는 로마가 계속해서 조직적으로 롬바르드족의 침략을 받던 기원후 590년에서 604년까지 로마의 감독으로 있었다. 그레고리오는 교회의 도덕적 개혁을 추진하기 위한 수단으로 적그리스도 모티프를 사용하였다. 그레고리오는 적그리스도가 종말론적 대적임을 인정하긴 했지만, 그의 주된 관심은 교회 내부의 이단과 위선자로부터 받는 위협에 있었다.[44] 그레고리오가 적그리스도를 대단히 무서운 적으로 판단한 이유는 그가 나타날 때 전 세계를 장악할 힘을 소유하면서도 동시에 높은 수준의 거룩함을 드러낼 것이기 때문이었다. 그는 로마 시민들에게 격동의 시기임을 고려하여 말세의 징조(전쟁과 전쟁의 소문)가 "우리가 읽는 책의 페이지처럼" 모두가 볼 수 있도록 이미 분명하게 드러났으므로 세계의 종말이 임박했다고 말했다.[45]

---

42   적그리스도의 외형적 특징에 대해서는 다음을 참고하라. McGinn, *Antichrist*, 68-74, 103-6.

43   Miceli, *Antichrist*, 85.

44   McGinn, *Antichrist*, 80-82.

45   Daley, "Apocalypticism in Early Christian Theology," 249. 그레고리우스 1세에 관한 유용한 연구는 다음을 참고하라. Miceli, *Antichrist*, 75-80.

기원후 950년에 수도사 아드소는 서로마 제국의 통치자인 오토 1세의 누이 게르베르가(Gerberga)에게 쓴 편지에서 적그리스도에 관한 성경적이면서도 전통적인 가르침의 개요를 설명했다.[46] 아드소는 교부들의 가르침(특히 히에로니무스의 다니엘서 주석과 비드[Bede]의 요한계시록 연구)을 요약할 뿐만 아니라[47] 적그리스도를 널리 알려진 "성자들의 전기"와 상반되는 존재로 묘사하는 서사적인 글을 집필했다. 만일 성자들이 그들의 위대한 개인적 거룩함과 경건함으로 유명하다면 적그리스도는 그의 불경건함으로 유명해질 것이다. 맥긴은 성자들의 전기 모티프를 완전히 뒤집은 아드소의 서술은 "적그리스도 신화의 역사에서 큰 전환점이 되었다"고 믿는다.[48] 왜냐하면 이러한 서술은 적그리스도의 등장을 도덕적인 교훈을 주는 이야기가 아닌, 아직 나타나지 않은 특정 인물로 묘사하는 데 집중했기 때문이다.[49] 적그리스도에 관한 아드소의 판단에 의하면 이레나이우스와 히폴리투스는 오리게네스보다 훨씬 뛰어나고, 성 아우구스티누스 보다 다소 낫다.

아드소에 따르면 적그리스도가 "그리스도와 상반되는 행위"를 하

---

46   아드소에 대한 기본적인 개략적 글과 그의 편지 모음은 다음을 참고하라. Bernard McGinn, *Visions of the End: Apocalyptic Traditions in the Middle Ages* (New York: Columbia University Press, 1998), 82-87.

47   E. Ann Matter, "The Apocalypse in Early Medieval Exegesis," in *The Apocalypse in the Middle Ages*, ed. Richard K. Emmerson and Bernard McGinn (Ithaca, NY: Cornell University Press, 1992), 50.

48   McGinn, *Antichrist*, 101.

49   McGinn, *Visions of the End*, 83.

면서도 동시에 그리스도처럼 보여 대중들을 속일 것이다. 아드소는 적그리스도가 단 지파에서 나온 유대인일 것이라는 전통적 견해를 취한다. 그는 바벨론에서 태어날 것이지만, 결국에는 예루살렘에서 삶을 마감하고, 재건된 성전에서 자기 자리를 차지할 것이다. 적그리스도는 거짓 기사와 표적을 행할 것이며, 그의 출현 직후 많은 왕과 왕자를 개종시킬 것이다. 그의 추종자들은 이마에 그의 표를 새길 것이며, 그는 3년 반 동안 통치할 것이다.[50] 아드소의 연구는 적그리스도가 기적을 행하는 능력과 자신을 그리스도처럼 위장할 수 있는 거짓 경건함을 가진 거짓 메시아라는 개념을 효과적으로 확립한다. 적그리스도는 그리스도를 매우 잘 모방하기 때문에 완전히 악마적이다.

적그리스도는 종종 중세 시대의 예술 작품에 등장했는데, 특별히 요한계시록에 등장하는 이미지가 주를 이루었고,[51] 또한 중세 시대의 연극에서 인기를 끄는 주제였다. 이러한 연극 가운데 가장 유명한 것 중 하나로 알려진 "적그리스도"(Antichristus, 기원후 1160년경)는 독일에서 쓰인 초기 드라마들 중 하나였다. 이러한 연극은 지역적인 특성에 따라 각색되었지만 그럼에도 대체로 아드소가 제시한 일반적인 줄거리를 따랐다. 이와 비슷한 연극이 14세기에 이탈리아에서("적그리스도와 마지막 심판의 비극적 찬가"), 그리고 1240년경 프랑스에서("적그리스도의 통치") 등장했으며, 이 중 가장 유명한 작품은 1328년에 나온 "적그리스도의 도래"

---

50   Miceli, *Antichrist*, 86에서 인용함.
51   Emmerson and McGinn, *The Apocalypse in the Middle Ages*, 105-289.

였다.[52] 이러한 연극은 대중들 사이에서 적그리스도가 말세에 등장할 미래의 적이라는 생각을 유행시켰을 뿐만 아니라 적그리스도를 가시화함으로써 적그리스도에 대한 추측이 신앙생활의 중심을 차지하게 했으며, 대중들의 상상 속에 확고히 자리 잡게 했다.[53] 실제로 중세 전반에 걸쳐 적그리스도에 관한 추측이 넘쳐나다 보니, 14세기 후반 무렵 야노프의 마티아스(Matthew of Janov)는 적그리스도가 너무나 잘 알려진 나머지 그가 등장하면 심지어 어린아이도 그를 알아볼 수 있다고 할 정도였다.[54] 루터와 칼뱅은 종교개혁 직전에 교회 안에 만연해 있던 적그리스도에 대한 추측에 관해 언급하고, 당시 로마 가톨릭교회가 말세에 관한 예언을 활발히 알리기보다는 복음의 순수성에 대해 훨씬 더 큰 관심을 가졌어야 했다는 사실을 애석하게 생각했다.[55]

따라서 적그리스도에 관한 추측은 최근에 일어난 현상도 아니고, 오직 미국 복음주의자들의 관심사만도 아니다. 오늘날 미국에서 성행하는 적그리스도에 관한 추측을 특징짓는 주요 범주들은 이미 중세 교회 때부터 존재했다. 적그리스도는 유대인일 것이다. 그는 거짓 기사와 표적을 행할 것이다. 그는 예루살렘 성전에서 주도적인 위치를 차지할 것이고, 경배를 받으며, 메시아처럼 나타날 것이다. 그는 속임수의 대가이지

---

52   Miceli, *Antichrist*, 89-92.

53   Emmerson and McGinn, *The Apocalypse in the Middle Ages*, 293-413.

54   Christopher Hill, *Antichrist in Seventeenth-Century England*, 7; Miceli, *Antichrist*, 84에서 인용함.

55   Christopher Hill, *Antichrist in Seventeenth-Century England*, 7.

만, 요한계시록 11:3-12절에 등장하는 두 증인은 그에게 저항할 것이다. 여기서 생략된 것은 7년 환란, 이스라엘과의 평화조약, 적그리스도의 등장 이전에 일어날 신자들의 휴거 등 세대주의적인 특징이다. 아우구스티누스의 견해는 명백히 그 힘을 잃고 있었다.

중세에 성행했던 적그리스도에 관한 추측의 마지막 한 가지 양상은 우리의 연구에 특히 중요한 것으로서, 중세가 끝날 무렵 교황직 자체가 적그리스도의 자리가 될 수 있는 길을 열어준, 서로 다른 두 가지 변화였다. 첫 번째 변화는 소위 대개혁운동(Great Reform movement)과 관련이 있다. 이 운동은 간섭을 일삼는 정치인들과 성직매매(simony)와 부도덕한 행위를 하는 타락한 성직자들로부터 교회가 자신을 정화하려는 노력에서 비롯되었다. 두 번째 발전은 피오레의 요아힘(기원후 1135-1202)이 교회의 묵시 신학에 미친 영향이다.[56]

대개혁운동이 진행되던 시기에 가장 주목할 만한 인물 가운데 하나는 힐데브란트(Hildebrand)인데, 그는 기원후 1073년부터 1085년까지 교황 그레고리오 7세로서 재임했다. 힐데브란트는 1076년에 열린 보름스 의회(the Diet of Worms)에서 독일의 황제 하인리히 4세가 "교황"으로 임명한 이른바 대립 교황(정통 로마 교황에 대립하는 이들이 선출한 교황)이었던 라벤나의 대주교 구이베르트(Wibert)를 적그리스도와 이단자의 우두머리로 매도하기 시작했다. 그뿐만 아니라 그레고리오 7세는 자신을 파문시키고 구이베르트를 자신의 후계자로 임명하기 위해 공회의를 소집한

---

56   McGinn, *Antichrist*, 115.

하인리히를 파문했다. 이에 맞서 대립 교황을 지지하던 추기경 베노는 공식 법령을 통해 적그리스도는 힐데브란트라고 대응했다. 결국 이러한 과정에서 어떤 사람의 적대자를 "적그리스도"라고 부르고, 그에게 교회의 극단적인 징계를 내리는 양상이 생겨났다.[57]

1095년의 비슷한 시기에 교황 우르바노 2세가 첫 번째 십자군 원정을 구상하고 있을 무렵, 그가 예루살렘을 이슬람교도로부터 해방시키기 위해 군대 동원을 요청한 기록을 보면 그는 적그리스도가 출현하여 말세의 전조가 되는 사건들을 일으킬 수 있도록 그리스도인들이 예루살렘을 탈환해야 할 필요성이 있다는 사실에 호소했음을 알 수 있다. 그 당시에 만연해 있던 적그리스도에 대한 추측을 고려하면 그리스도인들이 적그리스도의 도래(그리고 그리스도의 재림)를 앞당기기 위해 그런 식으로 행동할 수 있다는 발상은 자연스러운 것이었다.[58]

아무튼 다양한 개혁 운동이 교회에 대한 통제력과 영향력을 차지하기 위해 서로 다투었기 때문에 개혁을 추구하는 이들은 현재 상황을 수호하려는 자들을 교회를 불순하게 만들며 적그리스도의 일을 하는 자들로 치부한 반면, 현재 상황을 수호하려는 자들 역시 개혁주의자들이 교회의 평화와 조화를 깨트렸다는 이유로 그들을 쉽게 적그리스도들이라고 부를 수 있었다.[59] 어떤 이를 적그리스도라고 부르는 행위는 교회의

---

57   위의 책, 121.

58   위의 책.

59   이에 대한 논의는 위의 책, 114-35을 보라.

무기일 뿐 아니라 정치적인 가치를 지니고 있었다. 맥긴이 지적한 대로 "그레고리우스 9세와 이노첸시오 4세가 프리드리히 2세를 비난했던 것처럼, 만일 교황이 황제가 적그리스도 혹은 그의 추종자 중 하나라고 비난한다면 이것은 기독교 제국에 대한 공격이 아니라, 특정 인물이 드러낸 사악함 때문에 그가 진정한 황제임을 부정하는 것이다."[60]

묵시적 사상과 적그리스도 교리의 발전에서 이 시기에 가장 영향력 있던 인물 가운데 하나는 피오레의 요아힘이었다. 그는 순회 수도사로서 다수의 중요한 연구서를 저술했으며, 특히 적그리스도와 말세에 대한 기존의 가르침에서 과감하게 벗어난 그의 요한계시록 해설서는 매우 중요한 연구로 꼽힌다.[61] 비록 그는 수도 생활을 했지만, 그의 영향력을 과소평가하는 것은 큰 잘못이다. 다수의 교황과 정치인의 고문으로 활동한 요아힘의 영향력은 상당했으며 그는 사자왕 리차드(Richard the Lionhearted), 콘스탄스 황후(Empress Constance), 교황 이노첸시오 3세, 젊은 시절의 프레드리히 2세 등과 교제를 나눴다.[62]

당대의 영적 나태함을 안타까워한 요아힘은 교회가 그리스도의 은총에서 떨어져나간 이유는 순결함을 잃고 점점 세속화되었기 때문이라고 믿었다. 요아힘은 이에 대한 해결책이 과거로 돌아가는 것(개혁)이 아

---

60   McGinn, Visions of the End, 35.

61   다음의 논의를 참고하라. McGinn, *Visions of the End*, 126–41; E. Randolph Daniel, "Joachim of Fiore: Patterns of History in the Apocalypse," in *The Apocalypse in the Middle Ages*, ed. Emmerson and McGinn, 27–88.

62   McGinn, *Visions of the End*, 127.

니라 오랫동안 고대하던 안식의 시대와 열망하던 교회의 개혁을 가져다 줄 구속사의 새로운 시대, 즉 성령의 시대를 추구하는 것이라고 믿었다. 그는 이러한 성령의 역사가 수도원 생활에 새로운 관심을 불러일으킬 것이며, 이것이 교회의 안녕에 필수적이라고 믿었다. 또한 이러한 시대는 기원후 1200년경 혹은 그리 머지 않은 미래에 시작될 것이다.[63]

종말론과 관련하여 여러 면에서 아우구스티누스와 의견을 달리한 요아힘은 큰 복의 시대(천년왕국과 비슷한)가 첫 번째 적그리스도가 패한 이후에 도래할 것이라고 믿었다.[64] 요아힘은 삼위일체 하나님이 성경과 역사의 주인이시기 때문에 역사는 삼위일체의 패턴과 비슷한 방식으로 전개될 것으로 이해했다. 그는 적그리스도가 이러한 패턴의 일환으로서 출현하기 이전에 그리스도의 삼중직, 즉 예언자, 제사장, 왕의 직분을 모방한 많은 적그리스도가 나타날 것이라고 믿었다. 이제 세 번째이자 마지막 시대인 성령의 시대만 남은 것이다.[65]

요아힘은 구약 시대에 일어난 유대인에 대한 일곱 번의 박해는 신약성경에 예언된 일곱 번의 박해와 유사하다고 주장한다. 이러한 현상은 요한계시록 12장의 일곱 머리를 가진 용의 모습에서 찾아볼 수 있으며, 이 용은 교회를 박해하는 일곱 폭군을 의미한다. 여기에는 헤롯과 유대

---

63   Daniel, "Joachim of Fiore," 77-78, 85.

64   Cohn이 지적한대로 요아힘의 "제3시대에 대한 발상은 아우구스티누스의 견해, 즉 하나님 나라는 이 땅에서 이미 실현되었는데, 그것은 교회가 존재하면서부터 시작되었고 따라서 교회를 통한 하나님 나라의 시작과 더불어 천년왕국이 존재하였다고 하는 입장과 양립할 수 없었다." Cohn, *The Pursuit of the Millennium*, 109.

65   McGinn, *Antichrist*, 138.

인들, 네로와 로마 제국주의, 콘스탄티우스와 교회를 박해하려는 이단들의 노력, 무함마드, "메세모스"(Mesemoth)와 바벨론의 아들들, 살라딘과 예루살렘을 탈환한 이슬람 군대, 첫 번째 적그리스도가 될 일곱 번째 왕등이 포함된다. 요아힘은 바로 이 일곱 번째 왕이 방금 열거한 왕들 가운데 가장 악할 것이며, 이미 살아 있고 이제 곧 나타날 것으로 여겨진 일종의 "최악의 적그리스도"(maximus antichristus)일 것으로 믿었다.[66]

구속사에서 세 번째 시대(성령의 시대)는 아직 오지 않았으므로 이 시대가 끝날 때, 즉 수년 후에 또 다른 최후의 적그리스도가 나타날 것이다. 따라서 요아힘은 두 명의 적그리스도의 도래를 사실로 받아들였다. 즉 하나는 임박한 도래(일곱 번째 왕)이고, 다른 하나는 성령의 시대가 끝날 때의 도래인데, 요아힘은 이것이 곡과 마곡이 주도하는 반란(참조. 겔 38-39장; 계 20:7-10)과 연관이 있다고 믿는다. 예수가 두 번 오셨듯이 적그리스도도 그럴 것이다.[67]

요아힘은 교부 전통에서 벗어나 데살로니가후서 2:1-12에서 바울이 하나님의 성전에서 그의 자리를 차지하고 있는 죄의 사람을 언급한 것은 예루살렘에 재건된 성전이 아닌 교회에 대한 언급이라고 믿었다. 적그리스도가 교회에 거짓 제사장으로 나타날 수도 있다는 사실은 심지어 그가 이단 종파의 일원이면서 신자들뿐만 아니라 유대인들까지 기만하는 거짓 교황일 수도 있다는 것을 의미한다. 이러한 거짓 교황에 대항

---

66   위의 책, 138-39.
67   위의 책, 140.

하여 참으로 거룩한 교황이 등장할 것인데, 그는 담대한 복음 선포를 통해 신자들을 새롭게 할 것이다.[68] 그럼에도 불구하고 맥긴이 지적하듯이 요아힘이 심지어 교황의 배교 가능성까지 고려한 것은 "교황직을 맡은 적그리스도라는 개념으로 나아가는" 매우 중요한 첫 걸음이라고 할 수 있다.[69]

따라서 실제로는 별로 관심이 없으면서도 교회 내부에서 개혁을 주장하는 자들(적그리스도들)의 지속적인 강조점과, 일곱 번째 왕인 적그리스도가 교회 안에서 출현할 수 있다고 주장하는 요아힘의 묵시론의 영향은 의미심장한 변화를 가져다주었다. 크리스텐덤의 출현과 콘스탄티누스 황제의 회심 이전에는 적그리스도가 로마 제국 및 제국 종교와 연관이 있었다. 크리스텐덤의 출현과 (차후의) 타락 이후에는 적그리스도가 실제로 이 땅에서 명목상으로만 그리스도의 몸인 교회의 우두머리였는지도 모른다. 왜냐하면 적그리스도는 아무튼 거짓 그리스도이기 때문이다. 이것은 특히 같은 시기에 널리 회람되었던 아드소의 글의 재발견과 더불어 커다란 관점의 변화를 가져다주었다. 여기에 중요하고도 부정적인 역사적인 상황들—예루살렘을 영원히 해방시키기 위한 십자군의 실패, 프리드리히 2세(그는 십자군을 후원하지 않고 교회의 땅을 위태롭게 한 이유로 파문당했으며, 교황 그레고리오 9세는 그를 "바다에서 나온 짐승"이라고 불렀다)의 집권, 교회 개혁을 위한 지속적인 노력, 소위 아비뇽 유수(1348-

---

68   위의 책, 142; McGinn, *Vision of the End*, 135.
69   McGinn, *Antichrist*, 142.

77년)에서 나타난 교회의 분열—로 말미암아 종교개혁의 선구자들은 공개적으로 교황직을 적그리스도라고 말하기 시작했다.[70]

1377년에 존 위클리프(John Wycliffe)는 적그리스도가 어떤 특정한 인물이라는 아드소의 견해를 완전히 거부하면서 교황 제도는 본질적으로 적그리스도의 제도라고 말하기 시작했고, 1388년에 롤라드파는 이 점을 그대로 받아들였다. 동유럽의 후스운동은 1415년 7월 6일 후스가 이단이라는 죄목하에 화형을 당하자 더 큰 활력을 얻었다(얀 후스의 지지자들은 화형식을 거행한 자들을 적그리스도 교회[로마]로 간주했다). 따라서 종교개혁이 시작되었을 때 교황직을 비롯해 당시 그 자리를 차지하고 있던 자(교황)를 적그리스도로 보는 충분한 선례가 이미 존재했다.

루터와 칼뱅

크리스토퍼 힐은 다음과 같이 지적한다. "지금까지 논란의 여지가 있던 하류 이단들과 관련되어 있던 교황이 적그리스도라는 교리는 이제 루터를 비롯하여 많은 나라에서 국가 종교로 받아들인 루터주의와 함께 새롭게 신뢰를 받게 되었다."[71] 루터는 종말론과 관련하여 아우구스티누스와 여러 면에서 연속성을 유지할 뿐 아니라 적그리스도가 교회 안에서

---

70   위의 책, 143-81.

71   Christopher Hill, *Antichrist in Seventeenth-Century England*, 9.

적그리스도의 비밀을 파헤치다

등장할 것이라는 중세 후기의 사상과도 연속선상에 있었다. 하지만 그는 교황직이 진정한 최후의 적그리스도라고 강력하게 주장함으로써 중세의 전통을 깨뜨렸다. 루터에게 있어 적그리스도가 교황의 모습으로 출현하는 것은 종말이 임박했음을 의미하는 것이었다.[72]

루터는 그의 사역 초반에 교황직이 실제로 적그리스도의 자리일 수 있다는 새로운 확신 때문에 갈등하고 있었다.[73] 하지만 이러한 생각과 씨름하면서 그 사실이 마음속에 확고해지자 루터는 교황을 적그리스도로 규정하는 데 전혀 개의치 않았다. 그는 거듭 교황 제도의 폐지(루터는 이것이 임박했다고 믿었다)가 말세가 가깝다는 신호라고 강력하게 주장했다.[74] 루터는 교황직이 특히 교황 그레고리우스 1세(590-604년) 집권기에 반기독교 세력의 중심이 되었다고 믿었으며, 이는 로마 가톨릭교회를 사도 요한이 요한계시록 17-18장에서 언급한 큰 음녀로 만들었다고 믿었다.[75] 교황직은 이슬람과 더불어 복음이 승리하는 데 가장 큰 장애물이었다.[76] 루터의 견해로는 모든 그리스도인이 교황과 투르크 족을 대적해야 했다.

마르틴 루터는 말과 속마음이 일치하는 사람이었다. 루터가 교황직

---

72   McGinn, *Antichrist*, 207-8; Heiko A. Oberman, *Luther: Man between God and the Devil* (New York: Image Books, 1992), 67-72.

73   Oberman, *Luther*, 42-44.

74   위의 책, 71.

75   Julius Kostlin, *The Theology of Luther*, trans. Charles Hay (Philadelphia: Lutheran Publication Society, 1897), 1:410.

76   Ewald M. Plass, *What Luther Says* (Saint Louis: Concordia, 1959), vol. 1, 35-36n17.

에 대해 한 말이 매우 많았기 때문에 몇 가지 대표적인 것을 인용하는 것으로 충분할 것이다. 루터에 따르면 "우리는 교황직이 진정한 실제 적그리스도의 자리라고 확신한다."[77] 또한 다른 글에서 루터는 다음과 같이 말했다. "[교황직이 아닌] 다른 적그리스도를 생각할 필요가 없다. 세상에서 이보다 더 나쁜 체제는 없으며, 교황보다 사람의 영혼을 더 많이 죽인 자도 없다. 육체의 것을 강탈하는 것에 대해 나는 아무 말도 하지 않을 것이다. 따라서 우리는 그리스도가 오셔서 모든 수단을 동원하여 교황으로부터 우리를 구원해주실 때까지 하나님의 원수들 가운데 있는 이 주적에 대항하여 하나님께 울면서 기도해야 할 것이다. 교황은 실로 죄인이다. 모든 그리스도인들은 다같이 '아멘'이라고 말합시다."[78]

다른 곳에서 루터는 다음과 같이 말하기도 했다.

> 왜 교황은 이렇게 이단 사상으로 충만하여 이것을 로마에 있는 사람들, 특히 교황청에 있는 자들이 완전히 에피쿠로스주의자와 기독교 신앙을 조롱하는 자가 될 지경에 이르기까지 이러한 사상을 차례대로 전하는가? 그 이유는 그들이 기독교 신앙에서 떨어져나가 행위, 즉 그들 자신의 의를 의지하기 때문이다. 그렇다면 다른 모든 조항 중에 어떤 것이 교황에게 더 큰 도움이 될까? 그의 입술이 참된 하나님이신 성부와 성자와 성령을 높이 찬양하고 감동적인 그리스도인의 삶을 가장하

---

77   위의 책, 1:95.
78   위의 책, 1:100.

여 보여준다 한들 무슨 소용이 있겠는가? 이 모든 것에도 불구하고 교황은 지금도 그리고 앞으로도 그리스도의 최고의 적이 될 것이다. 그는 지금도 그리고 앞으로도 진정한 적그리스도가 될 것이다.[79]

루터는 바울이 성전에 앉아 있는 죄의 사람을 언급한 것(살후 2:1-12)은 교황인 적그리스도를 언급한 것이라고 믿었다.[80] 루터는 "교황은 적그리스도이기 때문에 가면을 쓴 성육신한 마귀"이며, 그리스도인들은 "다니엘, 그리스도, 바울, 베드로 및 다른 이들로부터 이 치명적인 전염병과 같은 존재에 대해 경고 받았다"고 주장했다.[81] 따라서 새롭게 회복된 복음에 대한 교황의 반대는 그가 바로 다니엘이 환상 가운데 본 신성모독적인 "작은 뿔"이라는 것을 의미했다. 루터는 광신자들(Schwärmer)이 적그리스도들(사도 요한이 그의 서신에서 "적그리스도들"이라고 복수를 사용한 것과 같은 의미에서)인 반면, 적그리스도의 최고의 현현은 바로 교황이라고 믿는다.[82] 루터는 복음에 대한 로마 당국의 거리낌없는 대적 행위는 곧 말세가 임박했음을 의미한다고 믿었다. 또한 "교황은 성경의 모든 곳에서 말하는 실제적이며 진정한 최후의 적그리스도이며, 주님은 그의 입에서 나오는 영으로 그를 소멸시키고 우리가 고대하는 그가 친히 오실 때

---

79   위의 책, 2:1937.

80   Luther, "Table Talk," in *Luther's Works*, vol. 54, ed. Theodore G. Tappert (Philadelphia: Fortress, 1957), 101.

81   위의 책, 346-47.

82   Plass, *What Luther Says*, 1:84.

의 광채로 곧 그를 멸하실 것이다"(살후 2:8).[83] 루터는 교황이 실로 "진정한 우두머리 적그리스도이며, 하나님이 원하시면 우리 주 그리스도가 재림하실 때 그를 곧 무저갱에 던져 넣을 것이다, 아멘"이라고 말한다.[84]

루터의 견해는 곧 루터교회의 공식 입장이 되었다. 아우크스부르크 신앙고백의 "변론"(Apology)은 다음과 같이 단언한다. "만일 우리의 적들이, 이러한 인간의 예식들이 의화, 은혜, 죄 용서를 위한 공로가 된다는 개념을 옹호한다면 그들은 단순히 적그리스도의 왕국을 건설하는 것이다. 적그리스도의 왕국은 그리스도를 대적하는 인간의 권위가 고안해 낸 새로운 종류의 하나님 숭배다.…따라서 만일 교황이 인간의 예식이 의를 가져다준다고 주장한다면 그것은 적그리스도 왕국의 일부가 될 것이다."[85]

루터와 마찬가지로 장 칼뱅 또한 교황이 적그리스도라는 사실에 관하여 전혀 의심하지 않았다. 하지만 칼뱅은 루터와 달리 그의 견해를 밝히는 데 더욱 신중을 기했다.[86] 칼뱅은 데살로니가후서 2:4에 대한 주석에서 적그리스도는 환생한 네로일 것이라는 개념을 "터무니없는 이야

---

83 위의 책, 1:103.

84 위의 책, 1:104.

85 "Apology" of the Augsburg Confession, 15.18.

86 Berkouwer에 따르면 "루터와 칼뱅의 차이는 후자가 적그리스도의 정체를 교황 한 개인과 연결시키기보다는 온 시대를 거쳐 유지될 것으로 보이는 교권적 왕국과 연결 시키려는 경향이 있는 데서 발견된다. 하지만 근본적으로 두 개혁주의자 간에는 일 치하는 부분이 상당히 많다." G. C. Berkouwer, *The Return of Christ* (Grand Rapids: Eerdmans, 1981), 263.

기"라며 일축했다. 더욱이 칼뱅은 이 본문이 로마 제국을 시사한다고 생각하는 이들에게 영향을 받지 않았다. 이에 대해 칼뱅은 "길게 반박할 필요조차 없는 너무나 어리석은" 생각이라고 말한다.[87]

칼뱅은 적그리스도의 정체는 과거 또는 미래를 바라볼 때 발견되는 것이 아니라 현재 그리스도의 교회가 직면한 위협(교황)을 바라볼 때 발견된다고 주장한다. 칼뱅에 따르면 "하나님께 속한 것이 무엇인지를 성경에서 배우고, 교황이 횡령하는 것이 무엇인지를 잘 아는 모든 자는 열 살짜리 소년이라 할지라도 적그리스도를 알아보는 데 큰 어려움이 없을 것이다." 교황은 하나님 한 분께만 속한 신적 권한과 특권을 주장했기 때문에 성경 저자들이 적그리스도와 연관시키고 있는 그 교만함을 분명히 드러낸다.[88] 칼뱅은 그의 유명한 저서『기독교 강요』의 서문에서 푸아티에의 힐라리우스의 글을 인용하면서 프랑수아 1세 왕에게 다음의 내용을 상기시켰다. "여러분은 어리석게도 벽을 사랑하고 있습니다. 여러분은 하나님의 교회를 집과 건물로 알고 존경하고 있습니다. 그리고 이 집과 건물 안에서 평안이라는 이름을 찾고 있습니다. 이것들 안에 마침내 적그리스도가 자리를 잡게 될 것이라는 것에 어떤 의심이라도 있습니까?"[89]

사도 바울이 언급한 "하나님의 성전에" 앉아 있는 죄의 사람과 적그

---

87   Calvin, *Epistles of Paul*, 398-99.

88   위의 책, 401.

89   John Calvin, "Prefatory Address," in *Institutes of the Christian Religion*, ed. John T. McNeill, trans. Ford Lewis Battles (Philadelphia: Westminster, 1960), 6.

리스도의 정체를 논의하면서 칼뱅은 다음과 같이 말한다.

> 이 한 단어는 교황의 행실이 어떠하든지 간에 교회 안에 안정된 그의 거처가 있다는 것을 근거로 그를 그리스도의 대리자라고 주장하는 이들의 오류 혹은 어리석음을 완전히 반박한다. 사도 바울은 적그리스도를 다름 아닌 하나님의 성전 안에 앉힌다. 그는 외부에서 온 적이 아니라 신앙 공동체에서 나온 적이며, 그리스도의 이름으로 그리스도를 대적한다. 하지만 진리의 기둥이 되었어야 할 교회(딤전 3:15)가 어떻게 그렇게 많은 미신의 소굴로 불리게 되었는지 의구심이 든다. 나의 답변은 교회의 모든 특성을 보유하고 있어서가 아니라 교회에 아직도 그 특성의 일부가 남아 있기 때문에 그렇게 불리고 있다는 것이다. 따라서 나는 교황이 하나님의 성전을 지배하지만, 그 성전은 헤아릴 수 없을 정도의 신성모독적인 행위로 인해 더럽혀졌다는 사실을 인정한다.[90]

칼뱅은 루터와 달리 언제 말세가 도래할지에 관한 종말론적 추측을 피하고자 했다. 대신 그는 말세가 오기 전에 복음이 온 땅에 널리 전파되어야 한다는 사실을 강조했다. 칼뱅은 데살로니가후서 2:6을 주석하면서 불법의 비밀을 억제하는 것에 대한 문제를 다룬다. "사도 바울은 하나님이 이런 식으로 사탄에게 고삐를 넘겨주시기 이전에 먼저 복음의 빛이

---

90   Calvin, *Epistles of Paul*, 402.

이 세상 모든 곳에 퍼져야 한다고 말했다." 칼뱅은 이렇게 말한다. "나는 바울이 이방인들에 대한 보편적 부르심에 대해 언급했다고 생각한다. 하나님의 은혜는 모든 이에게 주어졌으며, 그리스도는 그의 복음으로 온 세상을 비추려고 하셨다."[91] 복음이 세상 끝까지 선포될 때에야 비로소 이 세상의 끝이 올 것이다. 칼뱅은 언제 그 일이 일어날지에 대한 추측은 회피한다.

칼뱅에 따르면 **적그리스도**라는 단어는 "한 개인을 지칭하는 것이 아니라 여러 세대에 걸쳐 나타난 단일 왕국을 가리킨다."[92] 칼뱅은 이것을 다니엘 9:27의 예언과 연결시켜 "적그리스도는 하나님의 성전에 앉아 있을 것이다. 말하자면 우리는 로마 교황을 그 사악하고 가증한 왕국의 기수와 지도자가 될 자로 간주한다."[93] 따라서 적그리스도는 어떤 특정 개인이 아니라 참된 교회와 복음을 대적하는 왕국이다. 그리고 그 왕국의 우두머리는 교황이다.

또한 칼뱅은 바울의 가르침과 요한의 가르침을 조화시키는 데 관심을 둔다. 그는 요한1서 주석에서 사도 요한이 초기 교회에 있던 많은 적그리스도의 존재에 대해 언급할 때 바울이 "미래에 흩어질 특정 종파의 전조로 이미 등장한 어떤 종파들"을 언급한 것으로 본다.[94] 거기서 칼뱅은 다음과 같이 강조한다. "하나님의 영이 지적하는 적그리스도에 대한

---

91   위의 책, 403.
92   위의 책, 403-4.
93   Calvin, *Institutes*, 4.2.12; cf. 4.7.25.
94   John Calvin, *The Gospel according to St. John 11-21 and the First Epistle of John*, trans. T.

모든 징조는 교황에게서 확연히 나타난다."[95] 초기 교회가 직면한 많은 적그리스도는 교황의 전조로 이해되었다.

칼뱅은 하나님의 말씀이 적그리스도를 죽인다고 확신한 반면, "그리스도가 하늘로부터 심판자로 나타나심에 대해 이야기할 때 바울이 그리스도의 마지막 나타나심을 언급한 것인지"에 대해서는 확신이 없었다. 비록 바울은 이것이 한 순간에 이루어진다고 말하지 않았을 수도 있지만, "우리는 모든 만물이 회복되는 마지막 날이 올 때 적그리스도가 완전히 멸망당할 것이라고 이해해야 한다." 그때까지 그리스도는 복음 선포를 통해 교회의 적들을 흩으실 것이다.[96] 베르카워(Berkouwer)가 지적하듯이 "칼뱅은 그리스도의 이름이나 교회의 이름이 사라질 것을 크게 우려하지 않았다. 그는 적그리스도가 '그리스도와의 유사성을 악용하여 가면을 쓴 채 교회의 이름 아래 숨어 있는 것'을 우려했다."[97]

H. L. Parker (Grand Rapids: Eerdmans, 1979), 257.

95   위의 책, 256.

96   Calvin, *Epistles of Paul*, 404-5.

97   Berkouwer는 다음을 인용하고 있다. Calvin, *Institutes*, 4.7.25. Berkouwer, *Return of Christ*, 268도 보라.

적그리스도의 비밀을 파헤치다

개혁주의 전통과 적그리스도 교황

간략하게 검토한 내용만으로도 알 수 있듯이 교황이 적그리스도라는 신념은 개혁주의 개신교도들 사이에서 보편적이었다.[98] 루터의 제자인 필립 멜란히톤(Philip Melanchthon)뿐 아니라 칼뱅의 후계자인 테오도르 베자(Theodore Beza) 역시 이러한 입장을 취하고 있었다. 스트라스부르의 개혁주의자 마르틴 부처(Martin Bucer) 역시 자신의 유명한 저서 『그리스도의 나라에 관하여』에서 취리히의 목회자이자 신학자인 하인리히 불링거(Heinrich Bullinger)와 마찬가지로 이러한 입장을 개진했다.[99] 하이델베르크의 신학자인 프란키스쿠스 유니우스(Francis Junius)의 요한계시록 주석(그의 요한계시록에 대한 주석은 제네바 성경의 몇몇 버전에 포함됨)은 하이델베르크 교리문답의 저자인 자카리아스 우르시누스(Zacharias Ursinus)가 자신의 신학 교과서인 『기독교 대전』(Summe of Christian Religion)에서 명명한 것처럼 교황을 적그리스도로 칭했다.[100]

틴데일(Tyndale), 크랜머(Cranmer), 리들리(Ridley), 라티머(Latimer), 후퍼(Hooper)를 비롯해 영국 개신교도들도 이러한 견해를 수용했다. 메리

---

98 Christopher Hill은 자신의 책에서 이 주제의 논점을 잘 짚어주면서 수준 높은 논의를 보여준다. Christopher Hill, *Antichrist in Seventeenth-Century England*, 1-40.

99 위의 책, 9. 부처는 다음과 같이 말한다. "적그리스도 추종자들과 거짓 주교 및 성직자들은 자신들의 수장인 로마의 최고위 적그리스도를 따른다." Martin Bucer, *De Regno Christi*, in Melanchthon and Bucer, Library of Christian Classics, ed. Wilhelm Pauck (Philadelphia: Westminster, 1969), 209.

100 Christopher Hill, *Antichrist in Seventeenth-Century England*, 16.

튜더(Mary Tudor)의 통치가 시작되었을 때에는 "적그리스도가 다시 돌아왔다"는 말이 널리 퍼졌다. 1588년에 요한계시록을 주해하면서, 교황이 적그리스도라고 주장한 제임스 왕과 마찬가지로, 존 녹스 역시 교황이 적그리스도라고 믿었다. 청교도들도 이에 대하여 한목소리를 냈다. 올리버 크롬웰의 멘토이자 친구였던 토머스 비어드는 1625년에 『적그리스도와 로마 교황』(Antichrist and the Pope of Rome)이란 책을 출간했고, 존 주얼(John Jewell)은 그의 데살로니가서 주석에서 교황을 죄의 사람으로 규정했다. 그뿐만 아니라 토머스 굿윈(Thomas Goodwin), 리처드 시브스(Richard Sibbes), 존 오웬(John Owen) 같은 다른 청교도 신학자들도 동일한 입장을 취했다.[101] 이러한 신념은 웨스트민스터 신앙고백에서 다음과 같이 공식화되었다. "주 예수 그리스도 외에 교회의 다른 머리는 없다. 로마 교황도 어떤 의미에서든지 교회의 머리가 될 수 없다. 교회 안에서 자신을 높여서 그리스도를 대항하고 소위 하나님으로 불리면 적그리스도, 죄의 사람, 멸망의 아들이다."[102]

종교개혁자들과 그들의 신학적 후손들은 적그리스도의 정체에 대해 일치된 생각을 가지고 있었으며, 요한계시록을 해석하는 일반적인 접근방법에서도 동일한 입장을 취했다. 소위 요한계시록에 대한 "역사주의적" 해석은 "오랫동안 개신교의 견해로 간주되면서 폭넓은 지지를 받

---

101   위의 책, 9-11, 20, 22-24, 31.

102   Westminster Confession of Faith (1643), 25.6.

았다."[103] 역사주의 주석가들은 비록 요한이 요한계시록에서 언급한 여러 예언에 대한 구체적인 내용에 관해서는 큰 견해 차이를 보였지만, 요한계시록에 등장하는 두 주요 인물인 짐승과 바벨론 음녀의 정체에 관해서는 이것이 각각 로마 가톨릭교회와 교황에 대한 예언이라는 데 모두 동의했다.[104] 따라서 요한계시록에는 역사의 거대한 흐름이 예언되어 있는 것이다. 그것이 신성 로마 제국을 침략한 이교도 제국들의 출현이든, 교황의 출현이든, 아니면 심지어 이슬람의 부상과 서구 사회에 대한 무슬림의 위협이든 간에 말이다.

이와 동일한 해석학적 틀을 통해 데살로니가서를 읽은 역사주의 해석가들은 바울이 언급한 하나님의 성전에 앉아 있는 죄의 사람은 교황을 가리킨다고 믿었다. 바벨론의 음녀는 로마 가톨릭교회이며, 가톨릭교회가 저지른 영적 간음은 이 땅의 왕들—칼의 힘으로 일제히 종교개혁의 신앙을 대적한 프랑스, 스페인, 이탈리아의 왕들—과 이루어진 것이다. 역사주의자들은 요한계시록이 교회가 직면한 거대한 싸움들에 대해 예언하고 있다고 믿었으며, 이는 개신교도들이 현재 일어나고 있는 사건들을 계속해서 성경 말씀과 연결시키도록 부추겼다. 다시 말하면 성경은 실제로 자신들이 현재 당면한 싸움과 상황을 예언하고 있다는 것이다. 이러한 요한계시록에 대한 접근 방법은 성경의 역사와 예언의 시기를 신중하게 추정함으로써 적그리스도가 등장할 날짜를 실제로 계산

---

103   Ladd, *Commentary on the Revelation of John*, 11.
104   Gregg, *Revelation*, 34-37.

할 수 있다는 것을 의미했고, 이러한 시도는 곧 열정적으로 실천에 옮겨
졌다.[105]

적그리스도에 관한 청교도들의 추측

스코틀랜드의 존 네피어(John Napier, 1550-1617)는 로그(logarithms)를 이
용하여 짐승의 숫자를 계산하는 방법을 고안해냈으며, 자신의 저서 『요
한계시록의 명백한 발견』에서 교황이 겪게 될 환란의 시기가 1639년에
시작되고, 그에 대한 심판의 날은 1688년 혹은 1700년이 될 것으로 계산
했다. 네피어의 견해는 상당한 관심을 받았고 폭넓게 확산되었다.[106] 이
와 같이 적그리스도의 멸망과 말세의 때를 계산하는 것에 새롭게 열광
한 또 다른 인물은 토머스 브라이트맨(1562-1607년)이었다. 브라이트맨
은 교황직이 사탄의 권좌임을 입증하기 위해 두 가지 논문을 저술했다.
그는 1615년에 출간한 자신의 유명한 저서 『성 요한의 계시록』에서 로
마의 적그리스도와 투르크족의 멸망이 임박했다고 주장했다. 그는 로마
교회가 1650년경에 멸망할 것이며, 적그리스도는 이르면 1686년에 물
러날 것이라고 믿었다.[107] 브라이트맨의 저서들 역시 광범위하게 읽혔고

105　　Christopher Hill, *Antichrist in Seventeenth-Century England*, 25.

106　　위의 책, 25-26.

107　　McGinn은 1695년을 언급하면서 Brightman 또한 이 사건들 이후에 그리스도의 천
　　　　년왕국이 성도들을 통해 이 땅에서 이루어질 것이라고 믿었음을 지적했다. McGinn,

굿윈, 오웬, 토머스 셰퍼드와 같은 청교도들에게 큰 영향을 미쳤다.[108]

1640년대 초반 영국에서 내전이 불가피해짐에 따라 적그리스도에 대한 추측은 더욱더 활개를 쳤다. 그 시기는 격동기였고 전 세계의 힘의 균형에 큰 지각변동이 생겼다. 스페인 무적함대의 패배(1588년), 프랑스 앙리 4세의 배교(1593년), 30년 전쟁(1618-48년), 영국의 시민전쟁(1642-46년)은 모두 묵시적 열정의 렌즈를 통해 해석되었다. 로버트 갓프리(Robert Godfrey)에 의하면 1650-56년경에 이 세상의 종말이 올 것이라는 합의가 청교도들 사이에서 폭넓게 이루어졌다. 이 종말의 시점은 기원후 390년(교황 제도가 확립된 것으로 추정되는 시점)을 기준으로 정해졌고, 거기에 다니엘서와 요한계시록 모두에서 언급된 1260년을 더했다. 브라이트맨은 로마의 멸망과 유대인들의 회심 시점을 1650년경으로 정했다. 성서학자 죠셉 미드(Joseph Mede, 1586-1638년)는 이러한 사건들이 1650년과 1715년 사이에 일어날 것으로 예측했다.[109]

회중교회("신적 권위"를 강조하는 장로교도들과 "작은 교황들"로 여겨졌던 영국 성공회의 주교들에 대항하여)의 출현에 힘입어 토머스 굿윈은 교황(적그리스도)과 투르크족의 쇠퇴와 유대인들의 회심이 늦어도 1650-66년까지는 일어날 것이라고 주장했다.[110] 한 가지 분명한 것은 이 시기가 크나큰

Antichrist, 222.

108   Christopher Hill, *Antichrist in Seventeenth-Century England*, 26-27. 참조. Peter Toon, "Puritan Eschatology, 1600--1648," in the *Evangelical Magazine* (1969): 6.

109   W. Robert Godfrey, "Millennial Views of the Seventeenth Century and Beyond," unpublished paper, 1.

110   Christopher Hill, *Antichrist in Seventeenth-Century England*, 111.

정치적·신학적 격변과 말세에 대한 기대가 공존했던 때였다는 것이다.

하지만 정치적인 사건이 신학적 추론을 압도하기 시작하면서 적그리스도와 관련하여 또 다른 중요한 요소가 부상하게 되었는데, 그것이 바로 1633년에 윌리엄 로드(William Laud)가 캔터베리 대주교로 추대된 사건이었다. 비록 많은 이들이 교황이 적그리스도라는 영국 성공회의 "공식 입장"을 수용했지만, 일부 청교도들은 "영국 성공회에 너무 많은 적그리스도가 남아 있다"라고 믿었고, 다른 이들은 영국 성공회가 신학적으로 이미 너무 멀리 나간 나머지 배교를 저질렀다고 생각했다. 한편에는 교황이 적그리스도라는 견해를 받아들이지 않던 아르미니우스주의 분파도 있었다.[111] 로드가 이 분파 소속이었기 때문에[112] 일부 청교도들은 로드가 적그리스도일 수도 있다고 생각했다. 따라서 이제는 적그리스도가 더 이상 안전하게 해외에만 존재하는 것이 아니었다. 그는 "영국 안에서 주교의 자리를 차지하고" 있을지도 모를 일이었다.[113] 다른 이들은 국왕 찰스 1세(1600-1649년)가 적그리스도일 수도 있다고 생각했는데, 이는 그가 자신이 아르미니우스주의자라고 공언했을 뿐만 아니라 로마 가톨릭 신자(프랑스 왕의 딸인 앙리에타 마리아)와 결혼했으며, 로마와 비밀리에 회의를 진행하고 있다는 소문이 널리 퍼져 있었기 때문이었다.[114]

---

111   위의 책, 62-63.
112   Nicholas Tyacke, *Anti-Calvinists: The Rise of English Arminianism* (Oxford: Clarendon, 1991), 70-71, 266-70.
113   Christopher Hill, *Antichrist in Seventeenth-Century England*, 69-70.
114   위의 책, 98-110.

하지만 상황은 호전되어버렸고 종말의 예언은 그냥 지나쳐버릴 것처럼 보였다. 피비린내 나는 영국의 시민전쟁은 찰스 1세가 스코틀랜드에 패배당하는 것으로 끝이 났다. 엄숙 동맹(The Solemn League and Covenant)은 웨스트민스터 의회의 소집과 같은 해에 체결되었다(1643년). 1649년에 있었던 찰스 1세 국왕의 재판과 처형은 적그리스도의 멸망에 관한 추론에 도화선이 되었는데, 이는 많은 청교도들과 그들의 조상들이 적그리스도의 패망을 대충 이 시기로 예측했기 때문이었다. 이러한 떠들썩한 사건들은 천년왕국과 그리스도의 재림에 대한 뜨거운 기대에 새로운 바람을 불러일으켰으며, 잉글랜드에서 불붙었던 종말론을 부채질하는 데 부족함이 없었다.[115] 하지만 스튜어트 왕조가 1660년에 다시 복귀함에 따라 교황이 세력을 다시 얻으면서 이러한 추측은 조용히 사라졌다. 천년왕국 시대는 도래하지 않았고, 그리스도는 재림하지 않았다. 이 모든 것은 시시하게 용두사미로 끝나고 말았다.

잉글랜드에서는 천년왕국에 대한 열기와 적그리스도에 대한 예측이 점차 사그러들었지만, 케임브리지 대학교를 졸업하고 보스턴에서 목회를 하던 존 코튼(John Cotton, 1584-1652년)을 포함한 다수의 청교도들이 미국의 뉴잉글랜드에 이를 널리 전파했다. 자신이 회중교회주의자임을 공언한 코튼은 교황이 적그리스도라는 견해를 끈질기게 견지했고 (적그리스도가 영국 성공회에도 영향을 미쳤다고 믿었음에도 불구하고), 적그리스

---

115   Godfrey, "Millennial Views of the Seventeenth Century and Beyond," 1-2; Christopher Hill, *The Experience of Defeat* (New York: Penguin Books, 1984), 54.

도가 멸망하고 말세에 교회의 영광이 나타나기 이전에 미국 인디언들 대다수를 개종시키는 일은 거의 불가능하다고 확고히 믿었다.[116] 존 코튼의 유산은 미국의 가장 위대한 두 신학자인 코튼 메이더(Cotton Mather)와 조너선 에드워즈(Jonathan Edwards)에게 계승되었다.

조너선 에드워즈: 적그리스도와 1866년

뉴잉글랜드에 거주하던 청교도들 가운데 다수는 전천년주의적 종말론을 표방하고 있었다. 하지만 그 당시 미국의 다양한 전천년주의는 (우리와 동시대의 세대주의자들과는 달리) 상당히 낙천적이었으며, 미대륙에 식민지가 활성화되면 적그리스도적인 가톨릭 세력들(스페인과 프랑스)의 멸망을 앞당길 수 있다고 기대했다. 뿐만 아니라 전 세계에서 일어나는 사건들은 적그리스도의 출현이 임박했음을 알리는 듯했다. 물론 이러한 죄의 사람의 출현은 결국 그의 멸망과 예수 그리스도의 재림으로 이어질 것이었다. 전형적인 청교도적 관점인 종말의 임박성에 비추어볼 때 이러한 거대한 세계적 사건들은 이 땅에 하나님 나라의 황금기를 예고할 수밖에 없었다.[117] 따라서 천년왕국 시대의 정확한 본질과 특징에 대한 다양한 견해가 존재했지만, 대다수의 뉴잉글랜드 청교도들은 천년왕국이 곧

116　Christopher Hill, *Antichrist in Seventeenth-Century England*, 183-84.
117　McGinn, *Antichrist*, 238-40.

적그리스도의 비밀을 파헤치다

시작될 것임을 확신했다.

코튼 메이더(1663-1728년)는 천년왕국을 고대하던 청교도들 가운데 뉴잉글랜드의 지성을 대표하는 후계자였다. 비록 뉴잉글랜드의 청교도들 사이에서 천년왕국에 대한 다양한 견해(전천년주의와 후천년주의 모두에 대한)가 상당히 발전하긴 했지만, 전천년주의와 후천년주의 둘 다 필연적으로 적그리스도의 등장과 긴밀하게 연계되었다. 왜냐하면 하나님의 백성에 대항하는 종말론적 원수는 하나님 나라의 큰 복이 이 땅에서 실현되기 이전에 반드시 멸망당해야 하기 때문이다. 메이더는 자신의 보스턴 자택에서 세계적인 사건들을 주의 깊게 지켜보면서 "그 무엇보다도…적그리스도의 멸망이 임박했고 천년왕국은 바로 코앞에 다가왔음을 확신하고 있었다."[118] 이러한 입장은 뉴잉글랜드의 청교도 정통 신앙으로 인정받았다.

전천년주의를 따르던 그의 조상들과는 달리 조너선 에드워즈(1703-58년)는 후천년주의의 입장으로 선회했으며, 뉴저지 대학교(프린스턴 대학교의 전신)뿐만 아니라 미국의 신학적 사상 전반에 강력한 후천년주의적인 유산을 남겼다. 한 역사가는 대니얼 윗비(Daniel Whitby)[119]의 천년왕

---

118   위의 책, 239-40.

119   Daniel Whitby(1638-1726년)는 독특한 성공회 작가로 두 권으로 이루어진 *Paraphrase and Commentary on the New Testament*(1703)의 저자로서 그는 이 책에서 그리스도의 천년왕국 통치에 관해 18쪽을 할애한다. Whitby는 세계가 복음으로 변화(회심)되고 유대인들은 팔레스타인으로 귀환할 것이며 교황제도와 이슬람은 멸망할 것이라고 믿었다. 이후에는 천 년간의 의의 통치가 지상에서 펼쳐질 것이다. Weber, *Living in the Shadow of the Second Coming*, 13. Also see Stephen J.

국 사상에 영향을 받은 에드워즈를 "미국 역사상 최초의 후천년주의 사상가"로 간주한다.[120] 비록 천년왕국에 관한 에드워즈의 견해는 널리 알려져 있고 자주 논의되긴 하지만, 그의 적그리스도에 대한 사상은 잘 알려져 있지 않다.

에드워즈 역시 적그리스도의 멸망이 임박했고 말세가 가까이 왔음을 믿고 있었다. 그의 청교도적 냉철함에도 불구하고 에드워즈는 자신이 그리스도의 왕국이 최후의 종말론적 영광에 곧 도달할 구속사의 중요한 전환점에 살고 있음을 믿었다. 에드워즈는 부상하고 있는 그의 후천년주의의 중요한 구성 요소로서 교황제도의 몰락, 유대인들의 회심, 이슬람의 패배, 교회가 얻게 될 말세의 영광이 모두 목전에 있음을 확신했다.[121] 대부분의 개혁주의 그리스도인들과 같이 교황 제도를 향한 에드워즈의 불만은 두 가지였다. 교황 제도는 로마 가톨릭교회의 추가적인 교리 개

Stein, "Introduction" to Jonathan Edwards, *Apocalyptic Writings* (New Haven: Yale University Press, 1977), 7. Stein에 따르면 Edwards는 Whitby의 영향을 강하게 받은 Moses Lowman(1680-1752년)의 저작을 통해 간접적으로 Whitby의 견해들을 흡수했다. Edwards는 "로우만의 저작 발췌"(Extracts from Mr. Lowman)라는 제목으로 몇 권의 노트를 남겨놓았고 "겸손한 시도"(An Humble Attempt)에서 적그리스도를 논의한 부분에서 그 내용을 언급하고 있다. 그의 다음 저작을 참고하라. *Apocalyptic Writings*, 219-21. 또한 C. C. Goen의 다음의 글도 참고하라. "Jonathan Edwards: A New Departure in Eschatology," *Church History* 28, no. 1 (March 1959): 25-41. Goen은 Whitby가 아르미니우스주의에 대한 논쟁에서 Edwards의 주적이었음에도 불구하고 Edwards의 전반적인 종말론에 관한 전망에 큰 영향을 미쳤다고 지적한다 (37쪽).

120   Goen, "Jonathan Edwards," 38.
121   Fuller, *Naming the Antichrist*, 65-68.

적그리스도의 비밀을 파헤치다

혁을 막았고, 기독교 세계에 속한 나머지 국가들이 개혁을 추구하자 교황은 이것을 핍박했다.[122] 따라서 교회가 개혁이 순탄하게 진행될 수 있는 천년 시대의 영광에 들어가려면 최후의 적그리스도가 등장하여 운명의 순간을 맞이해야만 했다.

1739년에 했던 연작 설교를 토대 삼아 구속사적 형태로 신성 체계를 확립하는 차원에서 저술한 자신의 책『구속 사역의 역사』에서 에드워즈는 구속사의 미래의 경로에 대한 자신의 다소 독특한 견해를 피력한다. 에드워즈는 구속사를 세 단계의 시기, 즉 타락에서 성육신까지, 그리스도의 성육신에서 부활까지, 그리고 그리스도의 부활에서 세상의 종말까지의 내용으로 나눈다. 구속사의 세 번째 시기를 논하면서 에드워즈는 특히 3장, 4장, 7장에서 적그리스도 교리에 상당한 관심을 기울인다.

에드워즈는 천년왕국 시대는 "적그리스도가 멸망하고 이 땅에 있는 사탄의 가시적인 왕국이 몰락할" 때까지는 도래하지 않는다고 주장한다. 하지만 임박한 이 천년왕국이 시작되기 직전에 "우리는 하나님이 이 일을 시작하기 전 이 세상에는 종교에 대한 관심에 있어 **매우 어두운 시대**가 있을 것이라는 결론을 성경으로부터 내릴 수 있는 근거가 있다." 이 어두운 시대(에드워즈는 심지어 이 시대를 자신이 살고 있던 시대로 보았을 수도 있다)는 점진적이지만 강력하게 역사하시는 하나님의 영을 통해 하나님의 위대하신 일을 증언할 것이며, "하나님의 영은 종교가 놀랍게 부흥

---

122   Robert W. Jenson, *America's Theologian: A Recommendation of Jonathan Edwards* (New York: Oxford University Press, 1988), 132.

하고 전파되도록 하실 것이다.…이러한 성령의 부으심이 시작되면 많은 사람들이 그동안 만연해 있던 부도덕함과 사악한 행위를 곧 그만두게 될 것이다."[123] 적그리스도는 금방 왔다가 갈 것이다.

전통적인 개신교의 주장을 철저히 따랐던 에드워즈는 교황이 적그리스도라고 믿었다. 그러나 그는 전통적 교리를 독특한 방식으로 풀어냈다. 그는 적그리스도의 출현이 기원후 606년에 세계적인 교황의 등장과 함께 시작된 점진적인 사건이라고 믿었다.

> 적그리스도의 출현은 점진적이었다.…초기에는 회중의 목회자였고 그 후에는 노회의 의장, 그 후에는 교구의 주교, 그 후에는 대주교와 동등한 수도 대주교, 그 후에는 총대주교가 된다. 그 이후로 그는 전 세계의 모든 기독교 교회를 지배하는 세계 주교의 권력을 요구했다. 그는 잠깐 반대에 직면하기도 했지만, 그 후 606년에는 황제의 권한으로 승인되었다. 그 후 그는 세속적인 군주의 권력을 요구했고, 따라서 세속적인 검과 영적인 검이 모두 자신의 소유임을 나타내기 위해 두 개의 검을 항상 지니고 다녔다. 그는 점점 더 많은 권력을 요구했고, 마침내 그리스도가 보좌에 앉아 이 땅을 통치하신다면 그리스도가 사용하셨을 권력, 혹은 하나님께 속한 권력을 요구했으며, 그는 이 땅의 하나님으로 불리곤 했으며 기독교 세계의 모든 군주가 그에게 굴복하곤 했다.[124]

---

123   Jonathan Edwards, "A History of the Work of Redemption," in *The Works of Jonathan Edwards*, vol. 1 (Carlisle, U.K.: Banner of Truth, 1979), 604-5.

124   위의 책, 595.

하지만 에드워즈는 독자들에게 적그리스도의 출현 날짜를 책정하지 말 것을 경고하는 한편 그 자신은 유대인들의 회심 및 말세에 교회가 얻을 영광과 함께 적그리스도가 1866년에 멸망할 것이라고 예측했다.[125] 에드워즈는 "나는 신학자들과 주석가들 사이에서 많은 논쟁이 되어온 적그리스도의 통치 시작 시기를 결코 정하려 하지 않는다"라고 말한다. 비록 그가 계속해서 606년이 가장 개연성이 높은 시기로 보긴 했지만 말이다. 이어서 그는 다음과 같이 덧붙인다 "성경에서 그리스도의 통치가 계속되는 기간으로 언급하는 1260일 혹은 1260년은 기원후 479년 이전에는 시작되지 않을 것이 분명하다. 왜냐하면 만일 그랬다면 그 기간은 이미 끝났을 것이고 적그리스도는 현시점 이전에 이미 멸망했을 것이기 때문이다."[126] 만약 기원후 606년(교황 제도의 등장)에 시작해서 여기에 1260년을 더한다면 그때는 바로 1866년이다. 이것이 바로 에드워즈가 한 일이다. 물론 그가 한 일은 그 이전의 다른 청교도 작가들이 이미 했던 것과 동일한 일이지만 말이다.

에드워즈는 1740년대에 부흥운동(소위 "대각성운동")이 일어난 이후 그가 처음 생각했던 것보다 말세가 더욱 가까이 왔음을 믿게 되었다. 그의 에세이 『겸손한 노력』(1748) 중 적그리스도의 임박한 멸망을 다루고

125　Jonathan Edwards, *Apocalyptic Writings*, in *Works of Jonathan Edwards*, vol. 5, ed. Stephen Stein (New Haven: Yale University Press, 1977), 129. 참조. George M. Marsden, *Jonathan Edwards: A Life* (New Haven: Yale University Press, 2003), 87-89; McGinn, *Antichrist*, 239-40.

126　Edwards, "A History of the Work of Redemption," 595.

있는 부분에서 에드워즈는 요한계시록 16장에 나오는 다섯 번째 대접 심판이 종교개혁이고, 여섯 번째 대접 심판은 프랑스와 스페인 무적함대 의 패배(이로 인해 적그리스도 가톨릭 국가인 프랑스와 스페인의 국고에 유입되는 금의 양이 점차 줄어들게 되었다)라고 말한다. 에드워즈는 두 명의 증인이 죽임당하는 것은 과거의 일이고, "하나님의 영이 적그리스도의 왕국을 전복시킬 날이 곧 다가오고 있으며, 이미 진행 중에 있다"고 기록한다.[127] 따라서 비록 그가 이번에는 날짜를 정하는 것을 포기하긴 했지만, 일곱 번째 심판의 대접은 어느 때든지 부어질 수 있었다.

중도적 성향

영국 청교도들 사이에서 성행했던 적그리스도에 대한 추측이 찰스 2세 의 복위 이후 점차 잦아들었듯이 미국에서도 독립혁명 이후 적그리스 도에 대한 추측이 점차로 시들해졌다. 미국 독립운동을 주도했던 "자유 의 아들들"(Sons of Liberty)은 영국이 미국의 독립과 과세에 대해 보인 자 세에서 짐승의 지문을 발견한 반면, 국가수립에 몰두했던 자들은 말세 에 관해서 염려하지 않았으며 거대한 바다가 그들을 보호하는 한 외국

---

127 Jonathan Edwards, "An Humble Attempt," in *The Works of Jonathan Edwards*, vol. 2 (Carlisle, U.K.: Banner of Truth, 1979), 306, 309. 다음도 보라. Edwards, *Apocalyptic Writings*, 99, 116.

적그리스도의 비밀을 파헤치다

의 적그리스도의 위협에 관해서도 걱정하지 않았다.[128] 미국에는 다수의 천년왕국 분파가 있었고, 가톨릭 국가인 프랑스의 새로운 황제 나폴레옹이 짐승인지의 여부에 대한 추측도 있어, 어니스트 샌딘(Ernest Sandeen)은 "19세기 초기의 미국은 천년왕국에 심취했다"고 말할 정도였다.[129] 그럼에도 불구하고 두 가지 요소가 적그리스도에 관한 추측에 미묘하지만 매우 중요한 변화를 가져왔는데, 특히 개혁주의자들 사이에서 더욱더 그러했다. 이 두 요소는 계몽적 회의주의(Enlightenment skepticism)와, 적그리스도를 어떤 특정한 교황이 아닌 어떤 제도(교황 제도)와 동일시하는 사상이었다. 이 둘은 모두 각기 나름대로 개신교도들 사이에서 어떤 특정 인물을 적그리스도로 보는 견해를 경시하는 데 크게 이바지했다.[130]

계몽적 회의주의에 영향을 받은 자들은 복음서의 내러티브를 그렇게 다루기 시작한 것처럼 적그리스도를 신화적인 존재로 이해하는 경향을 보였다. 적그리스도는 불확실성에 직면한 인간의 마음에 존재하는 허구임에 분명했다. 그는 인간이 지닌 두려움의 산물이었다. 이와 마찬가지로 적그리스도를 특정 교황이 아닌 교황 제도에서 발견한 이들은 더 이상 한 인물을 적그리스도로 규정하려는 노력을 하지 않았다.

---

128   McGinn, *Antichrist*, 242-49.

129   Ernest R. Sandeen, *The Roots of Fundamentalism: British and American Millenarianism 1800-1930* (Grand Rapids: Baker, 1979), 42.

130   이 내용은 McGinn이 제시한 전반적인 주장의 일부다. 그럼에도 불구하고 나는 "인간 악의 궁극적인 존재를 상징하는 적그리스도를" 신화적으로 다루면서 적그리스도 개인을 제도-기구적 적그리스도로 치환하는 McGinn의 시도에는 동의하지 않는다. McGinn, *Antichrist*, 245-49.

이러한 중도적인 성향을 잘 보여주는 한 가지 중요한 예는 프린스턴 신학대학교의 저명한 교수이자 널리 알려져 있고 영향력 있는 신학서 『조직신학』(1872-73년)의 저자인 찰스 하지(1797-1878년)에게서 발견된다. 후천년주의자인 하지는 말세의 징조를 다룬 부분(『조직신학』 제3권)에서 세 가지 구체적인 징조가 그리스도의 재림 이전에 먼저 나타날 것이라고 주장했다. 즉 첫 번째 징조는 복음이 온 세계에 전파되는 것이며, 두 번째 징조는 유대 민족이 회심하는 것이고, 세 번째 징조는 적그리스도가 나타나는 것이다. 하지는 교황 제도가 적그리스도일 것이라고 믿는 개혁주의자들의 생각이 대체로 옳다고 여겼으며, 적그리스도는 개인이 아닌 어떤 제도/기관으로서 주로 교회의 권력으로 나타난다고 믿었다. 따라서 교황 제도가 유일한 적그리스도가 아니다. 왜냐하면 사도 요한은 많은 적그리스도가 있다고 말하고 있기 때문이다. **적그리스도**란 단어는 일반 용어이기 때문에 바울과 다니엘은 서로 다른 적그리스도의 현현을 묘사하고 있다고 할 수 있다. 하지만 이 두 사람이 공통적으로 말하는 것은 그가 하나님보다 자신을 더 높이고 자랑하는 것을 좋아하는 인물이라는 것이다. 하지는 적그리스도에 대한 예언들이 안티오코스 에피파네스, 네로, 교황 등을 통해 부분적으로 성취되었으며, "아직 나타나지 않은 미래에 등장할 몇몇 거대한 반기독교적 세력을 통해서도 성취될 것"이라고 믿는다.[131] 적그리스도는 교황과 연계될 가능성이 있지만, 미래에 성취될 예언이 아직도 더 남아 있다.

---

131   Hodge, *Systematic Theology*, 3:800-36, 특히 814-15, 822, 824-25, 830을 참고하라.

하지는 교황이 죄의 사람이며 바벨론의 음녀가 로마 가톨릭교회라
는 정통 개신교의 입장을 논의한 후에 정통 개신교의 수정된 입장을 다
음과 같이 제시한다.

이러한 예언들이 설명하는 위대한 진실은 다음과 같다. 다니엘의 예언
뿐 아니라 사도들의 예언에도 미래에 일어날 일, 즉 교회 안에서 일어
날 대대적인 배교가 예언되어 있었다. 이 배교는 세상과 동맹을 맺은
반기독교적 세력(혹은 적그리스도)이 될 것이며 거대한 박해 세력이
될 것이다. 이 거대한 반기독교적인 세력을 일으킬 이 두 가지 요소, 즉
교회의 세력과 세속적인 세력은 때로는 한 쪽이 때로는 다른 한 쪽이
주도권을 잡을 것이다. 때로는 이 두 세력이 서로 조화를 이루다가도
다시금 서로 대적하는 일이 벌어지기도 할 것이다. 따라서 때로는 서
로가 하나인 것처럼 말하고, 또 어떤 때에는 두 개의 서로 다른 세력처
럼 말한다. 하나로 합쳐지거나 둘로 나뉘어 있거나 두 세력 모두는 주
님이 오실 때 최후의 멸망을 맞이할 것이다. 확실한 것은 그 세력이 하
나이든 혹은 그 이상이든 간에 다니엘 7장과 11장, 그리고 데살로니가
후서 2장에 나타난 설명과 일치하는 것은 성경적인 용어로 표현하자면
바로 적그리스도다.[132]

따라서 하지에게 있어 적그리스도는 제도(교황 제도) 혹은 세속적 권력

---

132   위의 책, 3:836.

이지, 특정 인물이 아니다. 적그리스도는 교회 내의 배교와 관련이 있기 때문에 예루살렘에 재건된 성전은 더 이상 필요가 없다. 실제로 정치 세력과 관련된 어떤 종교적 측면이 있을 수도 있지만 적그리스도의 중요한 특성은 하나님께 맞서 신성모독하고, 참된 신앙을 버리고, 성도들을 박해하는 것이다. 이러한 적그리스도적인 제도는 (그것이 종교적이든 세속적이든 어떤 형태를 취하든지 간에) 그리스도가 재림하실 때 멸망할 것이다. 적그리스도는 제도이기 때문에, 하지는 어떤 특정 인물에 관심을 두지 않았을 뿐 아니라 언제 이러한 일이 일어날지에 관해서도 관심이 없다. 이 견해 혹은 그 변형들은 주류 개혁주의/장로교의 적그리스도 교리가 된다.

전통적인 개신교의 견해를 수정한 또 다른 예는 루이스 벌코프(Louis Berkof)에게서 발견할 수 있는데, 그는 적그리스도를 교황 제도와 전적으로 동일시하는 데 매우 신중하지만 하지의 기본적 견해에는 대체적으로 동의한다. 벌코프는 하지와 달리 "교황 제도 안에 있는 적그리스도적 요소들"에 관해 말하는 것을 선호하지만, 적그리스도가 "모든 악의 화신이며 따라서 이 세상에 사실상 항상 존재하는 영을 대표하며, 역사상 몇 가지 유형 혹은 박해자로 나타나는 종말론적인 인물"일 것이라고 믿는다. 이러한 적그리스도적인 원리(anti-Christian principle)는 사도 시대에도 이미 있었고, 말세에는 그 세력이 정점에 달할 것이다. 다니엘은 그것의 정치적 현현을, 바울은 그것의 교회적 현현을, 그리고 요한은 이 두 가지 모두의 현현을 각각 묘사한다. 벌코프에 따르면 성경은 분명히 특정한 인물을 염두에 두고 있는데, 그 이유는 그가 그리스도의 성육신을 모방

할 뿐만 아니라 마지막 때에 불 못에 던져질 것이기 때문이다.[133]

로마 가톨릭교회의 반응

로마 가톨릭교회의 우두머리가 적그리스도일 것이라는 생각은 당연히
가톨릭 신자들에게는 불쾌한 일이다. 비록 피오레의 요아힘과 같은 이
들이 특정 교황이 신자들을 기만할 자일 수도 있다고 주장했지만, 교황
이 적그리스도라는 개신교도들의 도전에는 어떤 대응이 필요했다. 종교
개혁 시대에 루터의 적이었던 요한 에크(1486-1543년)는 교황 제도에 대
한 루터의 논평에 대해 답하며 맞대응했다. 에크는 마르틴 루터가 적그
리스도이거나 적어도 그의 전조일 것이라고 주장했다.[134] 당대의 저명한
도미니크 수도회의 설교자였던 빈센트 페러는 루터가 출생하기 바로 직
전에 적그리스도의 전조가 이미 살아 있다고 예언한 바 있고, 심지어는
설교 중에 이 사람의 여러 특징까지 나열하기도 했다. 이는 종교개혁 전
야에 적그리스도에 대한 기대감을 일으켰을 뿐 아니라 종교개혁이 시작
되고 나서는 로마 가톨릭 변증가들이 복음을 회복시키고자 하는 루터의
노력이 적그리스도가 출현한 것의 일부라고 주장할 수 있는 길을 열어
주었다. 이와 동일한 주제는 루터, 칼뱅, 위클리프, 무함마드를 적그리스

---

133   Louis Berkhof, *Systematic Theology* (Grand Rapids: Eerdmans, 1986), 702-3.

134   McGinn, *Antichrist*, 226.

도의 세계를 준비한 자들로 규정한 도미니크 수도회의 수사 토마소 캄파넬라(Tommaso Campanella)의 『적그리스도에 관하여』(1632년)라는 책에서도 발견된다. 따라서 이들은 모두 **최고의 적그리스도**를 위한 길을 준비한 적그리스도의 전조들이었다.[135]

반종교개혁(counter-Reformation)이 일어나고 트리엔트 공의회(1545-63년)의 법령과 교회법이 공포된 시기에 예수회 신학자들은 적그리스도가 아직 출현하지 않았기 때문에 교황이 적그리스도가 될 수 없다는 주장을 제기하기 시작했다. 왜냐하면 적그리스도는 미래에 출현할 존재이기 때문이었다. 이러한 주장은 사실상 다수의 교부들과 아드소의 주장을 수정한 것이었다. 사실 이 시대 최고의 예수회 신학자였던 로베르토 벨라르미노(Robert Bellarmine)는 종교개혁에 직접적으로 대응하기 위해 저술한 『논쟁』(*Disputations*)에서 이 주제를 포괄적으로 다룬다. 벨라르미노는 적그리스도의 출현과 관련하여 여섯 가지 징후가 있는 데 반해 그중 어느 것도 벨라르미노가 살던 시대에 성취되지 않았기 때문에 적그리스도는 아직 나타나지 않은 미래의 인물이라고 주장했다. 종교개혁주의자들은 장차 나타날 미래의 적그리스도의 길을 준비하고 있던 반면, 벨라르미노는 적그리스도가 특정 인물이며 그의 출현은 세계 역사의 종말을 알리는 신호라고 믿었다. 따라서 교황은 적그리스도가 될 수 없다.[136] 벨라르미노와 동시대를 살았던 예수회 신학자인 프란시스코 수

---

135   Miceli, *Antichrist*, 126.

136   위의 책, 125-28; McGinn, *Antichrist*, 227.

아레스(1548-1617년)는 벨라르미노와 기본적으로 동일한 입장을 취했으며, 그 역시 적그리스도는 말세에 등장할 인물이기 때문에 개신교도들이 교황을 적그리스도로 규정한 것은 잘못된 것이라고 주장했다.[137]

다수의 종교개혁자들(과 개혁 운동들)은 빈센트 미첼리가 제시한 역대 계보를 따라 종종 가톨릭 신학자들에 의해 적그리스도의 전조로 간주되었다.[138] 이러한 인물들과 이슈들을 열거하면 다음과 같다.

> 2세기-영지주의자, 가현설주의자, 마르키온주의자, 몬타누스주의자
>
> 3세기-마니교도
>
> 4세기-유티케스주의자, 도나투스파, 마케도니아인, 아리우스파
>
> 5세기-그리스도 단성론자 네스토리우스파, 펠라기우스주의자
>
> 6세기-반(半)펠라기우스주의자
>
> 7세기-그리스도 단의론자
>
> 8세기-성상 파괴자
>
> 9세기-성상파괴자
>
> 10세기-성직매매 및 악용
>
> 11세기-베렝가리우스파(화체설을 공격함)
>
> 12세기-알비파(이원론자, 마니교도, 완벽주의적), 왈도파(단순한 복음

---

137 McGinn, *Antichrist*, 226. 벨라르미노와 수아레스의 견해를 요약한 연구는 다음을 보라. P. Huchede, *History of Antichrist* (Rockford, IL: Tan Books and Publishers, 1976).

138 Miceli, *Antichrist*, 131-32.

주의 종파)

13세기-알비파

14세기-위클리프

15세기-"교회의 대분열", 두 명의 대립 교황이 동시에 집무

16세기-루터, 칼뱅, 츠빙글리, 헨리 8세

17세기-얀센주의자(아우구스티누스주의자), 합리주의자

18세기-얀센주의자, 정적주의자

19세기-현대주의자, 구가톨릭교도

20세기-신 현대주의자, 테야르주의자

적그리스도에 관한 가톨릭교회의 공식적인 입장은 『가톨릭교회 교리서』(1994년)에 다음과 같이 제시되어 있다.

675. 그리스도께서 재림하시기 전에 교회는 많은 신자들의 신앙을 흔들어 놓게 될 마지막 시련을 겪어야 한다. 교회의 지상 순례에 따르는 이 박해는, 진리를 저버리는 대가로 인간의 문제를 외견상 해결해 주는 종교적 사기의 형태로 '죄악의 신비'를 드러내게 될 것이다. 최고의 종교적 사기는 거짓 그리스도, 곧 가짜 메시아의 사기이다. 이로써 인간은 하느님과 육신을 지니고 오신 하느님의 메시아 대신에 자기 자신에게 영광을 돌리는 것이다.

676. 거짓 그리스도의 이 사기는, 역사를 넘어 종말의 심판을 통해서만 비로소 완성될 수 있는 메시아에 대한 희망을 역사 안에서 이룬다고 주장할 때마다 이미 이 세상에 그 모습을 드러낸다. 교회는 장차의 메시아의 나라를 왜곡한 이른바 '천년왕국설'과 그 완화된 형태까지도 배격했으며, 특히 "본질적으로 사악한" 세속화된 메시아 신앙의 정치적 형태를 배격했다.[139]

이러한 견해는 적그리스도(교부들은 그가 유대인일 것으로 생각했다)를 비인격화하며(depersonalizes), 적그리스도의 사기는 말세(그리스도의 재림) 이전에 자기 신격화 및 어떤 형태의 배교와 관련이 있다고 말한다.

---

139   *Catechism of the Catholic Church* (New York: Image Books, 1995), 675-76.

8장

적그리스도

과거의 인물인가 아니면 미래의 적인가?

지금까지 제시된 증거 요약

이제 우리는 지금까지 진행해온 우리의 연구에서 적그리스도에 관련된 성경의 자료와 이전 장들에서 내린 결론들을 요약하는 시점에 이르렀다. 앞서 이미 다룬 내용들을 근거로 적그리스도와 관련하여 그리스도의 교회는 두 가지 중요한 위협에 직면하게 될 것이라는 것이 나의 주장이다. 첫 번째 위협은 특정 이단(예수 그리스도가 인간의 몸으로 오신 하나님이심을 부인하는 자들)과 관련된, 교회 내부에서 일어나는 일련의 적그리스도들이다. 이 위협은 사도들 시대부터 존재했고 마지막 날까지 그러할 것이다. 두 번째 위협은 역사 전체를 통해서 반복적으로 출현한 짐승으로, 그는 국가의 후원을 받는 형식으로 그리스도의 교회를 박해할 것이며, 마침내 말세의 적그리스도에서 그 정점에 도달할 것이다. 이 두 가지 서로 다른 위협은 말세에 하나의 위협으로 결합될 가능성이 있다. 워필드의 말을 인용하면 그들은 실로 "합성 사진"의 형태를 보일 것이다.

그리스도의 교회에 대한 최고의 폭군이 될 적그리스도는 사도 요한이 요한계시록에서 묘사한 대로 황제 숭배와 유사한 방식을 취하면서 국가가 후원하는 이단 세력을 통해 공포정치를 할 것이다. 사도 요한은 이를 용(사탄)과 짐승(국가), 그리고 거짓 예언자(국가의 지도자)가 불경하게 결탁하여 이룬 거짓 삼위일체로 묘사했다. 이 인물은 우리 주님의 구속적 사역을 모방한 거짓 그리스도이기 때문에 그의 죽음과 부활 그리고 재림을 보여줄 것이다. 심지어 이 짐승은 지금도 하늘에서 내려오고 있는 하나님의 도성(새 예루살렘)에 대항하여 음녀의 도시 바벨론을 미혹하고 그 도시를 "인간의 도성"으로 선포할 것이다. 짐승의 숫자 666은 그가 결코 하나님이 주시는 안식에 들어갈 수 없으며 신의 자리에 오를 수 없음을 의미한다. 이 모든 것은 구약의 배경에서 일어나는 일이다. 인간 도성의 첫 번째 건축자는 가인이었으며, 그 뒤를 이어 라멕과 니므롯을 비롯한 수많은 이들이 있다. 맨 처음 시날 평야에 건축했던 인간 도성이 요한계시록 18장에서 바벨론 제국의 형태로 그 절정을 이루며, 그것을 세운 사람들의 손에 의해서 그 멸망을 맞이한다.

"예수는 주님이시다"라는 그리스도인의 고백은 사람들로부터 숭배받기를 갈망하는 짐승에게는 최고의 모욕이 된다. 그리스도인들이 그 짐승과 그의 정부에게 그들이 요구하는 경의를 표하지 않을 때마다 신자들은 대가를 치르게 될 것이다. 신자들은 경제적인 대가를 치를 것이고 때로는 상거래(매매)를 금지당할 것이다. 짐승은 그 혹은 그의 형상을 경배하지 않는 사람들을 무자비하게 죽일 것이기 때문에 어떤 이들은 목숨을 잃게 될 것이다.

바울은 데살로니가후서 2:1-12에서 이 말세의 악한 인물을 "불법의 사람"(혹은 죄의 사람)이라고 부른다. 바울은 우리에게 이 인물이 교회 내부(하나님의 성전)에서 등장하여 스스로를 하나님과 동등한 존재라고 선포하고, 경배받기를 요구하며, 거짓 표적과 기사를 행하기 위해 사탄의 권세를 받는다고 말한다. 죄의 사람은 사도 요한이 보았던 용의 명령을 수행하기 위하여 마지막 때에 무저갱에서 올라온 말세의 짐승과 연결되어 있다(참조. 계 17:11; 20:7-10). 사도 바울이 말한 무법자처럼 짐승 역시 세상에 사는 자들의 경배를 갈망하며, 그를 경배하는 이들을 속이도록 표적과 기사를 행하기 위하여 그의 주인의 권세를 받는다. 그에게 사용된 죄의 "사람"이란 용어는 그가 불못에 던져진다는 사실과 함께, 앞으로 등장할 이 인물이 말세에 용의 권세를 받아 무저갱에서 올라올 것이라고 말해진 특정한 개인이라는 예측을 뒷받침하는 것으로 보인다.

짐승의 권력은 경제력과 군사력이지만, 그것은 궁극적으로 용으로부터 받은 것이다. 그는 느부갓네살이나 도미티아누스와 유사한 박해자가 될 것이며 그의 행위에 비하면 안티오코스 4세, 티투스, 네로가 저지른 신성모독은 무색할 정도일 것이다. 따라서 구속사에 나타난 이러한 인물들은 우리로 하여금 미래를 직시할 수 있도록 준비시키는 역할을 할 것이다. 왜냐하면 위와 같은 박해자들을 멸하시고 자기 백성을 그들의 손에서 구해내셨던 하나님께서는 가장 절망적인 상황에서 자신의 교회를 구하시고 적그리스도를 멸하실 것이기 때문이다. 적그리스도는 국가가 강제적으로 의무화하는 이단으로서(국가와 그 지도자를 숭배) 큰 배교의 때와 연결된다(살후 2:3; 계 20:7-10). 예수의 재림으로 말미암아 적그리스도는 마침내 멸망한다(살후 2:8; 계 17:14; 19:19-21; 20:7-10). 트레겔레스(Tregelles)는 다음과 같이 말한다. "[사탄이] 하나님을 대적하여 그 당시에는 승리하는 것 같이 보일수도 있지만, 주님이 부활하심으로써 사탄에게 승리하신 것처럼 그는 그의 권능을 나타내심으로써 반드시 사탄의 지배를 무너뜨리실 것이다."[1] 가장 어두울 때 그리스도는 세상을 심판하고, 죽은 자를 일으키며, 모든 것을 새롭게 하시기 위해 그의 모든 영광 가운데 나타나실 것이다.

적그리스도인가, 많은 적그리스도들인가?

적그리스도라는 용어는 지금까지의 논의에서 두 가지 의미로 사용되었다. 좁은 의미 또는 성경에서 사용한 의미는 요한 서신에서 교회 안에서 나타난 적그리스도의 영의 현현이라고 말해지는 자들과, 또 예수가 육체를 입고 오신 하나님이심을 부인하는 자들을 가리킨다(요일 2:18, 22; 4:3; 요이 7). 이러한 많은 적그리스도들은 이미 등장했다가 사라졌다. 그리스도가 다시 오실 때까지 더 많은 이들이 등장할 것이다. 따라서 이러한 의미에서 적그리스도는 과거의 적인 동시에 현재의 적이다. 워필드가 상기시키는 바와 같이 요한은 적그리스도의 출현 시기에 관한 우리의 호기심을 충족시키지 말고 그와 싸울 준비를 하라고 우리에게 경고한다.[2] 우리는 무력이 아닌 복음의 진리로 적그리스도의 영과 싸운다.

　요한 서신에 의하면 많은 적그리스도가 초기 교회에 이미 존재했다.

1　S. P. Tregelles, *The Man of Sin* (Chiswick, U.K.: Sovereign Grace Advent Testimony, 1850), 3.

2　Warfield, *Antichrist*, 361. Warfield가 말한 내용에 모순이 있긴 하지만 이것은 마침내 승리로 끝날 것이다. 이 주장은 분명히 Warfield의 후천년주의를 반영하고 있다.

적그리스도의 비밀을 파헤치다

그들의 존재가 지금이 "마지막 때"임을 알리는 중요한 징조다(요일 2:18). 그의 서신 전체에서 요한은 적그리스도를 이단이나 배교의 측면에서 묘사하는데, 이는 적그리스도가 교회 내부에서 발생하는 내적인 위협임을 시사한다. 이러한 많은 적그리스도는 주님이 경고하신 거짓 그리스도들(마 24:4-5, 23-24; 막 13:5-6, 21-22; 눅 21:8)과, 바울이 경고한 거짓 교사들(딤전 4:1; 딤후 3:1-9), 그리고 베드로가 경고한 거짓 예언자들(벧후 2:1)과 관련이 있을 가능성이 높다. 따라서 좁은 의미에서 적그리스도는 예수 그리스도가 육체로 오신 하나님이심을 부인하는 모든 사람을 가리킨다. 적그리스도는 이미 존재하며(요일4:3) 불법의 비밀스런 세력과 연결되어 있을 것인데, 현재는 ["막는 자"에 의해] 억제되어 있다(살후 2:7). 말세의 적그리스도는 아직 등장하지는 않았지만(혹은 계시되지 않았지만), 많은 적그리스도는 이미 자신의 모습을 드러냈다.

반면에 적그리스도라는 용어를 신학적으로 사용하면 말세에 하나님을 대적하고 하나님의 사람들을 박해하다가 주님의 재림으로 말미암아 멸망당할 종말론적 인물이라는 몽타주가 나온다. 요한은 적그리스도가 불못에서 멸망당한다고 말한다(계 19:20). 바울은 데살로니가후서에서 그를 "불법의 사람"(2:3)이라고 부르며 언급하고 있는데, 이것은 어떤 특정 인물(비인간적인 사상체계 혹은 제도가 아닌)을 가리킨다는 또 하나의 증거다. 요한은 요한계시록 11:7, 17:8, 20:7에서 그를 말세에 무저갱에서 올라오는 짐승으로 묘사한다. 그리스도의 구속 사역을 명백히 패러디한 요한계시록 11장, 17장, 20장에 나타난 이 짐승은 요한이 환상을 받았을 당시에(계 13장) 교회를 박해하던 두 짐승의 마지막 현현(재림)

이다. 우리가 이 적그리스도라는 용어를 넓은 의미 혹은 신학적 의미로 사용할 때는 말세에 등장할 바로 그 종말론적 인물을 가리키는 것이다.

불법의 사람: 재건된 성전 혹은 교회인가, 아니면 교황인가?

바울에 의하면(살후 2:1-12) 두 가지 사건이 여전히 일어나지 않았기 때문에 주님의 날은 아직 도래하지 않았다(일부 사람들이 두려워한 것처럼). 첫째는 대대적인 배교이고. 둘째는 불법의 사람의 등장이다. 비록 바울이 기원후 70년 이전에 데살로니가후서를 썼지만(기원후 50-51년), 그는 기원후 70년의 사건이 아니라 말세의 사건들을 염두에 두었을 것이다 (2:8). 불법(anomia)의 영은 바울이 이 서신을 쓸 무렵에 이미 존재했음에도 그것은 당시 억제되어 있었다(7절). 바울이 말하는 이 억제하는 힘은 아마도 복음의 선포를 가리키는 것으로 보이며, 이는 요한이 요한계시록 20:1-10에서 사탄이 "결박"되어 있다고 말한 것을 바울 식으로 표현한 것이다.

배교가 일어날 때 비로소 불법의 사람의 등장이 임박한 것이다(살후 2:3-8). 이 둘은 동시에 일어날 일이다. 하나(불법의 사람)의 등장은 다른 하나(배교)와 연결되어 있다. 뿐만 아니라 바울은 불법의 사람의 등장을 그리스도 재림 때 있을 심판의 날과 연결시킨다(8-10절). 이 사악한 자는 모습을 드러냄으로써 (그를 따르는 이들과 더불어) 심판받을 것이며, 역사는 최후의 정점에 이르게 될 것이다.

적그리스도의 비밀을 파헤치다

바울이 성전에 앉아 있는 죄의 사람을 언급할 때 그는 배교가 일어나고 불법의 사람이 등장할 당시 이 땅의 교회를 가리키는 것이다. 그는 기원후 70년의 예루살렘 성전(과거주의자와는 대조적으로) 혹은 말세에 예루살렘에 재건될 성전(교부들, 세대주의자들, 역사적 전천년주의자들을 포함한 미래주의자들과는 대조적으로)을 의미하지 않는다.

불법의 사람에 대한 바울의 언급은 교황을 가리키지 않는다. 왜냐하면 그는 등장했다가 사라지는 일련의 인물(제도)을 언급한 것이 아니라, 예수가 재림하실 때 멸망당할 어떤 특정 인물을 가리켰기 때문이다.[3] 그러나 벌코프가 "교황 제도 안에 있는 적그리스도의 요소들"을 말한 것은 타당하다.[4] 때때로 교황은 바울이 묘사한 특징들을 드러냈다. 16세기에 교황과 세속 제후가 결탁하여 개혁주의 교회들을 멸망시키고자 했던 일들은 말세에 일어날 불법의 사람의 출현과 그의 신성모독적인 행위가 어떠할지를 잘 보여주는 하나의 모형이다.

적그리스도는 요한계시록 13장의 짐승과 어떻게 연관되는가?

요한이 요한계시록 13장에서 두 짐승(바다에서 나온 짐승과 땅에서 올라온 짐승)을 언급할 때 그는 로마 제국과 제국 종교를 언급하고 있는 것이다.

---

3   Morris, *First and Second Epistles to the Thessalonians*, 220-21.
4   Berkhof, *Systematic Theology*, 702.

바다에서 나온 짐승(1-10절)은 로마의 제국 종교를 가리킨다. 여기서 핵심 인물은 바로 자신의 통치 시대에 그리스도인들에 대한 박해를 시작한 네로다. 네로는 모든 유형의 사악함과 불경건함을 대변한다. 네로는 로마에서 베드로와 바울을 처형했다. 네로는 대화재의 책임을 그리스도인들에게 뒤집어씌웠고, 이로 말미암아 로마에서 그리스도인들이 무자비하게 탄압을 받게 되었다. 네로는 로마 원로원의 불신임을 받고 스스로 목숨을 끊었는데, 이후 살아 남았다거나 죽었다가 다시 환생했다는 소문이 널리 퍼졌다. 네로의 환생 신화는 짐승과 그가 모방한 그리스도의 구원의 사역(죽음과 부활과 재림)에 관한 요한의 논의의 저변에 깔려 있다.

땅에서 올라온 짐승(11-18절)은 우리가 요한계시록(기원후 95년경)이라고 부르는 책에서 요한이 일련의 환상을 받았을 당시 소아시아에서 성행하던 황제 숭배 및 이와 관련이 있는 사제들을 가리킨다. 이 황제 숭배의 핵심 인물은 도미티아누스 황제(다시 살아난 짐승)이며 그를 통해 전 지역에 그리스도인들에 대한 박해가 다시 시작되었는데, 특히 버가모(안디바가 얼마 전에 순교당한 곳, 계 2:13)와 서머나(그리스도인들이 극심한 경제적 탄압을 받고 매매를 금지당한 곳, 계 2:8-11)가 대표적이었다. 황제 숭배는 로마에서보다 (아시아 연맹을 포함하여) 소아시아 지역에서 더욱 활발했다. 도미티아누스는 소아시아 지역에서 그리스도인들을 박해하는 데 매우 적극적이었으며, 이는 특히 요한이 계시를 받기 바로 직전에 더더욱 심했다.

일곱 개의 언덕이 있는 도시(로마)와 요한이 계시를 받았을 당시 권력을 잡고 있던 일련의 지도자들(황제들)의 정체는 당시 사도 시대 교회를 박해하던 원수가 짐승이었음을 의미한다. 과거주의자들이 "때가 가까움이라"(계 1:3)는 요한의 말의 중요성을 강조하고, 요한이 이미 로마의 박해를 받고 있는 그리스도인들에게 글을 쓰고 있다는 사실을 인식한 것은 올바르지만 그럼에도 궁극적으로 과거주의자들의 해석은 지지받을 수 없다. 증거는 사도 요한이 이 계시를 받은 시점이 기원후 70년 이후(부록을 참고)이라고 가리킬 뿐 아니라 짐승과 그의 형상 그리고 그의 숫자에 관한 과거주의자들의 해석은 네로와 예루살렘과 그 성전의 멸망과 함께 기원후 70년의 사건들(계 17:9-14)만으로는 온전히 성취되지 않는다. 왜냐하면 네로 및 성전의 파괴와 관련된 사건들은 말세에 일어날 또 다른 성취를 가리킬 수도 있기 때문이다. 이것은 위의 예언들의 일부가 이중적으로 성취되고(예. 감람산 강화, 마 24:10-25), 요한계시록 17장의 짐승이 말세에 등장할 종말론적 인물(여덟 번째 왕)이라면 사실이다.

적그리스도와 요한계시록 13장의 짐승을 연결시키는 미래주의자들의 해석 역시 상당한 문제점을 지니고 있다. 성경의 자료들은 많은 적그리스도와 짐승을 사도 시대에 존재한 실제 현실이라고 분명히 말한다. 이들을 말세에 나타날 인물로 밀어붙여 사실상 요한의 환상이 지닌 역사적 맥락을 간과해서는 안 된다. 따라서 미래주의 안의 다양한 세대주의(적그리스도는 재림시나 그 즈음에 그리고 이스라엘과의 평화조약과 관련된 7년 환란이 시작될 때 나타난다는 견해)의 다양한 입장들은 스스로의 무게로 인해 붕괴될 수밖에 없다.

앞서 살펴본 대로 데살로니가후서 2장에서 바울은 결코 예루살렘 성전을 언급하고 있는 것이 아니다. 그는 여기서 교회를 가리키고 있다. 그렇다면 이 자료에 대한 미래주의자들의 해석은 사도 요한이 그들과 동시대에 일어났던 사건들에 관해 쓴 것이라고 간주했던 1세기 그리스도인들의 생각이 잘못된 것임을 의미한다. 사도 요한은 **실제로** 말세에 살고 있는 자들에게 쓰고 있는 것이지, 1세기의 그리스도인들에게 쓴 것이 아니었다. 이것은 물론 그릇된 주장이다.

짐승의 표는 무엇인가?

짐승의 표(인간의 숫자, "전적으로 불완전한")는 신적 특권과 속성을 국가가 강탈하는 것과 관련이 있다. 짐승의 표를 받은 자들은 예수 그리스도를 부인하거나(배교) "카이사르가 주시다"라고 고백하도록 국가 및 그 지도자들을 숭배하는 상황에서 그것을 받는 것이다. 숫자 666은 정말 네로를 지칭하는 것일 수도 있지만, 만일 요한계시록이 특히 기원후 70년 이후에 기록되었다면 네로는 그 숫자가 상징하는 바를 온전히 나타내지 못한다. 이 표와 숫자는 참되고 살아 계신 하나님께만 드리는 경배와 찬양을 추구하는 짐승이 지속적으로 재등장하는 것과 연관된 반복적인 현상이다.

게마트리아 또는 숫자로 문자를 대체하는 방법은 정말 네로 황제를 가리키고 있을지도 모른다. 하지만 비록 네로를 암시한다 하더라도 우리는 그 숫자의 신학적 중요성을 인식해야 한다. 그 짐승의 숫자가 가리키

적그리스도의 비밀을 파헤치다

는 인물을 밝히는 것보다 그 숫자의 의미가 무엇인지를 이해하는 것이 더욱 중요하다는 말이다. 숫자 6은 완전한 숫자인 7에서 하나가 부족한 것이다. 6은 타락한 인류를 상징하며 항상 일하지만 결코 안식이라는 쉼에 들어가지는 못한다. 세 개의 육은 용(사탄), 두 번째 짐승(혹은 거짓 예언자), 그리고 거룩한 삼위일체를 모방하고 완전함에 이르지 못하는 저주받은 짐승을 가리킨다. 짐승은 결코 인류를 넘어 하나님의 자리로 올라갈 수 없다.

사도 요한이 이 이미지를 사용할 당시 노예들은 그들의 소유주들에 의해 몸에 낙인이 찍히거나 문신이 새겨졌다. 따라서 "표를 받는" 자는 누구든지 짐승의 노예로 낙인이 찍히는 것이고, 의도적으로 그리스도를 부인하여 영원한 위험에 빠지게 된다. 세대주의자들은 어떠한 유형의 기술이 도입되어 몸에 새겨질 표 혹은 현금이 필요 없는 사회를 만들 것인지를 조사하는 데 몰두한 나머지 문제의 핵심을 놓치고 만다. 하지만 그들이, 정부가 하나님이 주신 역할을 강탈하고 하나님의 백성이 하나님께만 드릴 영광과 찬양을 구하는 것에 관해 우리에게 경고한 것은 진실에 가깝다. 이것은 모든 그리스도인에게 현실적이고 심각한 위협이 된다. 모든 형태의 국가 혹은 그 지도자를 숭배하는 것은 거짓 종교다. 이것이 바로 짐승의 실체다.

따라서 신적 권위와 영광을 강탈하고 국가 혹은 그 지도자를 숭배하도록 강요하는 모든 국가는 이에 해당한다고 말할 수 있다. 스바스티카(좌우가 뒤집힌 만자 문양)와 나치당원들이 히틀러에게 하는 경례가 비교적 최근에 나타난 짐승의 표에 대한 한 예로 볼 수 있다. 국가가 신적 권위를 강탈하는 행위는 거짓 예언자인 둘째 짐승이 이 땅에 사는 자들을 속여 짐승(국가)과 그의 우상(국가 지도자)을 숭배하도록 만들려고 하는 노력에서 볼 수 있다.

적그리스도는 아직 도래하지 않았나?

많은 적그리스도가 나타났다가 사라지겠지만 처음부터 교회가 직면해 온 적그리스도들은 어느 시점에 이르러서는 적그리스도(최후의 이단자, 최고의 신성모독자, 하나님의 백성을 박해하는 자)에게 자리를 내줄 것이다. 바울(데살로니가후서)과 요한(계 20장)에 의하면 불법의 영과 사탄은 이미 활동하고 있지만 그럼에도 현재는 복음의 선포를 통해 억제되어 있다. 바울과 요한은 모두 이 억제하는 힘이 그리스도의 재림 바로 직전에 해제될 것으로 예상한다. 따라서 여러 짐승(정부들)과 그 지도자들 및 추종자들은 주님의 재림 직전에 사탄이 마지막으로 그의 분노를 드러내고 속임수를 쓸 때까지 지속적으로 나타났다가 사라질 것이다.

　이와 같이 반기독교 제국들 혹은 국가들과 사탄의 영감을 받은 그 지도자들이 등장했다가 사라진다는 사실은 그리스도인들이 과거에 짐승과 적그리스도의 정체를 밝히려고 했던 많은 시도들이 도움이 됐다는 것을 의미한다. 하지만 적그리스도가 등장할 정확한 시점을 알아맞히는 일은 여기에 해당하지 않는다. 로마 가톨릭교회가 개신교도들을 대항하여 여러 국가 및 그 군대들과의 동맹을 통해 정치력이나 교황의 제재를

적그리스도의 비밀을 파헤치다

행사하던 시대에 개신교도들이 로마 가톨릭교회와 그 동맹국들(스페인, 이탈리아, 프랑스)을 짐승으로 인정하고 교황 제도를 적그리스도의 직위로 간주한 것은 자연스런 일이었다. 하지만 가톨릭 국가들이 **오직 믿음으로**(*sola fide*)를 강조하는 이신칭의 교리를 받아들인 교회들을 파괴하지 못하도록 복음 선포가 이를 억제했다. 뿐만 아니라 그다음 세기에는 역사적 상황들이 크게 달라졌다. 교황과 군주 간의 불경한 동맹은 사실상 세속화되고 전혀 위협이 되지 않는 사회주의적 민주주의로 대체되었다.

짐승과 음녀 바벨론 대한 요한의 논의에 근거해보면 짐승과 그의 지도자는 환생한 네로가 아니라 환생한 짐승일 것이다. 만일 적그리스도와 그의 왕국이 어떤 모습일지를 알기 원한다면 하나님의 백성을 죽이고 그들이 사고파는 상업 활동조차 하지 못하도록 금지했던 신약성경에 이미 존재한 로마 제국과 황제 숭배를 보면 된다. 하나님의 백성은 짐승 혹은 그의 신성모독적인 우상을 숭배하지 않기 때문에 최후에 등장할 짐승은 성도들과 전쟁을 하려고 할 것이다. 하지만 짐승은 이미 그를 이기신 어린양에 의해 멸망당할 것이다! 만일 사도 요한이 확신하는 것이 있다면 그것은 바로 용이 아니라 어린양이 결국 승리한다는 것이다. 사탄과 그의 대리인들이 성도들과 전쟁을 벌이고 그들을 죽일 때(계 13:7) 성도들은 다시 살아나 그리스도와 함께 천 년 동안 통치할 것이라고 사도 요한은 우리에게 말한다(계 20:4).

두려움이 아닌 소망을 갖고

우리가 배워야 할 한 가지 교훈은 날짜를 맞추는 일과 특정 인물을 적그리스도로 간주하는 일에 매우 신중해야 한다는 것이다. 성경 저자들은 말세와 관련된 것을 신비(롬 11:25; 고전 15:51)라고 말하거나 지혜가 있어야만 이해할 수 있는 것으로 보았다(계 13:18; 17:9). 이러한 현상은 대대적인 배교와 연결되어 있고 현재는 하나님이 어떤 방식으로든 억제하심으로 말미암아 나타나지 못하고 있다(데살로니가후서와 계 12장). 이 일이 언제 일어날지는 오직 하나님만 아신다. 하나님은 그의 백성에게 지혜를 넘치게 주시기 때문에(약 1:5), 때가 되면 우리는 이러한 예언들의 의미를 알게 될 것이다. 하지만 그 이전에는 결코 알 수 없다.

또한 우리는 우리 전통에 나타난 사례들에 근거하여 예측하는 일을 피해야 하며 청교도들과 조너선 에드워즈가 성경의 예언을 당시 사건들과 연결시키고, 날짜를 맞추며, 적그리스도의 이름을 밝히려고 했던, 진지하지만 헛된 노력들을 하지 않도록 주의해야 한다. 맥긴이 적절하게 지적한 바와 같이 "기독교 역사상 말세가 임박했음을 알리는 독특한 증거가 부족했던 시대는 없었다."[5] 그러나 이것은 끊임없는 위협의 본질이며, 특히 그 위협이 극적이며 절정으로 치닫는 결말에 이를 것으로 예상될 때 더욱 그렇다. 비록 우리의 선조들이 그 짐승을 식별하는 데 있어 대부분 옳았을지도 모르지만(어느 정도 확실한 징후들이 있었다), 다만 그 당

---

5   McGinn, *Antichrist*, xx.

시는 억제가 완전히 해제되고 짐승이 마지막 분노에 도달할 하나님이 정하신 때가 아니었을 뿐이다.

그렇다면 적그리스도는 미래에 나타날 것인가? 그렇다. 하지만 우리는 안토니 후크마가 이에 대해 경고한 것에 주목할 필요가 있다. "적그리스도의 징조는 말세의 다른 징조들과 같이 교회사 전반에 걸쳐 항상 존재했다고 결론 내릴 수 있다. 또한 심지어 각 시대마다 독특한 형태의 적그리스도적인 활동을 만들어낼 것이라고 말할 수 있다. 하지만 우리는 그리스도가 재림하실 때 멸망당할 적그리스도의 출현에서 이 징조가 극대화된 것을 볼 수 있다."[6]

따라서 우리는 신중해야 하며 경계를 늦추지 말아야 한다. 우리는 하나님이 불법의 원리를 억제하시는 수단, 즉 복음에 초점을 맞추어야지 불필요한 추측에 우리의 에너지를 낭비해서는 안 된다. 우리가 그리스도인으로서 갖는 소망은 우리의 예언 능력에 있는 것이 아니라 어린 양의 궁극적인 승리에 있다. 게할더스 보스는 우리에게 다음과 같이 말한다.

> [적그리스도 예언]은 많은 예언 가운데 하나이고 이에 대한 완벽하고 최종적인 해석은 바로 종말론적인 성취가 될 것이며, 그 예언들에 관해 성도들은 특별한 종말론적 인내심을 발휘해야 할 의무가 있다.

---

6   Hoekema, *The Bible and the Future*, 162.

적그리스도에 대한 일반적인 개념과 특히 배교에 대한 개념은, 비록 이것이 사도 바울의 주목적은 아니겠지만, 모든 시대에 걸쳐 그리스도의 목적이 중단되지 않고 진행되어온 것을 당연하게 여겨서는 안 된다는 경고일 것이다.…이 세상의 모든 것을 바르고 새롭게 하는 일은 점진적 개선이 아닌 하나님의 최종적인 개입에 의해서만 가능하기 때문이다.[7]

우리는 인간의 도성이 하나님의 도성이 되는 이 땅의 유토피아를 고대하지 않는다. 음녀 바벨론은 소독을 하거나 리모델링할 수 없다. 우리는 타락한 세상이 한동안 하얗게 칠해지고, 겉으로 평온해 보이지만 그 이면에는 여전히 죄로 가득한 인간 본성이 존재하는 세속적인 천년왕국을 고대하지 않는다. 우리는 아브라함이 고대한 것과 동일한 것, 즉 하늘나라와 하늘의 도성(히 11:16)을 갈망한다. 하나님은 아브라함에게 약속하신 것처럼 지금도 그의 백성을 위해 바로 이것을 준비하고 계신다. 이것은 예수 그리스도께서 재림하실 때 비로소 영광스러운 현실이 될 것이다. 그 이전에는 결코 그렇게 될 수 없다.

신약성경은 바벨론(인간의 도성)이 새 예루살렘(하나님의 도성)이 되리라는 기대를 주지 않는다. 이 점에서 보스의 주장은 옳다. 신약성경은 우리의 복되신 주님께서 재림하실 때 일곱 번째 나팔이 울려 퍼지면 "하늘에 큰 음성들이 나서 이르되 '세상 나라가 우리 주와 그의 그리스도의

---

7   Vos, *Pauline Eschatology*, 133-35.

나라가 되어 그가 세세토록 왕 노릇 하[실 것이다]'"(계 11:15). 용과 짐 승, 거짓 예언자와 그들을 섬기는 모든 이들은 불못에 던져질 것이며 더 이상 하나님 나라의 평화와 안전에 위협이 되지 못할 것이다. 사도 요한 은 다음과 같이 말했다. "또 내가 보매, 거룩한 성 새 예루살렘이 하나님 께로부터 하늘에서 내려오니 그 준비한 것이 신부가 남편을 위하여 단 장한 것 같더라. 내가 들으니 보좌에서 큰 음성이 나서 이르되 '보라! 하 나님의 장막이 사람들과 함께 있으매 하나님이 그들과 함께 계시리니 그들은 하나님의 백성이 되고 하나님은 친히 그들과 함께 계시리라"(계 21:2-3). 이 위대한 언약(하나님이 우리 가운데 거하실 것이다)이 마침내 실현 되며 더 이상 저주와 눈물, 슬픔과 비통함이 없을 것이다. 또한 음녀 바 벨론은 흔적조차 없을 것이다.

적그리스도로 인해 두려워하고 최근 중동에서 일어나는 사건들 에 대해 걱정하거나 가정에서 사용하는 여러 제품의 일련번호에 숫자 666이 나타나 있는지를 염려하는 대신, 우리는 예수 그리스도의 재림 을 고대해야 한다. 사탄과 그의 추종자들은 그들의 시간이 얼마 남지 않 았다는 것을 알기 때문에 한동안 미친 듯이 날뛰겠지만, 그들은 이미 예 수의 피와 의로 말미암아 멸망당했다. 우리의 적의 운명에 대해 마르틴 루터는 다음과 같은 탁월한 말을 했다. "말씀 한 마디로 그는 무너질 것 이다." 아멘. 주 예수여, 어서 오시옵소서!

부록

요한계시록 집필 연대

신학적 입장이 얼마나 견고한가는 그것이 지닌 가장 큰 약점에 달려 있다. 적그리스도에 관한 교리와 짐승에 대한 과거주의자들의 해석은 사도 요한이 기원후 70년에 일어난 예루살렘의 멸망 이전에 묵시적 환상을 받은 것으로 추정된다는 사실에 기반하고 있다. 이는 과거주의자들로 하여금 요한계시록에 등장하는 짐승을 네로와 동일시하여 적그리스도를 요한 서신에 언급된 주님의 재림까지 교회를 괴롭힐 일련의 이단으로 제한하는 결과를 야기한다. 과거주의자들에 따르면 요한계시록 13-18장의 사건들은 모두 과거의 일이며 1세기에 이미 성취되었다. 이것은 말세에 주님이 재림하시기 직전에 교회를 박해할 적그리스도 혹은 네로를 닮은 짐승이 미래에 출현하지 않는다는 것을 의미한다.

만일 요한계시록이 기원후 70년 이후에 기록된 것임을 증명할 수 있다면 짐승을 완전히 과거의 인물로 간주하는 과거주의 해석은 지지받을 수 없다. 본서에 제시된 적그리스도와 짐승에 대한 관점은 요한계시록의 기록 시기가 기원후 70년 이후라는 추정에 의해 뒷받침되었지만(이것과 논쟁하는 다른 관점을 제거하는 작업을 통해), 나의 전반적인 입장은 요한계시록이 기록된 시기에 의존하지 않는다. 요한계시록이 기록된 시기가 기원후 70년 이전이라는 주장을 지지하는 자들이 모두 과거주의 진영에 속하지 않는다는 점에 주목해야 한다. 기원후 70년 이전 설을 주장하는 매우 중요한 책인 『예루살렘 멸망 이전에』의 저자 켄 젠트리는 과거주의 입장을 견지한다.[1] 하지만 존 로빈슨(John A. T. Robinson)과 포드(J. M. Ford), 그리고 1860년부터 1900년까지 영어권의 성서학계를 주도한 세 명의 신약학자인 J. 라이트푸트(J. B. Lightfoot), B. 웨스트코트(B. F. Westcott), F. 호트(F. J. A. Hort) 같이 기원후 70년 이전 설을 지지하는 다른 많은 저명한 신학자들은 과거주의 입장을 취하지 않는다.[2] 내 판단에 따르면 적그리스도에 관련된 많은 예언은 이중성취를 필요로 하는데, 이는 성경 자료를 가장 제대로 이해한 것이 오직 과거주의적 해석도 아니고 미래주의적 해석도 아니라는 것을 의미한다.

다수의 신약학자들과 주석가들은 언제 요한계시록이 쓰였는지를 확실히 결정할 수 있는 방법이 없다는 것을 인정하고, 기원후 70년 이전을 이 책의 저작 연대로 볼 가능성도 수용하고자 하지만,[3] 그럼에도 지

---

1   Gentry, *Before Jerusalem Fell*; Gentry, *Beast of Revelation*도 보라.

2   다음의 연구를 참고하라. John A. T. Robinson, *Redating the New Testament* (Philadelphia: Westminster, 1976), 221-53; J. M. Ford, *Revelation*, in the Anchor Bible, vol. 38 (Garden City, NY: Doubleday, 1975), 21-46. Lightfoot와 Westcott와 Hort가 미친 영향에 대한 평가는 다음의 연구를 참고하라. Stephen Neill and Tom Wright, *The Interpretation of the New Testament: 1861-1986* (New York: Oxford University Press, 1988), 34-40. 위 삼인방의 중요한 저작은 다음과 같다. F. J. A. Hort, *The Apocalypse of St. John, 1-3* (London: Macmillan, 1908), xi-xxxiii; J. B. Lightfoot, *Biblical Essays* (repr., Grand Rapids: Baker, 1979), 51-70; Lightfoot and Harmer, *Apostolic Fathers*, 3; B. F. Westcott, *The Gospel according to St. John* (Grand Rapids: Eerdmans, 1962), lxxxiv-lxxxvii.

3   이에 대한 예는 다음을 참고하라. D. A. Carson, Douglas J. Moo, and Leon Morris, *An Introduction to the New Testament* (Grand Rapids: Zondervan, 1992), 476. 또한 다음의 연구도 참고하라. Beale, *Book of Revelation*, 4. 이들은 모두 요한계시록의 기원후 70년 이전 저작설이 가능함을 인정하지만, 위의 두 책은 집적된 증거를 토대로 후기 저작설을 지지한다.

적그리스도의 비밀을 파헤치다

금까지 신약학자들이 도달한 합의점은 요한의 환상이 기원후 70년 이후 오랜 시간이 지난 후, 아마도 90년대 중반 무렵에 기록되었다는 것이다.[4] 이를 위해 많은 주석가들은 대체로 J. 스위트(J. P. M. Sweet)의 입장에 동의하며 그의 사려 깊은 주장을 인용한다. "요약하자면 기원후 70년 이전 저작설이 옳을 수도 있다. 하지만 그 내적 증거가 이레나이우스에서 유래한 확고한 전통[후기설]을 능가하기에는 충분치 않다."[5]

다수의 견해를 파악하기 위해 각 견해들을 지지하는 학자들의 숫자를 헤아리는 것이 곧 특정 견해를 지지해주는 증거가 될 수 있는 것은 아니지만, 그럼에도 이것은 우리에게 의견의 일치를 보이는 지점이 어디인지를 말해주고, 따라서 어느 편이 거증책임을 안고 있는지를 나타낸다. 이 경우에 비평학자들은 요한계시록이 로마 제국에 의해 예루살렘이 멸망당한 지 약 20년 후, 아마도 기원후 95년경 로마의 도미티아누스 황제 시대(81-96년)에 기록되었다고 생각하는 절대 다수의 복음주의 학자들의 주장에 대체적으로 동의한다.[6] 요한계시록의 집필 연대가 기원후 70년 이후라는 것을 의심의 여지없이 증명해줄 수 있는 "명백한 증거"

---

4   Beale은 다음과 같이 말한다. "20세기 학자들의 합의점은 요한계시록이 기원후 95년 경 도미티아누스 황제의 통치 시기에 저술되었다는 데 모아졌다. 소수의 주석가들은 기원후 70년의 예루살렘 성전 파괴 직전에 저술되었을 것으로 평가한다. Beale, *Book of Revelation*, 4.

5   Sweet, *Revelation*, 27.

6   소위 비평학자들의 주석에는 R. H. Charles, H. B. Swete, G. B. Caird, Martin Kiddle 등의 주석이 포함되며, 보수적 복음주의 학자의 주석에는 Geroge Ladd, John Walvoord, G. R. Beasley-Murray, Alan Johnson, Robert Thomas, Robert Mounce 등의 주석이 포함된다.

는 없지만, 요한계시록 자체 안에 존재하는 내부 증거에 기초하여 70년 이후설을 강력하게 주장할 수 있는데, 이 주장은 1세기 세계에 대한 우리의 지식(외적 증거)에 의해서만 뒷받침될 수 있다.

기원후 70년 이전 저작설을 지지하는 학자들의 주장 가운데 다수는 언뜻 보기에는 꽤 그럴듯해 보인다. 그러나 결국 이러한 주장들은 대다수의 외적 증거에 의해 뒷받침되지 않을 뿐 아니라 내적 증거로도 뒷받침되지 않는다. 또한 요한계시록의 기록 연대를 결정하기 위해 사용된 논거가 근본적으로 상당히 확률론적임을 주목해야 한다. 이 책의 저작 시기를 결정하기 위해서는 확실한 증거를 바탕으로 도출된 결과와 함께 사실 관계에 대한 신중하고도 객관적인 평가가 필요하다. 이 문제는 우리 주님이 기원후 70년에 이스라엘을 심판하기 위해 구름을 타고 오셨다는 이미 결정된 결말을 정당화하려는 의도로 사례를 만들어낸다고 해서 해결될 성질의 것이 아니다. 특히 나는 몇몇 과거주의적 저자들이 기원후 70년 이전설을 주장하기 위해 이러한 논법을 사용한다는 느낌이 든다. 주님이 기원후 70년에 재림하셨다는 것을 증명하려면, 과거주의자들은 요한계시록이 기원후 70년 이전에 저술되었음을 증명해야만 한다. 따라서 주님의 재림의 날짜를 이미 결정해놓은 상황에서 이들의 논거는 결국 기원후 70년 이전 저작설을 입증하기 위한 것에 불과하다. 이러한 주장은 내적으로는 개연성이 있을지 모르지만, 그럼에도 결국은 내적 순환 논리에 불과하며 반드시 제기된 증거에 의해 뒷받침되는 것은 아니다.

기원후 70년 이전 저작설을 지지하는 논증들

논증 1: 요한계시록 11:1-12에서 요한은 예루살렘 성전을 언급하고 있는데, 이 성전이 마치 환상을 받을 당시에 여전히 존재하고 있는 것처럼 여긴다.[7] 만일 요한이 그가 받은 환상을 기록할 당시에 성전이 여전히 존재했다면 요한계시록은 기원후 70년에 로마군대에 의해 성전이 붕괴되기 전 저술되었을 것이다. 이와 관련된 구절은 다음과 같다. "또 내게 지팡이 같은 갈대를 주며 말하기를 '일어나서 하나님의 성전과 제단과 그 안에서 경배하는 자들을 측량하되 성전 바깥마당은 측량하지 말고 그냥 두라. 이것은 이방인에게 주었은즉 그들이 거룩한 성을 마흔두 달 동안 짓밟으리라'"(계 11:1-2). 만일 요한이 여기서 예루살렘 성전을 이야기하고 있고, 따라서 그가 환상을 볼 당시 그 성전이 존재했다면 이는 요한계시록의 저술 연대를 성전이 무너지기 이전의 시점으로 볼 것을 요구한다.[8]

이러한 해석에 대한 기원후 70년 이후 저작설의 반응은 요한계시록이 독자들로 하여금 예루살렘에 있는 물리적인 성전보다는 본문 전반에 걸쳐 나타난 극도로 상징적인 언어에 집중하도록 한다는 점을 지적한다. 케어드가 우리에게 상기시켜주듯이 "모든 것이 상징의 언어로 표현된

---

7   Robinson, *Redating the New Testament*, 238-42. Robinson은 다음과 같이 말한다. "이후의 내용을 보면 이것이 이 땅의 도성에 세워진 옛 성전임이 분명해진다"(239).

8   Gentry, *Before Jerusalem Fell*, 169-74.

297
부록

책에서 성전과 거룩한 도시가 의미하는 것이 물리적 성전과 이 땅에 있는 예루살렘일 리가 없다."[9] 케어드는 요한이 예루살렘 성전을 실제로 가리키고 있다면 상당히 괄목할 만한 일이 벌어졌다는 의미가 된다고 지적한다. 즉 이방인들(기원후 70년 이전 저작설에 따르면 티투스 장군의 군대를 가리킬 것이다; 참조. 눅 21:24)이 3년 반 동안 바깥뜰을 점령했지만, 안뜰(제단)은 그대로 두었다는 의미인 것이다. 물론 이런 일은 성전이 파괴되었을 때 일어나지도 않았고, 기원후 70년에 일어난 실제 사건들과도 아무런 역사적 연관성이 없다. 또한 이는 요한이 바깥뜰과 제단이 있는 안뜰에 대해 비유적인 표현을 사용하고 있음을 간과한다. 하지만 이 본문은 요한계시록 저작 당시 성전이 이미 파괴되었다면 완전히 일리가 있다. 그 당시 바깥뜰은 벌써 짓밟혀졌기 때문에 이방인들의 시대는 이미 진행 중이었던 반면, 참성전(천상의 성전)은 하나님의 보호하심을 받고 있었기 때문에 더럽혀지지 않았다.[10] 지상의 교회는 고통을 당하지만, 천상의 교회는 승리한다.

요한계시록 11:3-11은 바깥뜰이 이방인들에 의해 짓밟히는 기간과 동일한 기간 동안(1260일 혹은 42개월간) 예언을 하고, (모세와 엘리야를 상기시킬 만한) 기사를 행하며, 소돔과 애굽으로 불리는 거대한 도시에서 짐승에게 죽임을 당했다가 다시 살아날 두 증인에 관해 이야기한다. 이 이

---

9   Caird, *Revelation of St. John*, 131.

10   Bauckham, *Climax of Prophecy*, 272; Johnson, *Triumph of the Lamb*, 165-69; Sweet, *Revelation*, 8.

야기에 의하면 여기서 말하는 기간은 아마도 예루살렘 성전이 파괴되기 직전(기원후 70년까지의 사도들이 살아 있을 당시)을 가리키기보다는 초림과 재림 사이의 기간을 상징적으로 묘사했을 개연성이 훨씬 더 높다.[11]

실제로 천사를 통해 요한이 계산한 것은 예루살렘에 당시 존재한 역사적 성전을 전혀 반영하지 않았다. 사도 요한의 계산은 에스겔 40-48[12]에 기록된 천국의 성전을 염두에 두었고 몇몇 사람들이 예상했던 대로 "영적인 교회 건물"을 지칭했을 확률이 높다.[13] 뿐만 아니라 사도 요한은 당시 예루살렘에 여전히 존재했을 성전을 염두에 두도록 지시받지 않았음을 기억할 필요가 있다. 사도 요한은 자신이 받은 천국의 환상이 보여주는 성전을 이야기하도록 위임받았다. 따라서 "42개월"과 이방인의 때에 대한 언급은 그리스도인들이 티투스의 군대가 예루살렘을 포위한 것을 보고 피난할 것을 경고 받은 시기인 기원후 70년 바로 이전보다는 우리 주님의 초림과 재림 사이의 시간을 지칭했을 가능성이 훨씬 높다.

논증 2: 요한계시록 17:9-11에서 요한은 다음과 같이 말한다. "지혜 있는 뜻이 여기 있으니 그 일곱 머리는 여자가 앉은 일곱 산이요 또 일곱 왕이라. 다섯은 망하였고 하나는 있고 다른 하나는 아직 이르지 아니하였으나, 이르면 반드시 잠시 동안 머무르리라. 전에 있었다가 지금 없

---

11   일례로 본 내용과 관련한 논의는 다음을 참고하라. Kiddle, *Revelation of St. John*, 174-97.

12   Beale, *Book of Revelation*, 21, 559-65.

13   Swete, *Apocalypse of St. John*, 132.

어진 짐승은 여덟째 왕이니 일곱 중에 속한 자라. 그가 멸망으로 들어가리라." 대다수 주석가들은 이것이 도시 로마와 그 안에 있는 일곱 개의 언덕[14]을 지칭한다고 주장한다. 10절에 의하면 요한이 요한계시록을 저술할 때 권력을 쥐고 있던 자는 여섯 번째 왕이다. 따라서 이 일련의 왕 가운데 첫 번째 왕은 아우구스투스이거나 율리우스 카이사르일 것이며, 여섯 번째 왕은 기원후 70년 이전에 퇴위한 갈바(Galba) 혹은 네로일 것이다.[15] 만일 이것이 사실이라면 이 본문의 연대는 기원후 70년 이전이 될 것이다.

하지만 비일과 다른 연구자들이 지적하듯이 이와 같은 연대 측정 방법에는 몇 가지 문제점이 있다. 어떤 황제를 기점으로 연대를 측정할 것인가? 모든 황제가 연대 측정에 포함되는가, 아니면 황제 숭배에 참여한 이들만 포함시킬 것인가? 그렇다면 네로와 베스파시아누스 황제 사이에 잠시 동안 통치한 자들은 어떻게 되는가? 더 중요한 질문이 있다. 그렇다면 요한계시록 17:11은 어떻게 다루어야 하는가? 11절은 이렇게 말한다. "전에 있었다가 지금 없어진 짐승은 여덟째 왕이니 일곱 중에 속한 자라. 그가 멸망으로 들어가리라."[16] 일곱 왕에 대한 명단은 요한계시록 17:12의 열 왕과 어떻게 들어맞는가?

---

14 이러한 이슈들을 정리한 것으로는 다음의 연구를 참고하라. Beckwith, *Apocalypse of John*, 704-9. 미래주의자들은 이것을 일련의 왕국을 지칭하는 것으로 보는 경향이 있다. 이에 대해서는 다음을 참고하라. Ladd, *Commentary on the Revelation of John*, 229; Joseph A. Seiss, *The Apocalypse* (repr., Grand Rapids: Zondervan, 1957), 391-94.

15 Gentry, *Before Jerusalem Fell*, 153-59; Robinson, *Redating the New Testament*, 242-52.

16 Beale, *Book of Revelation*, 21-24.

적그리스도의 비밀을 파헤치다

요한은 여기서 초기 왕들 가운데 한 명의 문자적 부활(따라서 네로 환생 신화)을 이야기하거나, 아니면 이것은 이 통치자들의 승계를 비문자적으로 해석하도록 유도하는 상징적 언어인 것이다. 실제로 비즐리-머레이(Beasley-Murray)에 따르면 "[황제들의 정체를 밝혀내는] 이러한 모든 과정은 잘못된 것으로 보아야 한다."[17] 요한은 독자들에게 역사를 가르치고 있거나 로마 황제의 정확한 숫자에 대해 이야기하고 있지 않다. 스위트가 지적한 것과 같이 요한의 독자들은 "모두 네로에 대해서는 알고 있었지만, 오늘날의 독자들이 미국 대통령의 계보를 알고 있듯이 로마 황제들의 계보를 알고 있었을 것이라고 보긴 어렵다."[18] 요한계시록 전반에 걸쳐 사용된 숫자 일곱은 완전한 숫자를 상징한다.[19] 따라서 케어드가 빈정거리며 지적한 대로 요한은 "로마 황제의 수를 세어 [일곱이란] 숫자에 이르지" 않았다.[20] 요한의 요점은 이렇다. 교회는 사악한 현세 전반(일곱 황제가 상징하는 이 기간의 완전함)에 걸쳐 박해를 받아야 하며, 일곱 번째 왕의 통치 기간 동안뿐만 아니라 용과 짐승과 거짓 예언자가 최종적으로 공세를 펼칠 말세에 등장할 여덟 번째 왕도 직면해야 할 것이다.[21] 그러므로 이 본문에 등장하는 왕들의 정체는 기원후 70년 이전

---

17 Beasley-Murray, *Book of Revelation*, 257.

18 Sweet, *Revelation*, 257.

19 Beale, *Book of Revelation*, 870-76; Beasley-Murray, *Book of Revelation*, 257; Caird, *Revelation of St. John*, 216-18; Johnson, *Triumph of the Lamb*, 250-51.

20 Caird, *Revelation of St. John*, 218.

21 Beasley-Murray, *Book of Revelation*; Johnson, *Triumph of the Lamb*, 251.

저작설을 지지하는 이들이 주장하는 것보다 훨씬 더 밝히기가 어렵다. 요한의 독자들에게 있어 가장 실제적인 이슈는 황제들의 연대기가 아니라 미래에 출현할 여덟 번째 왕의 정체다.

논증 3: 숫자 666이 네로를 지칭할 개연성이 있다는 것은 요한계시록이 네로의 통치 기간 동안 혹은 그 직후(기원후 68년)나 기원후 70년 이전에 저술되었음을 암시한다.[22] 하지만 앞에서 살펴본 바와 같이 숫자 666은 그 역사적 의미만큼이나 신학적으로도 중요하기 때문에 이 숫자가 상징하는 바는 네로를 넘어 그리스도와 그의 나라를 대적하는 모든 국가의 지도자들에게도 적용된다. 네로는 666이란 숫자를 통해 분명히 요한과 독자들의 의중에 있었지만, 네로의 폭압적인 통치는 요한계시록 13장의 예언을 모두 성취하지는 못한다.

실제로 짐승이 치명상으로부터 치유되면서(계 13:3) 그리스도의 부활을 모방하였기 때문에, 요한은 네로가 죽은 지 오래 되었지만 도미티아누스의 몸을 입고 다시 돌아와 자신에게 환상이 주어졌을 당시에 교회를 박해했다고 주장했을 수도 있다.[23] 이른바 "네로 신화"(Nero myth)는 네로가 죽은 이후에 기적적으로 살아나 로마 제국에 대항하여 최후의 공격을 감행했다는 내용을 담고 있다. 만일 요한계시록 13:3-4과 17:8-11이 실제로 환생한 네로(죽음에서 실제로 살아난)를 언급하고 있다면 요

---

22   Gentry, *Before Jerusalem Fell*, 193-219.

23   Swete, *Apocalypse of St. John*, lxxxiv.

한계시록의 저작 연대는 기원후 68년보다 훨씬 이후가 될 것이다.[24] 그리고 짐승은 요한이 요한계시록을 쓸 당시 존재(부활)했기 때문에 요한이 시대를 막론하고 보컴이 "권력의 신격화"(a deification of power)라고 부른 것을 접할 때마다 모든 그리스도인들이 기대해야 할 것에 대해 경고하고 있는 것으로 보는 것이 가장 자연스럽다.[25] 이러한 일은 국가 혹은 그 지도자가 스스로 신적 권위와 특권을 취해 그리스도의 죽음과 부활과 재림을 모방할 때 일어난다. 이러한 일련의 짐승들의 저항은 우리 주님이 재림하시기 바로 직전, 곧 여덟 번째이자 최후의 짐승이 등장할 말세에 악이 최고 정점을 찍을 때까지 계속될 것이다.

논증 4: 요한계시록에서 "바벨론"을 언급한 것은 예루살렘 도성과 배교한 유대교를 상징적으로 지칭한 것으로 해석된다. 요한계시록 11:8에서 우리는 두 명의 증인에 관해 읽는다. "그들의 시체가 큰 성 길에 있으리니 그 성은 영적으로 하면 소돔이라고도 하고 애굽이라고도 하니, 곧 그들의 주께서 십자가에 못 박히신 곳이라." 따라서 예루살렘 (주님이 십자가에 달려 돌아가신 곳)은 거대한 도시를 지칭한 것으로 보인다. 그리고 요한계시록 18:10-21에서 거대한 도시는 특별히 바벨론을 지

---

24   Beale, *Book of Revelation*, 17-18; Bauckham, *Climax of Prophecy*, 429-31.

25   Bauckham, *Climax of Prophecy*, 451. Swete는 이에 대해 다음과 같이 말한다. "신격화된 수장이 모든 구원의 근원이 되는 신격화된 국가가 자연스럽게 받아들여지는 세계에서, 그리고 이러한 가치를 하나님의 통치에 대한 적절한 증언이 배제된 채 받아들이는 교회에서 요한계시록은 사라진 차원의 세계를 폭로하여 그리스도인들로 하여금 보이는 카이사르의 뜻이 아닌, 자신이 보지 못하는 하나님의 뜻을 알아 그에 맞게 행동할 수 있도록 돕는다." Sweet, *Revelation*, 2.

칭한다. 이는 기원후 70년에 일어난 예루살렘 멸망 사건이 요한계시록 18장의 바벨론 멸망에 대한 예언을 성취했음을 의미한다.[26] 이 말이 맞아 떨어지려면 요한계시록은 기원후 70년 이전에 저작되어야만 한다.

이러한 해석의 문제점은 동일한 본문이 예수가 십자가에 못 박혀 돌아가신 장소로 밝히기 위해 사용된 "거대한 도시"를 "소돔과 애굽"으로도 부르고 있다는 데 있다. 따라서 이러한 독법은 본문을 비문자적(nonliteral)으로 읽는 것이 옳으며, 특히 요한계시록 전반에 걸쳐 "바벨론"이 언급된 것은 분명히 로마를 지칭한다는 의미에서 더더욱 그러하다(계 14:8; 17:18; 18:2, 10, 16, 18-19, 21을 참고하라).[27] 존 스위트에 따르면 "히로시마가 우리에게 의미하는 것처럼 소돔과 애굽, 바벨론과 예루살렘은 그 이상의 의미를 지닌다. 거리마다 증인들의 시체가 널브러져 있었던 그 '거대한 도시'는 허영의 시장(Vanity Fair)이 의미하는 것 이상으로 한 시간과 한 장소에 국한될 수 없다."[28] 우리가 곧 살펴보겠지만 사실상 모든 유대인 작가들은 기원후 70년에 로마 제국이 예루살렘 성전을 파괴한 **이후부터**(그 이전에는 아님) 로마를 바벨론과 동일시하기 시작했다.[29] 만일 이것이 실제로 사도 시대의 예루살렘 도성을 언급한 것이라면 이 본문이 유일하게 이 둘을 동일시한 본문일 것이다.

논증 5: 요한계시록 1:7에서 요한은 다음과 같이 말한다. "볼지

---

26   DeMar, *Last Days Madness*, 359.

27   Bauckham, *Climax of Prophecy*, 172; Caird, *Revelation of St. John*, 138.

28   Sweet, *Revelation*, 15.

29   Beale, *Book of Revelation*, 25.

적그리스도의 비밀을 파헤치다

어다! 그가 구름을 타고 오시리라. 각 사람의 눈이 그를 보겠고 그를 찌른 자들도 볼 것이요 땅에 있는 모든 족속이 그로 말미암아 애곡하리니 그러하리라. 아멘." 과거주의자들은 이 본문이 기원후 70년에 이스라엘을 심판하러 오시는 예수에 대한 예언자적 언급이며, 이는 스가랴 12:10-12의 예언을 성취한다고 주장한다. 땅은 예루살렘과 동일시되고, 요한계시록 다른 본문의 족속들에 대한 언급은 이스라엘을 지칭하는 것으로 보인다. 만일 이것이 사실이라면 이는 요한계시록이 기원후 70년 이전에 저술되어야 함을 의미한다.[30]

이러한 해석에는 두 가지 주요한 문제점이 있다. 첫째, 스가랴 12:10-12의 예언은 이스라엘에 대한 최후의 심판이 아니라 이스라엘의 종말론적 구원을 가리킨다.[31] 둘째, "이 땅의 민족들"(peoples of the earth, 문자적으로는 "이 땅의 족속들"[tribes of the earth])이 이스라엘을 가리킨다는 입장은 신학적으로 과도한 해석이다. 그 어느 곳에서도(이 본문을 제외하면) "이 땅의 족속들"이 이스라엘 족속만을 지칭하지는 않는다. 70인역에서 이 구절이 사용된 모든 본문은 이스라엘이 아닌 "모든 민족"을 가리킨다.[32]

30   Chilton, *Days of Vengeance*, 64-67; cf. Gentry, *Before Jerusalem Fell*, 121-32.
31   이에 대한 예로는 다음의 연구를 참고하라. Gerard Van Groningen, *Messianic Revelation in the Old Testament* (Grand Rapids: Baker, 1990), 905-7; Beale, *Book of Revelation*, 26; Caird, *Revelation of St. John*, 18.
32   Beale, *Book of Revelation*, 26.

기원후 70년 이후 저작설을 지지하는 논증들

논증 1: 요한계시록의 기원후 70년 이후 저작설을 지지해주는 가장 중요한 근거는 요한의 환상 전반에 걸쳐 일어나는 사건의 기저에 황제 숭배와 제국 종교 숭배가 깔려 있다는 사실이다. 다수의 본문은 그리스도인들이 자신들의 양심에 반하는 황제 숭배에 강제로 참여했음을 암시한다 (예. 계 13:4-8, 15-16; 14:9-11; 15:2; 16:2; 19:20; 20:4). 모펫(Moffatt)이 지적한 바와 같이 그리스도인들에 대한 박해가 광범위하게 이루어졌든지 그렇지 않았든지 간에 "소아시아(그리고 기타 지역)에서 자행되던 폭압적인 박해와 순교 사건들은 [요한으로 하여금] 비록 시작에 불과하지만 거대한 박해의 소용돌이가 전 지역에 몰아칠 것을 예고하도록 만들었다."[33] 비록 그리스도인들에 대한 박해가 이미 네로 황제의 통치 기간에 시작되긴 했지만, 도미티아누스 황제(기원후 81-96년) 시기 혹은 그 이후 시점에 이르러서야 비로소 크게 확산되었다. 네로 황제에 대한 최근의 연구 결과가 보여주는 증거에 따르면 로마(요한이 있던 소아시아 지역이 아니라)에 있는 그리스도인들에 대한 박해는 네로의 통치하에서 시작되었는데, 이는 그가 그리스도인들을 로마 지역의 상당 부분을 훼손한 화재의 주범으로 몰아세워 희생양으로 만들었기 때문이었지, 그들이 그를 숭배하기를 거부했기 때문이 아니었다.[34]

---

33   Kiddle, *Revelation of St. John*, xxxvii에서 인용함.

34   Griffin, *Nero*, 15; Champlin, *Nero*, 121.

S. 프라이스(S. R. F. Price)의 『의식와 권력: 소아시아에 나타난 로마 황제 종교』(*Rituals and Power: The Roman Imperial Cult in Asia Minor*)나 레너드 톰슨(Leonard Thompson)의 『요한계시록: 묵시와 제국』(*The Book of Revelation: Apocalypse and Empire*) 같은 이 시기의 소아시아의 역사적 배경에 관한 중요한 연구는 도미티아누스 황제가 다스리던 시기에 이르러서야 황제 숭배와 제국 종교가 가장 활성화되었음을 보여준다.[35] 톰슨은 로마의 자료들이 예외 없이 도미티아누스 황제를 사악한 폭군으로 묘사하고 있음을 인정하면서도 도미티아누스의 통치하에서 자행된 그리스도인에 대한 박해가 실제로는 꽤 산발적이었으며, 도미티아누스는 로마 역사가들이 평가한 것처럼 괴물이 아니었을 수도 있다는 주장을 펼친다. 그럼에도 톰슨이 계속 주장하듯이 만일 황제 숭배가 도미티아누스 황제 이전에도 "다수의 황제"에 의해 이루어졌다면 도미티아누스 황제가 물러난 이후에도 오랫동안 지속되었을 것이다.[36]

　　우리가 가장 확실히 말할 수 있는 유일한 시기는 플리니우스(Pliny, 로마 시대 작가이자 원로원 의원)가 트라야누스 황제(Trajan, 도미티아누스 황제

35　S. R. F. Price, *Rituals and Power: The Roman Imperial Cult in Asia Minor* (New York: Cambridge University Press, 1984), 196-98; Leonard L. Thompson, *The Book of Revelation, Apocalypse and Empire* (New York: Oxford University Press, 1990), 13-17. Thompson은 다음과 같이 주장한다. "일부 학자들은 여전히 요한계시록의 저작 시기를 네로의 죽음 직후─몇몇 사람들이 황제직을 두고 다투던─라고 주장하고 있다. 하지만 내적, 외적 증거들을 모아 분석해보면 대부분의 학자들이 합의한 대로 요한계시록의 저작 시기를 도미티아누스 황제의 통치 시기 후반인 기원후 92-96년경으로 보는 것이 타당하다(15).

36　Thompson, *Book of Revelation*, 97, 104.

의 후임자)에게 황제 숭배를 거부한 그리스도인들을 어떻게 처리할지를 묻는 서한을 보낸 기원후 113년이다. 트라야누스 황제는 그리스도인들을 추적해 처형시켜서는 안 된다고 하면서도 만일 그들이 황제를 숭배하지 않다가 법정에서 유죄 판결이 나오면 그들은 처형될 것이라고 답했다.[37] 이는 요한계시록에서 묘사된 상황들이 기원후 70년 이전 저작설보다 70년 이후 저작설(도미티아누스 황제가 다스리던 기원후 90년대 중반)에 더 잘 들어맞음을 의미한다. 트라야누스 황제가 통치하던 시기(기원후 113년)의 관행(공식적이든 비공식적이든 간에)은 도미티아누스 황제가 통치하던 시기에 이미 시작된 것이 분명해 보이며, 많은 로마인들은 이 시기를 로마의 역사에서 가장 불안정한 시기로 여겼다.[38] 안타깝게도 플리니우스의 서한은 25년 전 신앙을 "저버리고" 떠난 그리스도인들을 언급하는데, 이는 기원후 90년경에 그리스도인들에 대한 박해가 상당히 심각했음을 보여주는 명백한 증거다. 사람들이 자신의 신앙을 저버렸다는 사실은 그리스도인들에 대한 박해가 심각했던 도미티아누스 황제의 통치 시기와 연결된다. 앞에서 언급한 바와 같이 이러한 박해의 씨앗은 거의 30년 전 네로 황제가 통치하던 시기에 뿌려졌다. 비일이 지적하듯이 "네로의 통치 시기를 요한계시록의 저작 연대로 잡는 것은 가능하지만, 그럼에도 도미티아누스 황제의 통치 시기로 늦추는 것이 더 개연성이 높다. 이는 요한계시록이 가까운 미래에 황제 숭배가 더욱더 가속화될

---

37   Pliny the Younger, *Letters*, 10.96-97, www.earlychristianwriting.com/text/pliny.html.
38   Thompson, *Book of Revelation*, 96-101.

것을 예상하고 있고, 특히 요한계시록 13장에서 광범위하면서도 합법적인 박해가 임박했다거나 혹은 이미 일어나고 있는 것으로 묘사하고 있기 때문이다."[39] 이 주장에 대한 기원후 70년 이전 저작설의 반론은 제시된 증거가 네로와 더 잘 어울린다는 것이다(위의 논의를 참조하라).

논증 2: 요한계시록 2-3장에서 언급된 일곱 교회가 마주한 역사적 상황은 예루살렘 성전 파괴 이전보다 기원후 70년 이후의 상황과 더 잘 어울리는 것처럼 보인다. 콜린 헤머(Colin Hemer)의 중요한 저작인 『소아시아의 일곱 교회에 보낸 서신: 지역적 상황에 기초한 연구』(*The Letters to the Seven Churches of Asia in Their Local Setting*)에서 저자는 요한계시록 2-3장에 등장하는 교회의 상황은 도미티아누스 황제의 통치 시기와 잘 들어맞는다고 주장한다. 이는 특정 지역에서 지방 당국의 박해가 존재했다는 증거를 포함하며, 또한 왜 일곱 교회 중 세 교회인 서머나, 버가모, 빌라델비아 교회만 박해를 받았는지를 잘 설명해준다. 그뿐만 아니라 이 지역에 거주하는 유대인들 사이에서 황제 숭배의 폭압을 피하기 위해 기꺼이 높은 세금을 낼 뿐 아니라 그리스도인들을 지방 당국에 고소하는 사례들이 일어났다. 유대인들 중에 더 이상 회당의 회원이 아닌 자들이 있었을 뿐만 아니라 다른 유대인들과 기독교의 진리에 대해 논쟁하는 이들도 있었다.[40]

---

39   Beale, *Book of Revelation*, 9.
40   Hemer, *The Letters to the Seven Churches of Asia in Their Local Setting* (Grand Rapids: Eerdmans, 1989), 11.

또한 교회들이 처한 상황과 관련하여 기원후 70년 이후 저작설을 지지하는 다른 요소들도 있다. 요한계시록 2:1-7에서 첫 사랑을 버린 것으로 묘사된 에베소 교회의 영적인 권태는 기원후 50년 중반에 교회가 세워진 이후의 시기를 전제한 것으로 보인다.[41] 왜냐하면 50년대에 세워진 것으로 알려진 교회(행 19:1-10을 보라)[42]가 그 첫 사랑을 그리도 빨리 잃어버린 나머지 사람들이 "회개하고 그들이 처음으로 행했던 일을 행하지 않으면"(계 2:5) 교회로서의 정체성을 상실할 위험에 처해질 것으로 상상하기란 그리 쉽지 않기 때문이다. 라오디게아 교회(계 3:14-22)는 부유한 교회로 묘사되는데 기원후 61년에 발생한 거대한 지진으로 전 지역이 붕괴되었다. 요한이 묘사하고 역사가들에게 알려진 바와 같이 부유했던 예전의 상태로 돌아가려면 기원후 70년 이전 저작설이 주장하는 3-4년이 아니라 적어도 수십 년은 걸릴 것이다.[43] 버가모 교회(계 2:12-17)는 안디바라는 자의 고향으로, 그는 훨씬 오래 전에 그리스도를 위해 순교했다(13절). 이러한 박해가 몇 년 전에 일어났고 요한이 안디바의 죽음을 과거의 시점에서 이야기하는 것 등은 기원후 70년 이후 저작설을 분명히 입증한다고 볼 수 있다.[44]

비일에 따르면 로마에서 일어난 거대한 화재 이후에 네로의 그리스도인 박해가 요한계시록에 나오는 일곱 교회가 위치한 소아시아 지역(오

---

41   위의 책, 35-56.

42   Bruce, *Paul, the Apostle of the Heart Set Free*, 286-99의 논의를 참고하라.

43   Hemer, *Letters to the Seven Churches of Asia*, 178-209.

44   위의 책, 78-105.

늘날의 터키)까지 확산되었다는 증거는 존재하지 않는다. 이는 또한 요한이 밧모섬에 유배 간 사건과도 잘 맞아 떨어진다.[45] 요한과 같은 자(에베소 지역에 거주했던)는 네로 황제가 아닌 도미티아누스 황제의 통치 시기에 유배되었을 가능성이 높다.[46] 프라이스(Price)가 적절히 지적한 대로 에베소 지역에서 (거대한 입상과 더불어) 성행했던 도미티아누스에 대한 숭배는 요한이 짐승과 그 형상을 숭배하지 않는 신자들의 죽음에 대해 이야기하는 요한계시록 13장의 배경 안에서 이해할 수 있다.[47] 이 모든 내용은 기원후 70년 이후 저작설을 지지한다.

교회들이 처한 역사적 상황과 관련하여 또 다른 문제가 있다. 몇몇 주석가들에 따르면 서머나 교회의 존재 자체가 기원후 70년 이후 저작설을 지지하는데, 그 이유는 이 교회가 기원후 60년 이전에는 세워지지도 않았기 때문이다.[48] 우리는 이러한 논의에 관해 권위자라고 할 수 있는 헤머가 이 교회의 설립 시기를 훨씬 이전, 즉 50-55년경으로 추정하고 있음에 주목할 필요가 있다.[49]

위에서 언급한 교회들의 상황과 관련하여 기원후 70년 이전 저작설을 지지하는 학자들은 다양한 반론을 제기하는데, 그중 일부는 비일도

---

45   Swete, *Apocalypse of St. John*, 12.

46   Beale, *Book of Revelation*, 12.

47   Price, *Rituals and Power*, 197-98. 또한 Hemer, *Letters to the Seven Churches of Asia*, 35-56도 보라.

48   Beale, *Book of Revelation*, 17.

49   Hemer, *Letters to the Seven Churches of Asia*, 66.

인정하듯이 상당히 개연성이 있다.[50] 켄 젠트리는 후기 연대를 지지하는 이러한 주장들이 (비록 사실일지라도) "기원후 70년 이후 저작설을 결정적으로 입증할 만한 충분한 증거를 제공하지는 못한다"고 주장한다.[51] 하지만 요한계시록 2-3장에 묘사된 교회들의 상황과, 특별히 도미티아누스 황제의 통치 시기의 로마 제국의 전반적인 상황에 비추어보면 기원후 70년 이후설을 지지하는 논증들이 더욱더 설득력을 얻는다. 왜냐하면 다수의 증거가 이러한 방향을 가리키면서 기원후 70년 이후 저작설을 지지하는 요한계시록의 내적 증거를 뒷받침해주기 때문이다.

논증 3: 앞에서 언급한 대로 요한계시록 18장에서 "바벨론"(로마의 영적 이름)이 언급된 것은 아마도 기원후 70년 이후 저작설에 대한 가장 강력한 내적 증거가 될 것이다. 기원후 70년 이후에 그리고 예루살렘 성전이 붕괴된 이후에 저술된 것으로 알려진 유대 문학 작품은 모두 공통적으로 로마를 "바벨론"으로 묘사한다. 왜냐하면 로마도 고대 바벨론 제국과 같이 예루살렘을 침공하여 성전을 파괴했기 때문이다. 요한은 당시 소아시아 지역의 교회들에게 편지를 썼는데, 다수의 교회 안에는 회원의 상당수가 개종한 유대인들이었다. 따라서 바벨론을 언급했다는 사실은 요한이 로마가 아니라 예루살렘을 지칭하기 위해 이 용어를 (이에 대한 아무런 설명 없이) 사용했다면 절대로 이해되지 않는다.[52]

---

50   Beale, *Book of Revelation*, 17 n.89.
51   Gentry, *Before Jerusalem Fell*, 320.
52   Beale, *Book of Revelation*, 18-19.

적그리스도의 비밀을 파헤치다

기원후 70년 이전 저작설을 견지하는 학자들은 바벨론이 예루살렘을 지칭한다는 사실을 입증하기 위해 노력하지만, 이러한 주장은, 우리가 앞에서 이미 살펴본 것과 같이, 특별히 주목할 만한 가치가 없어 보인다.

논증 4: 교부들의 증언은 기원후 70년 이후 저작설을 거의 전적으로 지지하고 있다. 클레멘스, 에우세비오스, 오리게네스, 이레나이우스 등은 모두 요한계시록의 저작 시기를 도미티아누스 황제의 통치 후반으로 잡고 있다. 물론 이들 모두가 잘못 생각했을 수도 있다.[53] 하지만 적어도 우리가 아는 바로는 교부들 중 어느 누구도 기원후 70년 이전 저작설을 주장하지 않았다. 이레나이우스에 따르면 적그리스도의 정체는 "요한계시록을 읽어본 이에게 알려졌을 것이다. 왜냐하면 요한계시록은 우리 시대로부터 그리 오래되지 않은 시점에, 즉 도미티아누스 황제의 통치 말기에 빛을 보았기(was seen) 때문이다."[54] 이 주장은 요한이 요한계시록을 기원후 96년에 도미티아누스 황제가 죽기 전인 노년에 밧모섬에 유배되었을 때 집필했음을 의미하는 증거로 종종 인용되었다. 기원후 70년 이후 저작설에 관한 전통적인 입장은 대체로 이레나이우스의 주장에 의존한다. 물론 현재로서는 내적 및 외적 증거가 모두 이레나이우스의 주장을 지지하는 것으로 보인다.

---

53   기원후 70년 이전 저작설을 지지하는 학자들은 요한계시록과 (요한)복음을 모두 요한이 저술했다고 주장하는 이레나이우스의 입장이 자기모순적이라고 주장한다. 이에 대해서는 다음을 참고하라. Robinson, *Redating the New Testament*, 222.

54   Irenaeus, *Against Heresies*, 5.30.3.

한편 젠트리는 위의 이레나이우스의 주장에 언급된 "빛을 보았다"(was seen)라는 동사의 주어가 도미티아누스 황제의 통치 시기에 저술된 요한계시록이 아니라 도미티아누스 황제 통치 시기에 "보여진"(who was seen) 요한을 지칭한다고 주장한다.[55] 하지만 로빈슨(Robinson)은 젠트리가 주장하는 저작 시기에 동의하면서도 이레나이우스의 주장에 대한 전통적인 해석을 받아들인다.[56] 비일은 "요한계시록"(사도 요한이 아니라)이 "빛을 보았다"(was seen) 동사의 주어라고 적절하게 지적한다. 이는 사실상 이레나이우스 시대의 모든 독자가 의심의 여지 없이 이레나이우스가 요한이 아닌 요한계시록의 저작 시기를 언급하고 있다는 데 전적으로 동의했기 때문이다. 더 나아가 짐승과 그 숫자를 이야기할 때 이레나이우스는 네로가 아니라 라테이노스(Lateinos, 고대라틴 왕국의 왕)와 당대의 로마 제국을 지칭하고 있었음을 기억할 필요가있다. 따라서 내적 증거와 외적 증거는 모두 요한계시록의 기원후 70년이후 저작설을 지지하며, 과거주의자들이 기원후 70년 이전 저작설을고집하는 것은 내적 및 외적 증거를 집적한 결과이기보다는 신학적 전제에 근거한 결론에 더 가깝다고 할 수 있다.

---

55 Gentry, *Before Jerusalem Fell*, 48-57.
56 Robinson, *Redating the New Testament*, 221.

참고문헌

Adams, Jay. *The Time Is At Hand*. Greenville, SC: A Press, 1987.

Allen, Leslie C. *Ezekiel 20-48*. Word Biblical Commentary. Vol. 29. Dallas: Word, 1990.

Anderson, Sir Robert. *The Coming Prince*. Reprint, Grand Rapids: Kregel, 1957.

Augustine. "City of God." In *St. Augustin's City of God and Christian Doctrine*. Vol. 2 of *Nicene and Post-Nicene Fathers*. Edited by Philip Schaff. Grand Rapids: Eerdmans, 1979.

_____. "Homilies on the First Epistle of John." In *St. Augustin: Homilies on the Gospel of John; Homilies on the First Epistle of John; Soliloquies*. Vol. 7 of *Nicene and Post-Nicene Fathers*. Edited by Philip Schaff. Grand Rapids: Eerdmans, 1979.

Aune, David E. *Revelation 17-22*. Word Biblical Commentary. Vol. 52c. Nashville: Thomas Nelson, 1998.

Balmer, Randall. *Mine Eyes Have Seen the Glory: A Journey into the Evangelical Subculture in America*. New York: Oxford University Press, 1989.

Barnes, Albert. "Revelation." In *Notes on the New Testament*. Reprint, Grand Rapids: Baker, 1954.

Bauckham, Richard. *The Climax of Prophecy*. Edinburgh: T & T Clark, 1993.

Beale, G. K. *The Book of Revelation: A Commentary on the Greek Text*. Grand Rapids: Eerdmans, 1999.

_____. *1-2 Thessalonians*. IVP New Testament Commentary Series. Downers Grove, IL: InterVarsity, 2003.

적그리스도의 비밀을 파헤치다

_____. *The Temple and the Church's Mission: A Biblical Theology of the Dwelling Place of God*. Downers Grove, IL: InterVarsity, 2004.

Beasley-Murray, G. R. *The Book of Revelation*. Grand Rapids: Eerdmans, 1974.

Beckwith, Isbon T. *The Apocalypse of John*. Reprint, Grand Rapids: Baker, 1967.

Berkouwer, G. C. *The Return of Christ*. Grand Rapids: Eerdmans, 1981.

Best, Ernest. *The 1st and 2nd Epistles to the Thessalonians*. London: Adam & Charles Black, 1972.

Bousset, Wilhelm. *The Antichrist Legend: A Chapter in Christian and Jewish Folklore*. Translated by A. H. Keane. London: Hutchison, 1896.

Boyer, Paul. *When Time Shall Be No More: Prophecy Belief in Modern American Culture*. Cambridge, MA: Belknap, 1999.

Bright, John. *A History of Israel*. Philadelphia: Westminster, 1981.

Brown, Raymond E. *The Epistles of John*. Vol. 30 of the Anchor Bible. Garden City, NY: Doubleday, 1983.

Bruce, F. F. "Excursus on Antichrist." In *1 & 2 Thessalonians*. Word Biblical Commentary. Vol. 45. Waco: Word, 1982.

_____. *New Testament History*. New York: Doubleday, 1980.

_____. *Paul: the Apostle of the Heart Set Free*. Grand Rapids: Eerdmans, 1979.

Bucer, Martin. *De Regno Christi*. In *Melanchthon and Bucer*. Library of Christian Classics. Edited by Wilhelm Pauck. Philadelphia: Westminster, 1969.

Caird, G. B. *The Language and Imagery of the Bible*. Philadelphia: Westminster, 1980.

_____. *The Revelation of St. John*. Peabody, MA: Hendriksen, 1999.

Calvin, John. *The Epistles of Paul to the Romans and to the Thessalonians*. Translated by Ross MacKenzie. Grand Rapids: Eerdmans, 1979.

_____. *The Gospel according to St. John 11-21 and the First Epistle of John*. Translated by T. H. L. Parker. Grand Rapids: Eerdmans, 1979.

_____. *Institutes of the Christian Religion*. Edited by John T. McNeill. Translated by Ford Lewis Battles. Philadelphia: Westminster, 1960.

Carson, D. A. "Matthew." In *The Expositor's Bible Commentary*. Vol. 8. Edited by

Frank E. Gaebelein and J. D. Douglas. Grand Rapids: Zondervan, 1984.

Carson, D. A., Douglas J. Moo, and Leon Morris. *An Introduction to the New Testament.* Grand Rapids: Zondervan, 1992.

Cartledge, Paul. *Alexander the Great.* Woodstock, NY: Overlook, 2004.

Champlin, Edward. *Nero.* Cambridge, MA: Belknap, 2003.

Chilton, David. *The Days of Vengeance: An Exposition of the Book of Revelation.* Fort Worth: Dominion, 1987.

Cohn, Norman. *The Pursuit of the Millennium.* New York: Oxford University Press, 1970.

Collins, J. J. "Sibylline Oracles." In *Dictionary of New Testament Background.* Edited by Craig A. Evans and Stanley E. Porter. Downers Grove, IL: InterVarsity, 2000.

Coxe, A. Cleveland. "Introductory Notice to Hippolytus." In *The Ante-Nicene Fathers.* Vol. 5. Edited by Alexander Roberts and James Donaldson. Grand Rapids: Eerdmans, 1979.

Cranfield, C. E. B. *The Gospel according to St. Mark.* Cambridge Greek Testament. New York: Cambridge University Press, 1983.

Daley, Brian E. "Apocalypticism in Early Christian Theology." In *The Continuum History of Apocalypticism.* Edited by Bernard McGinn, John J. Collins, and Stephen J. Stein. New York: Continuum, 2003.

Daniel, E. Randolph. "Joachim of Fiore: Patterns of History in the Apocalypse." In *The Apocalypse in the Middle Ages.* Edited by Richard K. Emmerson and Bernard McGinn. Ithaca, NY: Cornell University Press, 1992.

DeMar, Gary. *Last Days Madness.* Atlanta: American Vision, 1999.

Denzinger, Henry. *The Sources of Catholic Dogma.* Translated by Roy J. Deferrari. St. Louis: Herder, 1957.

Edwards, Jonathan. *Apocalyptic Writings.* In *Works of Jonathan Edwards.* Vol. 5. Edited by Stephen Stein. New Haven: Yale University Press, 1977.

_____. "A History of the Work of Redemption." In *The Works of Jonathan*

Edwards. Vol. 1. Carlisle, U.K.: Banner of Truth, 1979.

Ernst, J. "ἀντίχριστος." In *Exegetical Dictionary of the New Testament*. Vol. 1. Edited by Horst Balz and Gerhard Schneider. Grand Rapids: Eerdmans, 1990.

Evans, Michael D. *The American Prophecies: Ancient Scriptures Reveal Our Nation's Future*. New York: Warner Faith, 2004.

Fairbairn, Patrick. *The Interpretation of Prophecy*. Reprint, Carlisle, U.K.: Banner of Truth, 1993.

Feinberg, Charles. *The Prophecy of Ezekiel*. Chicago: Moody, 1978.

Ford, J. M. *Revelation*. Anchor Bible. Vol. 38. Garden City, NY: Doubleday, 1975.

Fuller, Robert. *Naming the Antichrist: The History of an American Obsession*. New York: Oxford University Press, 1995.

Gabler, Neal. *Life: The Movie. How Entertainment Conquered Reality*. New York: Vintage Books, 1998.

Geddert, T. J. "Apocalyptic." In *Dictionary of Jesus and the Gospels*. Edited by Joel B. Green, Scot McKnight, and I. Howard Marshall. Downers Grove, IL: InterVarsity, 1992.

Gentry, Kenneth L. *The Beast of Revelation*. Tyler, TX: Institute for Christian Economics, 1994.

_____. *Before Jerusalem Fell: Dating the Book of Revelation*. Atlanta: American Vision, 1998.

_____. *Perilous Times: A Study in Eschatological Evil*. Texarkana, AR: Covenant Media Foundation, 1999.

Godfrey, W. Robert. "Millennial Views of the Seventeenth Century and Beyond." Unpublished paper.

Goen, C. C. "Jonathan Edwards: A New Departure in Eschatology." *Church History* 28, no. 1 (March 1959).

Goldingay, John E. *Daniel*. Word Biblical Commentary. Vol. 30. Waco: Word, 1989.

Gregg, Steve. *Revelation: Four Views, a Parallel Commentary*. Nashville: Thomas Nelson, 1997.

Griffin, Miriam T. *Nero: The End of a Dynasty*. New Haven: Yale University Press, 1984.

Gundry, Robert. *The Church and the Tribulation: A Biblical Examination of Posttribulationism*. Grand Rapids: Zondervan, 1981.

Hagner, Donald A. *Matthew 14-28*. Word Biblical Commentary. Vol. 33b. Dallas: Word, 1995.

Harrison, R. K. *Introduction to the Old Testament*. Grand Rapids: Eerdmans, 1979.

Hemer, Colin. *The Letters to the Seven Churches of Asia in Their Local Setting*. Grand Rapids: Eerdmans, 1989.

Hendriksen, William. *More than Conquerors*. Grand Rapids: Baker, 1982.

Hill, Christopher. *Antichrist in SeventeenthCentury England*. New York: Oxford University Press, 1971.

_____. *The Experience of Defeat*. New York: Penguin Books, 1984.

Hippolytus. "Fragments from Commentaries." In *The Ante-Nicene Fathers*. Vol. 5. Edited by Alexander Roberts and James Donaldson. Grand Rapids: Eerdmans, 1979.

_____. "Treatise on Christ and Antichrist." In *The Ante-Nicene Fathers*. Vol. 5. Edited by Alexander Roberts and James Donaldson. Grand Rapids: Eerdmans, 1979.

Hitchcock, Mark. *What Jesus Says about Earth's Final Days*. Sisters, OR: Multnomah, 2003.

Hodge, Charles. *Systematic Theology*. 3 Vols. Reprint, Grand Rapids: Eerdmans, 1979.

Hoekema, Anthony. *The Bible and the Future*. Grand Rapids: Eerdmans, 1979.

Hort, F. J. A. *The Apocalypse of St. John, IIII*. London: Macmillan, 1908.

Huchede, P. *History of Antichrist*. Rockford, IL: Tan Books and Publishers, 1976.

Hunt, Dave. *Global Peace and the Rise of Antichrist*. Eugene, OR: Harvest House, 1990.

_____. *A Woman Rides the Beast*. Eugene, OR: Harvest House, 1994.

Irenaeus. *Against Heresies*. In *The Ante-Nicene Fathers*. Vol. 1. Edited by Alexander Roberts and James Donaldson. Grand Rapids: Eerdmans, 1979.

Jeffrey, Grant R. *Armageddon: Appointment with Destiny*. New York: Bantam Books, 1990.

Jenks, Gregory C. *The Origins and Development of the Antichrist Myth*. New York: Walter De Gruyter, 1991.

Jenson, Robert W. *America's Theologian: A Recommendation of Jonathan Edwards*. New York: Oxford University Press, 1988.

Johnson, Dennis E. *Triumph of the Lamb*. Phillipsburg, NJ: Presbyterian and Reformed, 2001.

Josephus, Flavius. "Wars of the Jews." In *Josephus: Complete Works*. Translated by William Whitson. Grand Rapids: Kregel, 1960.

Kamen, Henry. *The Duke of Alba*. New Haven: Yale University Press, 2004.

Kauder, Erwin. "Antichrist." In *The New International Dictionary of New Testament Theology*. Edited by Colin Brown. Grand Rapids: Zondervan, 1982.

Kee, Howard Clark. "Testaments of the Twelve Patriarchs." In *Dictionary of New Testament Background*. Edited by Craig A. Evans and Stanley E. Porter. Downers Grove, IL: InterVarsity, 2000.

Kiddle, Martin. *The Revelation of St. John*. New York: Harper and Brothers, 1940.

Kline, Meredith G. "The Covenant of the Seventieth Week." In *The Law and the Prophets: Old Testament Studies Prepared in Honor of Oswald Thompson Allis*. Edited by John H. Skilton. Phillipsburg, NJ: Presbyterian and Reformed, 1974.

_____. *Kingdom Prologue*. South Hamilton, MA: Gordon-Conwell Theological Seminary, 1993.

_____. *The Structure of Biblical Authority*. Grand Rapids: Eerdmans, 1981.

Knight, J. M. "Ascension of Isaiah." In *Dictionary of New Testament Background*. Edited by Craig A. Evans and Stanley E. Porter. Downers Grove, IL: InterVarsity, 2000.

Kostlin, Julius. *The Theology of Luther*. Translated by Charles Hay. Philadelphia:
Lutheran Publication Society, 1897.

Kümmel, W. G. *Promise and Fulfillment*. London: SCM, 1957.

Ladd, George E. *A Commentary on the Revelation of John*. Grand Rapids: Eerdmans,
1987.

_____. *The Last Things*. Grand Rapids: Eerdmans, 1982.

_____. *The Presence of the Future*. Grand Rapids: Eerdmans, 1981.

_____. *A Theology of the New Testament*. Revised edition. Grand Rapids: Eerdmans,
1994.

LaHaye, Tim, and Jerry B. Jenkins. *The Mark: The Beast Rules the World*. Wheaton:
Tyndale, 2001.

_____. *Nicolae: The Rise of the Antichrist*. Wheaton: Tyndale, 1997.

LaLonde, Peter, and Paul LaLonde. *Racing toward the Mark of the Beast*. Eugene,
OR: Harvest House, 1994.

Leon-Dufour, Xavier. *Dictionary of Biblical Theology*. 2nd edition. New York:
Seabury, 1983.

Lightfoot, J. B. *Biblical Essays*. Reprint, Grand Rapids: Baker, 1979.

Lightfoot, J. B., and J. R. Harmer. *The Apostolic Fathers*. Reprint, Grand Rapids:
Baker, 1984.

Lindsey, Hal. *The Late Great Planet Earth*. Grand Rapids: Zondervan, 1970.

_____. *Planet Earth—2000 AD*. Palos Verde, CA: Western Front, 1994.

_____. *There's a New World Coming: A Prophetic Odyssey*. Santa Ana: Vision House,
1973.

Luther, Martin. "Table Talk." In *Luther's Works*. Vol. 54. Edited by Theodore G.
Tappert. Philadelphia: Fortress, 1957.

Maag, Victor. "The Antichrist as a Symbol of Evil." In *Evil*. Edited by James
Hillman. Evanston, IL: Northwestern University Press, 1967.

Malone, Peter. *Movie Christs and Antichrists*. New York: Crossroad, 1990.

Marsden, George M. *Jonathan Edwards: A Life*. New Haven: Yale University Press,

적그리스도의 비밀을 파헤치다

2003.

Martin, Ralph P. *2 Corinthians*. Word Biblical Commentary. Vol. 40. Waco: Word, 1986.

Martyr, Justin. "Dialogue with Trypho." In *The Ante-Nicene Fathers*. Vol. 1. Edited by Alexander Roberts and James Donaldson. Grand Rapids: Eerdmans, 1979.

Mathison, Keith A., ed. *When Will These Things Be? A Reformed Response to HyperPreterism*. Phillipsburg, NJ: Presbyterian and Reformed, 2004.

Matter, E. Ann. "The Apocalypse in Early Medieval Exegesis." In *The Apocalypse in the Middle Ages*. Edited by Richard K. Emmerson and Bernard McGinn. Ithaca, NY: Cornell University Press, 1992.

McCall, Thomas S., and Zola Levitt. *Satan in the Sanctuary*. Chicago: Moody, 1973.

McClain, Alva J. *Daniel's Prophecy of the 70 Weeks*. Grand Rapids: Zondervan, 1969.

McGinn, Bernard. *Antichrist: Two Thousand Years of the Human Fascination with Evil*. New York: Columbia University Press, 2000.

_____. *Visions of the End: Apocalyptic Traditions in the Middle Ages*. New York: Columbia University Press, 1998.

Miceli, Vincent. *The Antichrist*. Harrison, NY: Roman Catholic Books, 1981.

Milligan, George. *Paul's Epistles to the Thessalonians*. Reprint, Old Tappan, NJ: Revell, n.d.

Morris, Leon. *The First and Second Epistles to the Thessalonians*. New International Commentary on the New Testament. Grand Rapids: Eerdmans, 1991.

Mounce, Robert H. *The Book of Revelation*. New International Commentary on the New Testament. Grand Rapids: Eerdmans, 1977.

Murray, Iain H. *The Puritan Hope*. Carlisle, U.K.: Banner of Truth, 1975.

Neill, Stephen, and Tom Wright. *The Interpretation of the New Testament: 1861-1986*. New York: Oxford University Press, 1988.

Oberman, Heiko A. *Luther: Man between God and the Devil*. New York: Image Books, 1992.

Origen. "Against Celsus." In *The Ante-Nicene Fathers*. Vol. 4. Edited by Alexander
    Roberts and James Donaldson. Grand Rapids: Eerdmans, 1979.

_____. "Commentary on John." In *The Ante-Nicene Fathers*. Vol. 10. Edited by
    Allan Menzies. Grand Rapids: Eerdmans, 1979.

_____. "De Principiis." In *The Ante-Nicene Fathers*. Vol. 4. Edited by Alexander
    Roberts and James Donaldson. Grand Rapids: Eerdmans, 1979.

Peerbolte, L. J. Lietaert. *The Antecedents of Antichrist: A TraditioHistorical Study of
    the Earliest Christian Views on Eschatological Opponents*. New York: E. J.
    Brill, 1996.

Pentecost, J. Dwight. *Things to Come*. Grand Rapids: Zondervan, 1978.

Plass, Ewald M. *What Luther Says*. St. Louis: Concordia, 1959.

Price, S. R. F. *Rituals and Power: The Roman Imperial Cult in Asia Minor*. New
    York: Cambridge University Press, 1984.

Quasten, Johannes. *Patrology*. In *The Ante-Nicene Literature after Ireneaus*. Vol. 2.
    Westminster, MD: Christian Classics, 1990.

Renan, Joseph-Ernest. *Antichrist*. Translated by William G. Hutchinson. London:
    Walter Scott, 1899.

Ridderbos, Herman. *The Coming of the Kingdom*. Philadelphia: Presbyterian and
    Reformed, 1962.

_____. *Matthew*. Grand Rapids: Zondervan, 1987.

_____. *Paul: An Outline of His Theology*. Grand Rapids: Eerdmans, 1982.

Riddlebarger, Kim. *A Case for Amillennialism*. Grand Rapids: Baker, 2003.

Robinson, John A. T. *Redating the New Testament*. Philadelphia: Westminster, 1976.

Rossing, Barbara R. *The Rapture Exposed*. Boulder, CO: Westview, 2004.

Russell, Jeffrey Burton. *Lucifer: The Devil in the Middle Ages*. Ithaca, NY: Cornell
    University Press, 1986.

_____. *Satan: The Early Christian Tradition*. Ithaca, NY: Cornell University Press,
    1981.

Russell, J. Stuart. *The Parousia: A Critical Inquiry into the New Testament Doctrine of*

Our Lord's Second Coming. Reprint, Grand Rapids: Baker, 1983.

Sandeen, Ernest R. *The Roots of Fundamentalism: British and American Millenarianism 1800-1930*. Grand Rapids: Baker, 1979.

Schaff, Philip. *Creeds of Christendom*. Reprint, Grand Rapids: Baker, 1983.

Seiss, Joseph A. *The Apocalypse*. Reprint, Grand Rapids: Zondervan, 1957.

Smalley, Stephen S. *1, 2, 3 John*. Word Biblical Commentary. Vol. 51. Waco: Word, 1984.

Smith, Chuck. *What the World Is Coming To*. Costa Mesa, CA: Maranatha, 1977.

Stein, Stephen J. "Introduction" to Jonathan Edwards. In *Apocalyptic Writings*. New Haven: Yale University Press, 1977.

Sweet, J. P. M. *Revelation*. London: SCM, 1979.

Swete, Henry Barclay. *The Apocalypse of St. John*. New York: Macmillan, 1907.

Thompson, Leonard L. *The Book of Revelation, Apocalypse and Empire*. New York: Oxford University Press, 1990.

Toon, Peter. "Puritan Eschatology, 1600-1648." In the *Evangelical Magazine*. 1969.

Tregelles, S. P. *The Man of Sin*. Chiswick, U.K.: Sovereign Grace Advent Testimony, 1850.

Tyacke, Nicholas. *AntiCalvinists: The Rise of English Arminianism*. Oxford: Clarendon, 1991.

VanderKam, James C. "Messianism and Apocalypticism." In *The Continuum History of Apocalypticism*. Edited by Bernard McGinn, John J. Collins, and Stephen J. Stein. New York: Continuum, 2003.

Van Groningen, Gerard. *Messianic Revelation in the Old Testament*. Grand Rapids: Baker, 1990.

Venema, Cornelius P. *The Promise of the Future*. Carlisle, U.K.: Banner of Truth, 2000.

Vos, Geerhardus. *Biblical Theology*. Grand Rapids: Eerdmans, 1977.

_____. *The Pauline Eschatology*. Grand Rapids: Baker, 1982.

Walvoord, John F. *Daniel: The Key to Prophetic Revelation*. Chicago: Moody, 1971.

_____. "Escape from Planet Earth." In *Foreshocks of Antichrist*. Edited by William T. James. Eugene, OR: Harvest House, 1997.

_____. *Major Bible Prophecies*. Grand Rapids: Zondervan, 1991.

_____. *The Revelation of Jesus Christ*. Chicago: Moody, 1966.

Warfield, B. B. "Antichrist." In *Selected Shorter Writings of Benjamin B. Warfield*. Vol. 1. Edited by John E. Meeter. Phillipsburg, NJ: Presbyterian and Reformed, 1980.

_____. "The Prophecies of St. Paul." In *Biblical Doctrines*. Grand Rapids: Baker, 1981.

Watson, D. F. "Antichrist." In *Dictionary of the Later New Testament and Its Developments*. Edited by Ralph P. Martin and Peter H. Davids. Downers Grove, IL: InterVarsity, 1997.

Webber, David. "Cyberspace: The Beast's Worldwide Spiderweb." In *Foreshocks of Antichrist*. Edited by William T. James. Eugene, OR: Harvest House, 1997.

Weber, Timothy P. *Living in the Shadow of the Second Coming: American Premillennialism 1875-1982*. Grand Rapids: Zondervan, 1983.

_____. *On the Road to Armageddon: How Evangelicals Became Israel's Best Friend*. Grand Rapids: Baker, 2004.

Westcott, B. F. *The Gospel according to St. John*. Grand Rapids: Eerdmans, 1962.

Witherington, Ben. *Jesus, Paul and the End of the World*. Downers Grove, IL: InterVarsity, 1992.

Yamauchi, Edwin M. *Foes from the Northern Frontier: Invading Hordes from the Russian Steppes*. Grand Rapids: Baker, 1982.

Young, E. J. *Daniel*. Carlisle, U.K.: Banner of Truth, 1978.

적그리스도의 비밀을 파헤치다

적그리스도의 비밀을 파헤치다

개혁주의 관점에서 본 불법의 사람의 정체

Copyright ⓒ 새물결플러스 2020

1쇄 발행 2020년 3월 20일

지은이 킴 리들바거
옮긴이 노동래
펴낸이 김요한
펴낸곳 새물결플러스

편 집 왕희광 정인철 노재현 한바울 정혜인
　　　　이형일 서종원 나유영 노동래 최호연
디자인 윤민주 황진주 박인미 이지윤
마케팅 박성민 이원혁
총 무 김명화 이성순
영 상 최정호 조용석 곽상원
아카데미 차상희

홈페이지 www.holywaveplus.com
이메일 hwpbooks@hwpbooks.com
출판등록 2008년 8월 21일 제2008-24호
주 소 (우) 04118 서울시 마포구 마포대로19길 33
전 화 02) 2652-3161
팩 스 02) 2652-3191

ISBN 979-11-6129-147-5 03230

책값은 뒤표지에 있습니다.

이 도서의 국립중앙도서관 출판예정도서목록(CIP)은 서지정보유통지원시스템 홈페이지(seoji.nl.go.kr)와 국가자료공동목록시스템(nl.go.kr/kolisnet)에서 이용하실 수 있습니다. CIP2020010450